공공과 비영리 조직을 위한 전략적 기획서

사회복지조직과 논문집필자를 위한

사회복지모형구조연구

이원주 · 이영미

KNOWLEDGE COMMUNITY 공동체

머리말

인간을 이해하는 것은 중요한 일이다. 인간은 항상 최선의 결정을 내리려 하고 있으며, 그 결과에 따라 인간 삶의 질이 바뀔 것이기 때문이다. 삶의 질은 복지와 연결되어 있다. 그러면 최선의 결정은 어떠한 근거를 가지고 내릴 것인가? 이러한 의사결정 상태에서 우리가 직면한 주된 문제들은 다양한 욕구의 집합들로 이루어져 있다는 것이다. 즉, 인간 욕구의 'History'에 접근하고자 하는 것이다. 'History'는 우리가 흔히 말하는 역사가 아니라 거대한 지속의 개념을 품고 있는 시간들의 추이를 말한다는 것이다. 이러한 인간의 삶 속에는 많은 사건들이 있다. 사건들은 계기가 있기 마련이며, 계기는 사건보다는 더 작은 개념이다. 사건은 연장선을 가지지만 계기는 단일 요소로서 연장선을 갖지 않는다. 다시 말하면, 사건은 계기의 결합형태로서 어떤 연장적이고 일정한 형태로 상관된다는 것이다. 이러한 사건의 과정 속에 노출되는 두 개의 방향성이 되는 경향이 있는데, 그것은 상향(→)과 하향(←)이 있다는 것이다. 즉, 상향은 원인이 되며 하향은 결과가 된다는 것이다. 이러한 상 · 하향의 모임들이 상관성을 가지며 묶여진 것이 모형이다. 이 책은 독자들에게 모형 구축에 보탬이 되고자 쓰여진 다양한 모형을 언급한 책이다. 모형의 기능은 '**삶의 기술**'을 증진시키는 것이다. 이러한 모형을 통하여 인간의 삶에서 오늘날 문제가 되고 있는 잃어버린 '**삶의 연결고리**'를 찾을 수 있다는 것이다. 이러한 중요성에도 불구하고, 어떻게 모형을 연결하여 적용할지 많은 초기 집필자들은 어려움을 토로하고 있는 실정이다. 따라서 저자는 이 책이 독자 스스로 '**우리는 어떠한 욕구를 가지고 있는가**', '**우리는 무엇을 추구하고 있는가**', '**그러기 위해서 우리가 해야 할 일들은 무엇인가**'를 쉽게 모형을 구축하고 이해하는 데 작은 도움이 될 수 있도록 노력하였다. 이러한 인간 이해를 통해 우리의 미래에 대해 우리가 더 현명한 결정을 내릴 수 있기를 소망한다.

이 책은 크게 상위 제1부에서 제3부, 그리고 하위 제1장에서 제6장으로 구성되어 있다. 먼저 제1부에서는 사회복지와 사회복지조직, 제2부는 사회복지연구의 모형, 제3부는 사회복지연구모형 탐색으로 구성되어 있다. 그리고 제1장은 사회복지와 사회복지의 대상, 제2장은 사회복지연구모형의 필요성, 제3장은 인간 욕구의 두 갈래로서의 모형, 제4장은 사회복지연구모형의 구조, 제5장은 사회복지조직과 변화 모형, 제6장은 사회복지연구모형 적용사례로 세분화되어 있다.

인간은 권력을 획득하는 데는 매우 능하지만 이러한 권력을 인간을 위한 복지로 전환하는 데는 그리 능하지 못하다. 누군가 누구를 위한 현명한 선택을 한다면 그 혜택은 무한할 것이지만, 올바르지 못한 선택을 한다면 조직이 와해되는 비용을 치르게 될 수도 있을 것이다. 현명한 선택을 할지의 여부는 우리 모두의 손에 달려 있다.

2019년 어느 멋진 날

이 원 주　　이 영 미

차 례

제 3 부 사회복지연구모형의 탐색

1

사회복지와 사회복지조직

제 1 장 사회복지와 사회복지의 대상

우리는 주변의 사람들에게 사회복지가 무엇이냐 물으면 대부분의 사람들은 '**남을 돕는 것이 아니에요?**'라고 대답을 한다. 또는 조금 더 알고 있는 사람들은 노인, 장애인 등 소외된 사람들을 돕는 것이라고 말한다. 지금 이 책을 읽고 있는 독자들도 사회복지에 대해 알고 있는 수준은 지금의 틀을 크게 벗어나지 않을 것이다. 그러나 사회복지는 단순하게 남을 돕는다고 하는 자선으로 정의를 내리기에는 너무나 범위가 크다.

과거에는 단지 잘 살아야 한다는 **삶의 수단**으로, 배불리 먹고 끼니를 걱정하지 않도록 하는 것이 복지라고 생각하던 시기가 있었다. 6·25 전쟁을 겪으면서 전쟁으로 인해 먹지 못하는, 특히 전쟁고아나 빈민구호에 복지가 있었고, 1960년대 이후 경제발전을 거듭하면서 돈을 많이 모으도록 해주는 것이 최고라고 생각하였다. 이 시기에는 단지 복지에 대한 막연한 **의식**만이 자리하고 있었다. 1980년대로 넘어오면서 경제 발전에 힘입어 교육적인 부분에 많은 투자를 하면서 삶의 수단으로서 복지가 아니라 **삶의 질**로서 기능하여야 한다는 **인식**을 가지기 시작하였다. 그러나 여기에도 국가의 정책적인 뒷받침이 이루어지지 않았다. 지금의 현실도 연말이 되면 복지와 관련된 조직들이 다양한 날들을 만들어 소외되어 있는 사람에 대하여 관심을 가지자고는 하지만 현실은 과거와 별반 다르지 않다.

CHAPTER

01 사회복지와 사회복지의 대상

제 1 절 사회복지란 무엇인가?

인간에게는 **욕구**가 있다. 욕구는 사람마다 다를 수 있으며 다양하게 있다. 이에는 식욕, 성욕, 수면욕 등 인간의 원초적인 욕구에서부터 자아실현의 고차원적인 욕구가 있다. 이러한 욕구는 해결되어야 하고 이러한 욕구 해결을 위해서는 어떻게 욕구가 해결되어야 하는지 방법을 모색하지 않을 수 없다. 이와 같이 인간의 욕구를 효과적이고 효율적으로 해결 또는 해소하기 위하여 행하는 모든 것을 사회복지라 볼 수 있다. 결국 사회복지는 인간의 욕구 해결을 위해 존재한다고 볼 수 있다. 인간의 욕구에는 경제적인 욕구, 사회적인 욕구, 정치적인 욕구, 문화적인 욕구 등 다양한 영역이 존재한다. 이러한 욕구해결 대상은 남녀노소, 부자와 빈자를 막론하고 자신이 처한 상황이 사정되어 해소할 수 있는 통로를 확보해 주는 것이 사회복지라 할 수 있다.

욕구해결을 위해 단순하게 빈자에게 돈을 주는 행위인 자선과 복지는 구분되어져야 한다. 그 사람의 욕구가 파악이 되지 않은 상태인 원조행위만으로는 복지라 할 수 없다. 이러한 행위로 인해 어떠한 만족감을 가졌는지 우리는 알 수 없다. 즉, 복지에는 특정한 목적성과 결과성 그리고 만족성이 있어야 한다는 것이다. 다시 말하면, 정부나 사회복지조직 및 기관이 욕구를 가진 사람이 처한 상황이나 문제를 파악하고 그 문제를 해결할 수 있도록 적절한 도움을 주었다면 이것이 사회복지라 할 수 있다. 이러한 사회복지의 대상은 노인, 아동, 청소년, 장애인, 산입, 가징 등 사회 진빈의 모든 것들이 시회복지와 관련되어 있다.

제2절 사회복지조직

조직은 욕구를 가진 개인의 욕구 실현이라는 특정한 목표를 달성할 목적으로 구조화되고 계획된 사회적 단위로 볼 수 있다. 따라서 조직은 반드시 공동목표가 있어야 하며, 일정한 체계를 갖추고, 일정 규모의 구성원이 존재해야 한다. 또한 조직은 분업을 통하여 개인의 한계를 넘어서야 하며, 조직은 시너지 효과를 가져올 수 있어야 한다.

사회복지조직은 인간의 복지를 유지 또는 향상시키기 위해 사람의 행동, 속성 및 사회적 지위를 규정하거나 변경시키는 것을 주 기능으로 하는 조직이다(Miringoff, 1980). 즉, 클라이언트의 욕구에 맞는 최상의 서비스를 제공하고자 하는 공통의 목표를 지닌 사람들이 분업을 통하여 각자의 위치에 따라 책임과 권한을 통하여 조직목표를 달성하고자 노력하는 조직이 사회복지조직이라 할 수 있다.

제3절 사회복지조직의 유형

Hassenfeld(1983)는 휴먼서비스에 따른 조직유형을 제시하였다. 조직유형을 인간 행동을 변화시키는 조직으로 클라이언트 업무처리조직, 클라이언트 지지조직, 클라이언트 변화조직과 순기능 유지조직, 역기능 예방조직 등 인간에게 제공하는 기능에 따른 조직 등을 조합하여 여섯 가지 유형으로 제시하였다(허만형, 2007).

인간 행동을 변화시키는 조직은 복지사각지대에 노출되어 있는 장애인 등 클라이언트의 인간 행동이 종속변수이고 조직은 독립변수의 행태를 갖는 것이다.

첫째, 클라이언트 업무처리조직은 클라이언트에게 붙여진 낙인을 제거함으로써 클라이언트를 변화시켜 사회적 정상화를 추구하는 조직으로서 교정복지조직 등이 그것이다.

둘째, 클라이언트 지지조직은 개인의 복지가 더 악화되는 것을 예방하거나 인간의 복지를 유지하도록 행동을 변화시키려는 조직으로서 근로복지공단 등이 이에 해당된다.

셋째, 클라이언트 변화조직은 복지를 향상시키기 위하여 클라이언트의 속성을 변화시키는 조직으로서 임상사회복지조직 등이 그것이다.

인간에게 제공하는 기능에 따른 조직은 저소득층 등 선별층이 종속변수가 되고, 순기능 유지 및 역기능 예방을 제공하는 조직이 독립변수가 된다.

첫째, 순기능 유지조직은 계속해서 순기능이 유지되게 하는 휴먼서비스조직으로서 국민연금공단이 이에 해당된다.

둘째, 역기능 예방조직은 삶이 악화되는 것을 방지하는 휴먼서비스조직으로서 국민기초생활보장 관련 부서 등이 그것이다.

이를 조합하면 〈표 1-1〉과 같이 I 조직부터 VI 조직까지 여섯 가지 유형을 도출할 수 있는데, I 조직은 클라이언트 업무처리조직이면서 동시에 순기능 유지조직으로서 신용카드회사 등이 이에 해당된다. II 조직은 클라이언트 업무처리조직이면서 동시에 역기능 예방조직으로서 소년법원 등이 그것이다. III 조직은 클라이언트 지지조직이면서 동시에 순기능 유지조직으로서 국민연금공단 등이 이에 해당된다. IV 조직은 클라이언트 지지조직이면서 동시에 역기능 예방조직으로서 양로원 등이 그것이다. V 조직은 클라이언트 변화조직이면서 동시에 순기능 유지조직으로서 공립학교 등이 이에 해당된다. 그리고 VI 조직은 클라이언트 변화조직이면서 동시에 역기능 예방조직으로서 수용치료센터 등이 그것이다.

표 1-1 Hassenfeld의 조직유형

구 분		클라이언트 업무처리조직	클라이언트 지지조직	클라이언트 변화조직
인간에게 제공하는 기능에 따른 조직	순기능 유지조직	Ⅰ 조직 (신용카드회사 등)	Ⅲ 조직 (국민연금공단 등)	Ⅴ 조직 (공립학교 등)
	역기능 예방조직	Ⅱ 조직 (소년법원 등)	Ⅳ 조직 (양로원 등)	Ⅵ 조직 (수용치료센터 등)

이 외에도 업무의 통제성에 따라, 일선조직, 전면통제조직, 투과성조직으로 나눌 수 있으며(Easterby-Smith, 1997), 서비스의 성격에 따라서 생산일선조직, 연계조직, 이용자서비스조직으로 나눌 수 있다.

2

사회복지연구의 모형

집을 짓기 위해서는 설계도가 필요하다. 이처럼 실질적인 형태를 완성하기 전에, 다시 말하면 실물을 모방하여 만든, 또는 어떤 대상을 그 모양 그대로 축소시키는 그 어떤 것이 필요하다는 것이다. 이는 문장으로 표현하는 것보다 도형의 형태로 표현할 때 더 쉽게 이해될 수 있다. 사용되는 용도 역시 종류만큼이나 방대하다. 교육용 교재, 사고원인 분석용, 브리핑용, 건물의 조감도, 박물관 전시용, 제품 설명 및 홍보용, 시제품 제작, 영화 및 드라마 등의 영상촬영 소품 등으로 사용된다. 즉, 가설을 설정하고 그것에 대한 검증작업을 하기 위해서는 반드시 연구모형을 만드는 작업이 필요하다.

CHAPTER

02 사회복지연구모형의 필요성

우리는 주변에서 모형과 모델 관련하여 많은 이야기를 하며 듣고 있으며 사용하고 있다. 대부분 연구의 상당수가 모형과 모델에 기반하여 연구를 하거나 모형과 모델을 만드는 연구를 하고 있다. 그런데 모형과 모델이란 무엇이며 이러한 모형과 모델이 왜 필요하며 어떠한 의미를 내포하고 있는지 알고 적용하는 능력을 키우기 것이 본 연구의 핵심이다.

제 1 절 모형과 모델 그리고 도구

모형과 모델은 명확히 구분하지 않고 사용되는 경향이 있다. 더불어 연구자는 도구라는 의미의 단어도 사용하고 있다. 다소 무리가 있을 수는 있으나 모형과 모델 그리고 도구의 구분을 시도하여 본다.

일반적으로 모형은 추상적인 일반개념을 설명하는, 즉 **도식의 개념을 조직화하고 과정을 설명하며 결과 예측을 가능**하게 한다. 이로써 한 현상 속에 있는 여러 관계를 암시적으로 나타낸다. 그러나 모델은 상징과 작동 규칙들로 이루어진 구조로 실제의 구조나 프로세스 내에 있는 **일련의 요소들과 대응하는 것**을 의미한다(Deutsch, 1952). 이렇게 볼 때 추상이냐 실제냐로 개념지어 살펴볼 수 있다. 즉, 모형은 실제 크기보다 작게 축소해서 만든 것이고 모델은 실제 크기와 비슷하게 만든 것으로 이해될 수 있다. 예를 들면, 건설사들은 아파트를 짓기에 앞서 분양을 한다. 분양을 하기에 앞서 입주할 고객을 모집하기 위하여 **실제로** 우리가 눈으로 확인할 수 있는 아파트 내부와 외부의 형태(완성되기에 앞서 따라 해본 것)를 볼 수 있도록 하는 행위를 하게 된다. 이때 ○○아파트 모델하우스 오픈이라고 하지 ○○아파트 모형하우스 오픈(패션모델과 패션모형?)이라고 하지 않는다. 결과적으로 실제 구조나 프로세스 내의 일련의 구조를 보기 위해 실물과 같이 꾸며놓은 ○○아파트 모델인 **구조**(structure)를 보게 된다. 그리고 모델하우스가 실제로 완성되었을 때 우리가 볼 수 있는 개념화되고 조직화되어 축소된 ○○아파트 모형을 모델하우스 로비 중앙에서 확인할 수 있다. 더불어 모델하우스 내에는 다양한 가재도구들이 세팅되어 있는 것을 볼 수 있다. 도구는 구체적인 물품이며 또한 그러한 도구를 통하여 심리적인 느낌을 줄 수 있다. 이는 모델을 더욱 확실하게 돋보이게 할 수 있도록 한다.

모형, 모델과 도구의 관계는 〈그림 2-1〉과 같이 도식화될 수 있다. 먼저 모형은 내부를 들여다볼 수는 없지만 모델을 압축하고 있고, 더불어 도구도 압축하고 있다고 볼 수 있다. 결국 하나의 모형은 우리가 정확하게는 확인할 수 없지만 실질적으로 활용 가능하고 사용할 수 있는 모델과 도구들을 잉태하고 있다고 볼 수 있다. 즉, 추상적인 모형이 실제의 모델을 통해 도구를 확인할 수 있다는 것이다(참과 거짓의 명제).

이상의 내용을 통하여 모형과 모델과 도구는 다음과 같이 구분될 수 있다.

모형은

첫째, 모양이 같은 물건을 만들기 위한 틀로 볼 수 있다.
둘째, 실물을 모방하여 축소해서 만든 물건이다.
셋째, 작품을 만들기 전에 미리 만든 본보기 또는 완성된 작품을 줄여서 만든(miniature) 본보기이다.

모델은

첫째, 작품을 만들기 전에 미리 만든 실제 크기(actual size)의 물건이다.
둘째, 완성된 작품의 대표적인 보기이다.
셋째, 본보기가 되는 대상이나 모범이다.

도구는

첫째, 일을 할 때 쓰는 연장(tool)을 통틀어서 이르는 말이다.
둘째, 어떤 목적을 이루기 위한 수단이나 방법이다.
셋째, 정량적인 것과 정성적인 부분을 포함하고 있다.

그림 2-1 모형, 모델과 도구

본 연구는 어떠한 목적을 이루기 위한 수단이나 방법으로서의 도구와 객체와 시스템, 또는 개념에 대한 구조나 작업을 보여주기 위한 패턴과 계획, 또는 설명을 할 수 있는 인간 욕구 실행을 위한 모델을 만들기 위한 전 단계로서의 모형, 특히 사회복지조직이나 논문집필자를 위한 모형을 연구하고 모형화를 통하여 실질적으로 조직들이 응용할 수 있는 이론적인 도구를 가진 모델링(modelling)의 토대가 될 수 있도록 하고자 하는 데 있다.

제 2 절 사회복지연구모형과 이론

모형과 이론은 사회과학에서 대부분의 경우 교환 가능한 용어로 사용된다. 영역에 따라 어느 용어가 더 자주 사용되느냐 하는 차이가 있지만 경제학에서는 모형이라는 단어가 이론만큼이나 자주 사용되는 반면, 정치학이나 사회학에서는 모형이라는 단어보다는 이론이라는 단어가 훨씬 더 많이 사용된다(용례를 보면 둘을 구분해서 쓸 필요가 거의 없는 경우가 많다). 그러나 논리학에서는 모형과 이론이 엄밀하게 구분되며 이 두 개념을 혼동하는 것은 큰 잘못이다. 논리학에서 사용하듯이 모형과 이론 개념을 구분하는 것은 사회과학에 있는 문제를 보다 명료하게 이해하는 데 상당한 도움이 된다. 특히 인간을 다루는 사회복지학에서는 더욱더 중요성이 대두된다고 할 수 있다.

모형은 살펴본 바와 같이 추상화되고 포괄적이고 축소된 구조적 틀을 의미한다. 즉, 복잡한 현상이나 요인들 중에서 핵심을 추출했거나 세부적인 사항들을 좀 더 포괄적인 요인으로 축약해 낼 때 우리는 이를 모형이라 한다. 사회복지학에서의 모형은 어떠한 명제들의 집합들을 '**참**(truth)'**이 되게 만들거나** '**거짓**(false)'**이 되는 모임**(class)을 의미한다.

반면 이론이란 '**어떠한 식들의 집합**(sets of formulas)'을 의미한다. **식은 단순히 참이 아니라 타당한 명제**들을 의미한다. 따라서 이론은 모든 모형에서 타당한 문장들의 집합이 된다. 단순히 참인 문장인 '저 고추는 빨갛다'는 이론의 구성요소가 아니다. 반면에 '저 고추는 밭이라는 시 · 공간을 점유하고 있다'는 이론의 구성요소가 될 수 있다. 예를 들면, '저 고추는 빨갛다'는 참과 거짓의 판단이 가능한 명제이다. 결과적으로 이 명제는 연구자가 생각한 고추가 어떠한 색인지에 따라 참이 되거나 거짓이 될 것이다. 만약 연구자가 생각한 '저 고추가' 정말 빨강색이라면, 이러한 연구자의 생각은 '저 고추는 빨갛다'는 명제를 참이 되도록 만들어 주는 모형이 된다. 반면에 연구자가 머릿속에 생각해 두는 '저 고추'가 사실은 '초록색'이라면 이것은 '저 고추는 빨갛다'

는 명제를 거짓이 되도록 만들어 주는 모형이다. 그러면 이론은 이처럼 참(truth) 명제의 집합으로 볼 수 있는가? 다음에서 알아보기로 하자.

1. 사회복지 모형과 타당성

사회복지연구자는 참(truth)과 타당성(validity)[1]에 대해서도 의미를 짚어볼 필요가 있다. 참이란 것은 어떠한 모형에서 성립하는 문장, 즉 명제의 성질을 말한다. 다시 살펴보면, '저 고추는 빨갛다'라는 것은 연구자가 빨간 고추를 머릿속에 생각해 둔 모형에서는 참이지만 초록색 고추를 머릿속에 생각해 둘 때는 그렇지 않다. 그러나 '저 고추는 밭이라는 시 · 공간을 점유하고 있다'는 어떠한 고추를 머릿속에 생각하든 참이다. 결과적으로 '저 고추는 빨갛다'는 참이라 볼 수 있지만 타당성을 결여한 문장이고, '저 고추는 밭이라는 시 · 공간을 점유하고 있다'는 참이면서 타당성이 있는 문장이다. 그러면 연구자는 하나가 아닌 여러 개의 모형을 생각해 볼 수 있다. 빨강색 고추도 하나의 모형이고, 초록색 고추도 하나의 모형으로 볼 수 있다. 더불어 모든 모형을 생각해 볼 수 있다.

---

1) 논리학에 있어서 타당성은 추론(推論)절차의 올바름을 뜻한다. 즉, 추론을 구성하는 개개 명제의 진위(眞僞)와는 확연히 구별되며, 추론의 형식적 올바름을 뜻하는 개념이다. 자세히 말하면 전제가 모두 진실일 경우에, 결코 거짓이라는 결론을 가질 수 없다는 추론형식은 타당하다고 정의를 내린다. 따라서 타당한 추론이 거짓이 되는 결론을 갖는 경우도 있는가 하면, 반대로 타당하지 않은 추론이 진실한 결론을 갖는 경우도 있어, 타당성과 진위의 관계는 단순하지 않다. 다시 말해, 진실과 거짓과의 확연한 구별이 없이 '진실 같은 것'의 정도가 문제되는 인식의 영역에서는 타당성과 진위의 구별 그 자체가 명확하지 않게 되며, 두 개념은 상호 규정적으로 치환(置換)이 가능해진다. 가장 넓은 뜻으로 말하면, 타당성은 명제 또는 명제 체계의 어떤 의미로서의 가치에 관계된다고 말할 수 있다(한국문학평론가협회, 2006).

2. 사회복지 모형과 보편성

사회복지 모형의 보편성(universality)은 각각의 가정적 모형을 모두 묶은 집합을 말한다. 결과적으로 '참'은 모형에서 도출되는 성질이고, '타당성'은 보편성에서 도출되는 성질임을 알 수 있다.

3. 사회복지 모형과 구조

사회복지 모형은 단순하게 '참'인 것을 원하는 것이 아니라 참된 지식을 만들기를 원한다. 사회복지 모형을 통해 만든 지식이 참되기 위해서는 적용하는 시설이나 기관 이용자에게 적용할 경우 때와 장소에 따라서 변하지 않는 것이어야 한다. 그리고 적용하는 모형의 내용이 있기 위해서는 단순히 의미를 분석함으로써 참이 되는 분석적 지식이 아니라 새로운 내용이 덧붙여지는 종합적인 지식이어야 한다. 인간을 원료로 사용하고 다루는 휴먼서비스 분야인 사회복지는 인간의 본성이 내재된 공통적 진리와 필연성이 인간에게서 생겨나고 통계적 진리와 필연성을 설명하는 것은 인간의 본성과 삶의 양식이라는 주장이 함축되어 있어야 한다.

모형의 존재는 '**완전성**'과 '**불완전성**'으로 〈그림 2-2〉와 같이 설명될 수 있다(완정성 : 굵은 선, 불완전성 : 가는 선). 완전성과 불완전성 사이에는 구조가 있다. 구조는 계에 서로가 끌어당기는 관계 속의 에너지를 품어 존재 그 자체를 존재답게 완성한다. 에너지는 가는 길이 정해져 있다. 그것이 구조다. 구조는 에너지가 들어오고 나가는 길을 결정한다.

완전성은 에너지가 들어오고 나가는 입력과 출력의 1 사이클이 갖추어진 시스템이다. 이는 잠재적인 요인에 척도를 부여하는 것으로 측정변수와 잠재요인 간에 경로를 열어주는 것으로 생각하면 된다. 각 측정변수의 상대적인 기여도를 보기 위한 이유이다. 모수의 고정화는 연구자가 사전에 값을 지정하는 것으로 주로 1로 고정하는 것을 말한다. 불완전성은 에너지가 없으며, 따라서 에너지가 있는 다른 것에 붙어 있는 하부구조다. 우리는 종속된 불완전한 하부구조를 구조로 알지만 이는 잘못이다. 존재의 완전성을 이해해야 한다.

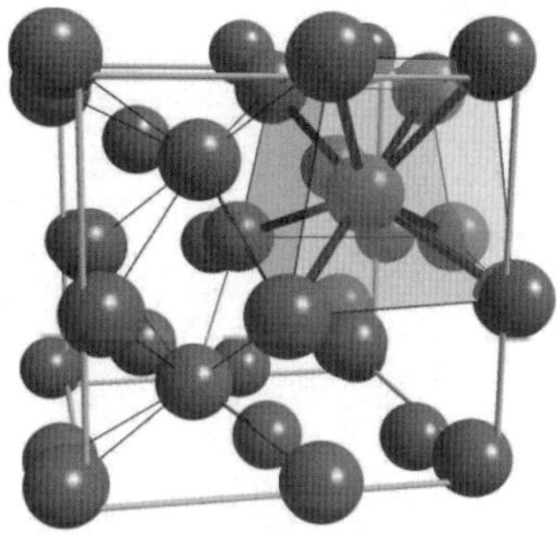

그림 2-2 구조모형

자료 : http://gujoron.com/xe/notice/77294

구조(structure, 構造)는 에너지의 질서다. 즉, 수학적인 질서 개념에 에너지 개념을 태운 것이다. 에너지는 일을 한다. 결과적으로 볼 때 구조는 일(work)의 질서, 즉 사건(event)의 질서이다. 이는 존재의 유도 과정이다(김동렬, 2017). 이는 위 〈그림 2-1〉을 토대로 볼 때 툴(tool)이라는 질서에 실제 크기의 형상(actual size)을 태우면 내부구조가 작동하여 사건이 일어나고 존재인 모형(miniature)이 유도된다. 모형은 그냥 존재하여 있는 것이 아니라 모형의 구조적인 유도과정을 거쳐 2차적으로 생성되는 것이다.

사전적 의미의 구조는 부분이나 요소가 어떤 전체를 짜 이룸, 또는 그렇게 이루어진 얼개를 말한다. 구조를 어원적으로 살펴보면, 구조(構造)의 구(構)는 통나무를 정(井)자로 얽는 것이다. 조(造)는 작업의 진행이다. 우리말로 풀어서 보면, 구(構)는 '얼개'이고 조(造)는 '지음'이다. 다시 말해, 구조는 '존재를 짓는 얼개'이다. 이처럼 구조는 살아 움직이는 유기체와 같다. 구조는 모든 존재의 발생 이전 단계를 풀어서 설명하는 것이다. 집이 지어지는 절차가 구조이다. 각종 자재에 구조를 부여하면 건물이 탄생한다. 이처럼 모든 발생된 것, 만들어진 것의 내부에 구조가 숨어 있다.

구조는 형태가 없으면서도 근본적인 어떤 것으로 둘러싸인 존재의 관계 및 인식, 관찰, 자연, 양식의 안정성 등을 나타내는 말이다. 구조의 개념은 탐구와 과학, 예술, 철학 등 거의 모든 분야에서 필수적인 기초로 볼 수 있다. 어떤 구조가 어떠한 체계로 이루어졌다고 정의하는 것은 항목의 구성을 말한다. 다시 말해, 서로 밀접한 관련을 맺고 있는 구성요소의 모음이다(위키백과).

CHAPTER

03 인간 욕구의 두 갈래로서 모형

인간 삶의 모든 경험의 계기들은 양극적이다. 즉, 정신적 경험들이 물질적 경험과 통합되어 있는 것이다. 정신적 경험의 최저 형식은 경험의 형식을 향한 충동이며, 그것은 다시 말하자면, 실현을 위한 형식을 향한 충동이다.

제 1 절 신체적 경험과 정신적 경험

인간의 경험들은 신체적이거나 정신적인 것이다. 이에는 욕구[1]와 욕망이 존재한다. 욕구와 욕망을 구분할 때 일반적으로 욕구는 신체에서 오는 것이고, 욕망은 정신(마음)에서 오는 것이다. 그리고 욕구는 아주 단순하다. 욕구는 우리에게 이러이러한 자원이 필요하다는 것이다. 욕구는 가능한 것을 필요로 한다. 그리고 가능한 것이 충족되면 우리는 만족감을 느낀다. 그러나 욕망은 단순히 불가능한 것을 원한다. 욕구를 충족시키지 못하면 우리의 일부분이 삶을 유지할 수 없을 것이다. 사회복지는 이러한 욕구와 관련이 있다. 그러나 욕망을 없앤다고 하여서 우리의 삶이 어떻게 되지는 않을 것이 더 자유로워질 것이다. 욕구와 욕망이 담아낼 수 있는 영역은 생각보다 아주 넓다.

생존에 절대적으로 필요한 것을 원할 때 일반적으로 이를 '욕구(needs)'라고 한다. 이에 비해 욕망(desire)은 생존에 절대적으로 필요한 것이 아닌 것을 원

1) 본 책에서는 복지대상자를 파악하기 위한 사정의 개념을 적용하여 욕망보다는 욕구로 통일하고자 한다. 즉, 욕망이 욕구에 내포된 개념으로 이해하고자 한다.

할 때 이른다. 이렇게 구분해 볼 때 욕구는 인간에게 기본적이고 본질적인 것이고, 욕망은 파생적이고 비본질적 것이다. 욕구와 욕망은 기본적으로 인간이 '**원하는 것**'이며, 그 내용에는 인간 본성의 발현과 계발이 담겨져 있다. 그러므로 욕구와 욕망을 충족시켜 궁극적으로 실현하고자 하는 목적이 무엇인가를 문제 삼을 때 그 귀착점은 복지의 실현이라고 할 수 있다.

모형(지성적 경험)의 고도 형식들은 이러한 정신적 경험과 물질적 경험이 복잡하게 융합되고 또 재융합되는 과정에서 출현하는 것이다. 이때 이성이 작동된다. 이때 이성은 욕망들의 한 비판으로 등장한다. 이성은 이해관계적이며 더불어 비이해관계적이다. 이는 실천적이면서 깨닫는 것이다. 여기에 실천과 사변의 기능이 있다. 즉, 실천의 이성은 삶이라고 하는 행위 자체에 관한 것이며, 사변적 이성은 삶이라고 하는 행위 자체를 이해하는 것이다. 실천이성은 삶의 방법을 개발하기 위한 것이요, 사변이성은 삶을 더 잘 이해함으로써 삶을 더 좋게 만들려고 애쓴다. 결국 모형은 실천적인 이성과 사변적인 이성이 결합된 이성의 산물로 이해될 수 있다. 사변 모형은 실천 모형에게 이론적 활동을 제공했고, 실천 모형은 사변 모형에게 다양한 사실을 다룰 수 있는 방법론을 제공했다. 이러한 상호교섭은 서로의 기능을 강화시켰다. 이 양자의 소통과 결합으로 인간 삶의 전체적인 가치체계가 개선되고 삶의 질이 향상될 수 있는 문턱에 이르게 된다.

이성은 '**욕구들의 욕구**'이다. 여기에 질서를 지운 것이 모형이다. 정신적 경험은 그 자체로 반드시 질서 지워지는 방향으로 나아가야 한다. 의식은 경험의 모자이지 발바닥이 아니다. 발이 없으면 존재할 수 없지만 모자는 써도 되고 안 써도 되는 것이다(김용옥, 2015). 이러한 이유로 휴먼서비스 대상자에게는 욕구충족이 필요한 것이다. 욕구충족은 대상자들에게 편안한 발의 역할을 한다고 볼 수 있다.

욕구충족의 발에는 형식이 필요하다. 형식은 물질적 및 정신적인 것이 내포되어 있다. 형식은 그 물질됨의 구체성을 한정하는 요소일 뿐이다. 그러나 정신적 경험에서의 형식은 지금의 다양한 원인들과 다른 원인들을 연결시켜 주는 작용을 한다. 즉, 물질적 경험에서는 형식이 구체성의 고정성에 묶여있지만 정신적 경험에서는 형식이 원인들을 연결시켜 주는 관계성, 초월성과 더 관련되는 것이다. 즉, 이러한 목전의 사실, 즉각적 현재의 사실을 미래의 사실과 연결시켜 주는 기능이 욕구에 내재하는 것이다. 따라서 욕구는 초월적 목표가 반드시 내재하는 것이다.

결과적으로 정신적 경험과 물질적 경험이 융합되고 또 융합되어 매우 복잡한 양상을 띨 때만 모형화되는 것이다. 정신적 경험과 물질적 경험이 고도로 융합된 복합적 · 지적 경험의 세계가 바로 모형으로 탄생되는 것이다. 즉, 무질서를 질서 지우는 것이 모형이다.

제 2 절 자연적 욕구와 의식적 욕구2)

인간은 자신에게 무엇인가 결핍되어 있다고 생각할 때 욕구를 느낀다. 즉, 이러한 결핍은 자신에게 '**있어야 할 것**'이 '**있지 않다고 생각**'할 때 결핍감을 느낀다. 즉, 인간이 욕구를 느끼는 것은 무엇인가가 자신에게 결핍되어 있다고 생각하기 때문인 것이다. 결핍에는 인간에게 반드시 있어야 하고 만약 있지 않으면 기본생활을 유지하는 데 지대한 영향을 미치는 것도 있고, 없어도 되지만 소유욕

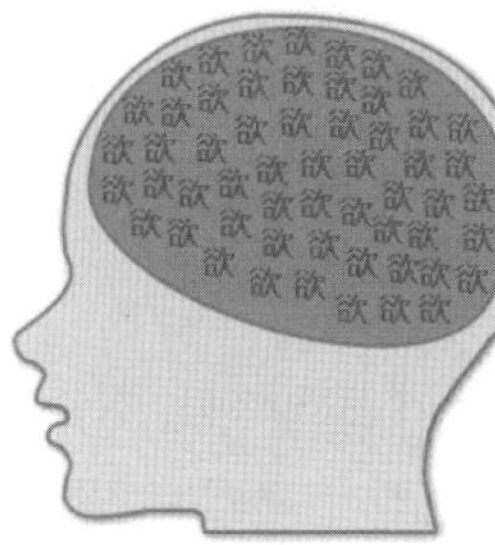

그림 3-1 인간의 뇌

출처 : http://aortan.egloos.com/3688997

2) 이정은(2005) 재구성.

때문에 느끼는 것도 있다. 인간이 어떤 이유에서든 있어야 할 것이 있지 않아 결핍감을 느끼고 있다면, 그 무엇인가를 채우기 위한 노력과 행위가 뒤따르게 된다. 그러나 욕구는 시대에 따라 다를 수 있으며 다양하다. 소외되고 결핍됨에도 불구하고 그에 대한 결핍감을 충족시키려는 욕구를 전혀 느끼지 못하거나, 반면에 많은 것을 소유하고 있음에도 더 많은 결핍감을 느끼는 사람도 있다. 이처럼 인간의 욕구에 표준이나 기준을, 객관적인 기준이나 척도를 제시하는 것은 쉬운 일이 아니다. 욕구와 행복은 사람에 따라 혹은 시대에 따라 다르며 그만큼 다양하기 때문이다.

인간의 욕구는 광의적으로 자연적 욕구와 의식적 욕구로 구분해 볼 수 있다. 자연적 욕구는 의지를 가지고 그것에 대하여 많은 관심을 가지지 않아도 자연적으로 일어나는 무의식적인 욕구이다. 반면에 의식적 욕구는 인위적으로 의지를 가지고 자각적인 행위를 개입시키는 비자연적 욕구라 할 수 있다. 인간은 비자연적인 욕구를 실현하기 위해 자연성, 초월하는 삶과 사회적 조건이 필요하기 때문에 사회적 욕구라고도 할 수 있다.

인간이 느끼는 가장 대표적이며 기본적인 자연적인 욕구는 생명을 유지하고 신체를 보존하고자 하는 욕구이다. 생명 보존에 필요한 생물학적 욕구이면서 의식주와 관련된 충동이라 할 수 있다. 이에는 자신의 생명을 보존하고자 하는 개체보존욕구와 자신이 속한 종 전체의 생명을 보존하고자 하는 종족보존욕구가 있다. 자신의 개체를 보존하려면 신체를 유지하고 활동할 수 있도록 신체에 끊임없이 에너지를 공급해야 한다. 따라서 식욕은 자신의 개체, 즉 자신의 생명을 보존하기 위한 가장 기본적인 욕구라고 할 수 있다. 그리고 인간에게 강력하게 나타나는 또 다른 자연적 욕구는 성욕이다. 성적 충동은 누군가와 관계를 맺고 싶어 하는 경향을 낳는다. 이는 종족보존욕구와 관련이 있다. 대표적인 비자연적 욕구로는 인정욕구가 있다. 이는 의식적 욕구의 대표적 형태이기도 하다. 인정의 욕구는 나의 욕구를 충족시키려면 타인의 욕구에 대한 고려가 있어야 하고, 서로에게서 자신과의 관계를 받아들이겠다는 일종의 인정이 있어야 한다. 즉, 타인이 나의 욕구를 수용할 때 욕구 실현이 가능해지는 것이다.

상황과 조건에 따라 욕구 실현의 정도가 달라지고 욕구를 억압하는 경우가 있음에도 불구하고, 여전히 식욕이나 수면욕에 기초하는 개체보존욕구와, 성욕에 기초하는 종족보존욕구가 인간의 기본적인 자연적 욕구라는 것에는 변함이 없다.

이상과 같이 자연적 욕구는 사회적 욕구와 분명하게 구별되지만, 욕구를 실현하는 과정에서 사회적 욕구와 긴밀하게 연결된다. 자연적 욕구에 대한 이해는 사회적 관계 속에 있는 인간에 대한 이해를 동반한다.

CHAPTER

04 사회복지연구모형의 구조

연구자는 사회복지연구모형의 구조를 통해서 사회복지 미래 예측 및 사회복지 품질 향상을 위한 적절한 대비를 할 수 있다. 또한 사회복지와 관련하여 특정한 변수의 중요성을 파악해 보거나 영향을 주는 정도를 통해 우선순위를 확인해 볼 수 있다.

제 1 절 사회복지 모형구조와 본질에 대한 단상

사회복지 모형구조를 놓고 볼 때 연구자가 묶을 수 있는 대표적인 명사가 있다. 이러한 고유명은 모든 가능한 틀에서 하나의 대상을 가리키는 것처럼 그러한 대표성이기 위한 본질을 갖춘 대상을 의미하기 때문이다. 인간을 원료로 사용하고 있는 사회복지 측면에서 인간의 본질을 탐구하는 것은 인간이 모델이기 때문에 가능하다. 그리고 이러한 본질은 지금의 부모에게서 태어났다는 것이다. 즉, 인간이라는 존재는 부모에게서 태어나지 않았을 가능세계는 존재하지 않기 때문이다. 나의 부모에게서 태어나지 않았다면 나는 내가 아닐 것이다. 그러나 내 부모에게서 태어났다고 나인 것은 아닐 수도 있다. 즉, 나의 형이나 동생일 수도 있다. 이처럼 어떠한 존재의 본질은 그 존재가 그 존재이기 위한 필요조건인 것이다.

물의 본질을 엿보아도 비슷한 사고를 할 수 있다. 우리는 물은 물로서 전제될 수 있다. 여기에서 대표성을 가진 물을 보면, 다른 물, 즉 설탕물, 소금물, 흙탕물 등도 물이라는 것이다. 이는 새로운 물질이 아니라는 것이다. 설탕,

소금, 흙 등이 물과 함께 브라운 운동[1]을 일으키는 물질이지 새롭게 분자구조를 바꾸어 화학적 변화가 일어난 물질이 아니라는 것이다. 물은 온갖 불순물을 가지고 있지만 물의 대표성을 가지고 있다는 것은 변함이 없다. 즉, 사회복지 모형구조가 대표성으로 재명명된 X 구조 속으로 속하기 위해서는 각 요소들이 재명명된 X 구조로서 인과성이 있어야 한다는 것이다. 따라서 X 구조가 대표성의 구조를 갖추지 않았다면 재명명된 대표성이 아니지만(물이 아니다), X가 오직 순수하게 대표성 구조만을 모형(물)으로 삼지는 않는다.

연구자는 다음을 구분해야 할 것이다.

> 사회복지 모형구조 = 순수하게 인과성 구조(물 분자구조)로 이루어진 개체
> = 인과성 구조(물 분자구조)를 갖고 있는 개체

인간을 다루는 사회과학인 사회복지학에서는 어떤 논쟁이나 서로 다른 의견들이 모형의 차이인지, 그렇지 않으면 이론상의 차이인지를 구분하는 것은 의미 있는 작업이다. 만약 어떤 차이가 모형의 차이에서 비롯하는 것이라면 모형은 객관성을 허용하기 때문에, 즉 인과성 구조를 갖추고 있는 개체이기에 틀린 모형이라 볼 수 없다. 따라서 **틀린 모형**이란 존재할 수 없기 때문에 문제가 되지 않는다. 그러나 문제는 이론은 객관성을 허용하지 않는다는 것이다. 이론은 단순히 한 모형에서 참인 것이 아니라 일반성에서 **타당**한 명제들의 집합이다. 이것은 단지 어떤 명제가 결정론적이라거나 확률론적 혹은 개연적이라거나 하는 구분의 문제가 결코 아니다. 어떤 사건이 일정한 확률로, 어느 정도의 분산수준을 가지고 일어난다는 명제는 타당하거나 타당하지 않을 수 있기 때문이다. 어떤 사건이 개연적으로 일어난다는 것은 명제가 가진 내용의 문제이지, 명제가 가진 논리적 지위의 문제가 아니다. 설령 이것이 설명하지 못하는 오차(error)[2]와 잔차[3]가 있다고 하더라도 이 명제가 타당하기 위

1) 1827년 스코틀랜드 식물학자 Robert Brown이 발견한 액체나 기체 속에서 미소입자들이 불규칙하게 운동하는 현상. 브라운 운동에 의한 물체의 움직임을 **표류**(漂流)라고 한다.

해선 단지 한 모형이 아니라 모형의 일반성에서 성립해야 한다. 즉, 사회과학에서 경험적 검증의 역할은 이론에 대한 직접적인 검증이 아니라 이론이 주장하는 모형에 대한 검증이다. 어떤 이론이 주장하지 **않는** 모형에 대한 경험적 검증은 이론에 아무런 영향도 주지 못한다. 다시 말하면, 어떤 이론이 주장하는 바에 의해 만들어진 모형들만이 실제로 존재의 가치가 있다는 것이다.

연구자의 연구가 모형과 이론의 어느 수준에서 이루어지는지 구별할 필요가 있다. 대개가 모형수준에서 경험적으로 반박하고 있다. 이러한 모형수준의 반박은 연구자가 주장하고 있는 일반성은 일반성이 아니며 현실성 없는 모형에 불과하다는 것이다. 이론 수준에서 이루어지는 반박은 연구자가 주장하고 있는 일반성에서 이론의 원소인 어떠한 명제가 **해당 모형에서 어떤 명제가 연역 가능한 경우 그 명제가 모형에 대해 가지게 되는 성질인** 건전성이 없거나 이론에 대하여 일반화하기에는 **특정 이론에서 어떤 모형이 연역 가능한 경우 그 이론이 모형에 대해 가지게 되는 성질인** 완전성을 가지고 있지 않다는 것이다.

모형의 건전성은 일반성에서 이론의 명제들이 잘 성립한다는 것을 보여주기만 하면 되기 때문에 어렵지 않게 주장을 할 수 있다. 즉, 건전성에서 연구자가 근거로 주장한 통계적 데이터가 연구자의 주장에 대해 이론수준에서 유의미한 결과를 나타내 준다는 것이다. 그러나 우리는 종종 사회과학인 사회복지학에서 '**답이 없다**'라는 말을 한다. 이는 건전성의 문제가 아니라 완전성을 가진 이론이 없다는 것이다. 이는 인간을 다루는 분야인 사회복지학이 인과성에서 완전히 설명할 수 있는 그 무엇이 있는가로 질문을 할 수 있다는 것이다. 만약 사회복지학에서 주장하는 이론이 논리적인 측면에서 어떠한 문제에 관해 존재할 수 있는 모든 경우의 수에 대하여 적용할 수 있는 명제의 집합으로 구성이 되었다면 완전성이 있다고 할 수 있다. 이럴 경우 주장한 이론의

2) 모집단에서 실제값이 회귀선과 비교해 볼 때 나타나는 차이(정확치와 관측치의 차이)
3) 표본에서 나온 관측값이 회귀선과 비교해 볼 때 나타나는 차이

모든 예측이 맞을 것이며 모든 사례들은 이 이론에 대해 닫혀 있을 것이다. 그러나 이러한 완전성을 가진 위치를 점하고 있는 이론은 사회복지학에서 단 하나도 존재하지 않는다. 사회복지학에서는 이론을 통계적으로 해소하는 것은 완전성 문제를 해결하지 못할 가능성이 높다. 모든 모형에서 건전한 명제들의 집합이 반드시 완전성을 가질 것이라고는 생각할 수 없기 때문이다. 이것이 우리가 사회복지학에서 완전성이 없다는 이론수준의 모순이며 이론의 한계라 부를 수 있다.

사회복지학에서 인과성의 문제는 반드시 인과성이 전제가 되어야 성립될 수 있다고 생각하는 것도 문제가 될 수 있다. 이유는 경험적 검증을 거치지 않아도 특정 모형에 대하여 성립할 수 있기 때문이다. 왜냐하면 모형이 있어야 경험적 검증이 가능한 것이지, 경험적 검증이 있어야 모형이 가능한 것이 아니기 때문이다.

제 2 절 사회복지 모형의 선험성과 필연성

연구자는 참된 모형을 개발하고자 한다. 이는 단순히 참인 것과 더불어 내용이 있는 참된 모형을 개발하고자 할 것이다. 이는 필연적인 참을 의미한다. 모형의 내용이 있기 위해서는 단순히 의미를 분석함으로써 참이 되는 분석적 모형이 아니라 새로운 내용이 덧붙여지는 종합적 모형이어야 한다. 즉, 경험적 지식에 새로운 내용이 부가되는 모형이다. 그러나 경험적 지식은 귀납성의 회의적 주장으로 인해 그 필연성을 의심받아 왔다. 따라서 필연적 지식은 자신의 경험이 아닌 다른 것에서부터 그 원인이나 근거를 찾지 않으면 안 되게 되었다. 여기에서 참된 지식의 근거로서 선험적 지식[4])이 등장하게 되었다.

---

4) 경험하기 이전에 인간에게 있는 것, 경험에 앞서서 인식의 주관적 형식이 인간에게 주어져 있다고 주장하는 것. '모든 까마귀는 검다'라는 명제는 경험에 의해 증명된다. 또 검지 않은 까마귀를 발견함으로써 사실이 아님을 증명할 수 있다. 즉, 경험 후에 생기는 판단이다. 반면, 1+1=2와 같은 명제

제 3 절 사회복지연구모형 탐색

사회복지연구모형은 연구에 사용되는 데이터와 정보, 연구가설을 축약하여 보여줌과 동시에, 연구 진행 과정을 인도하는 지도(map) 역할을 한다. 연구자는 연구모형에 근거하여 보고, 듣고, 수집하고, 해석한다. 이때 연구모형은 단순한 추출이나 축약을 넘어 일종의 이상으로서 기능한다고 할 수 있다.

사회복지연구모형은 연구의 필요성과 목적을 설명할 때는 이상 모형의 관점을 부각시킨다.

사회복지**전문가**가 되기 위해서는,
사회복지조직 구성원이 **성과**를 내기 위해서는,
사회복지 인적자원개발 **경쟁력**을 강화시키기 위해서는,

어떤 조건을 갖추어야 하는지 사회복지연구모형을 구축할 필요가 있다. 결과적으로 모형에서 제시하는 요인이나 조건을 갖추거나 실행하면 전문성 개발과 성과 및 복지인적자원개발 등이 '**잘 될 수 있다**'고 설득할 수 있기 때문이다. 연구방법 또는 연구결과에서 사회복지연구모형은 포괄 모형의 형태로 가시화된다. 예를 들면, 사회복지전문성 연구에서는 가치와 학습, 창조, 경험 또는 관계요인 및 하위요인의 변수들이 나타나는 구조이다. 사회복지 모형연구에서는 성장 모형(포괄 모형)과 성공 모형(이상 모형)을 논할 수 있다. 이 두 모형의 갭(gap)은 첫째, 시간과 순서의 문제, 둘째, 일반성과 특수성의 문제에 기인될 수 있다. 먼저 시간과 순서의 문제로서 이러한 접근법은 기관이나 시설에 대하여 "당신의 조직은 성과를 내어야 하는데 성과는 ①, ②, ③, ④를 잘 하거나 갖추어야 된다(포괄 모형; 성장 모형). 지금부터 ①, ②, ③, ④를 조금씩 더 잘해봅시다(이상 모형; 성공 모형)"라고 말하는 것과 같은 것이다. 사회복

는 경험에 의한 지식이 아닌 구조적인 지식이다. 1+1=3인 경우를 발견해서 부정할 수 있는 명제가 아닌 것이다. 이러한 판단은 경험 이전에 형성된 지식, 즉 선험적 지식(a priori, 앞에 있는)이다 (https://sosciety.weebly.com/background/_).

지 모형연구는 사람이든 조직이든 무엇의 성장을 탐색하는 연구에서 포괄 모형과 이상 모형 사이에 갭(gap)이 발생하는 두 번째 이유는 어떤 개체이든 개체 공통의 일반성과 개체 고유의 특수성을 함께 가지는 데서 비롯된다. 결과적으로 사회복지연구모형은 여러 제약요건들이 존재함에도 불구하고 다양한 변수를 고려하여 통합연구모형 탐색이 바람직하다고 볼 수 있다.

3

사회복지연구모형의 탐색

우리는 사회복지 모형의 적용을 통해 어떠한 이론이나 현상들을 단순화하거나 모방함으로써 현실에 대한 새로운 관점을 정리해 줄 수 있다. 즉, 모형은 이론 그 자체라고 볼 수는 없지만 이론의 정립 및 수립을 돕는 작업이다. 즉, 모형은 어떤 이론이나 현상들을 가능한 한 그대로 단순화하거나 모방함으로써 현실에 대한 새로운 관점을 정리해 주는 기능을 갖는다.

CHAPTER

05 사회복지조직과 변화 모형

제 1 절 사회복지조직관리 모형

1. Fayol의 14's 모형

사회복지조직은 관리되어져야 한다. 사회복지조직이 관리되기 위해서는 조직을 관리하기 위한 원칙이 있어야 한다. 다음은 사회복지조직이 관리되기 위해 적용될 수 있는 기본 열네 가지 원칙(Fayol, 2016)[1]을 통하여 〈그림 5-1〉과 같이 모형을 구체화시켜 본다.

1) 사회복지조직의 분업

사회복지조직이 분업화된다는 것은 전문화된다는 것이다. 전문화는 개인이 다양한 경험을 쌓고 지속적으로 전문성을 향상시킬 수 있도록 해준다. 이를 통해 성과가 달성된다. 인간은 사회를 이루고 살면서 분업이라는 획기적인 작업방식을 손에 넣었다. 분업이란 인류가 그 신체적 열등성을 보완하기 위해 획득한 생존전략이라 볼 수 있다.

2) 사회복지조직의 권한과 책임

여러 사람의 책임은 그 누구의 책임이라고 할 수 없다. 따라서 각 구성원은 정확한 업무 분장과 분장된 업무의 수행에 필요한 권한의 부여는 조직 운영에

1) Henri Fayol(1841~1925)은 프랑스의 경영이론가로서 경영과 노동조직에 관한 그의 이론들은 20세기 전반에 광범위하게 영향을 미쳤다.

있어서 무엇보다도 중요하다. 상사가 부하에게 직무를 할당하면, 곧 부하의 입장에서는 할당된 업무를 수행해야 한다는 책임이 확정되는 것이며, 책임수행에는 반드시 권한의 행사가 따라야 한다. 이때 부하는 직무수행에 대한 결과의 책임으로서의 의무를 가지게 된다. 결과적으로 직무, 책임, 권한의 삼면등가의 원칙이 성립될 수 있다.

3) 사회복지조직의 규율 확립

사회복지조직의 기강은 조직의 규율과 법도를 아우르는 말로 근무 자세나 태도를 굳게 세우는 것을 말한다.

4) 사회복지조직의 명령일원화

사회복지조직은 명령체계에 혼란을 발생시키지 않기 위해 조직의 직원은 한 명이 기관장으로부터만 명령을 받아야 한다는 것이다. 즉, 1인의 기관장으로부터 1원적으로 행해지지 않으면 안 된다는 원칙이다. 명령이 여러 갈래로 생기면 명령 상호 간에 차이점이 생길 수 있고 선후관계의 결정에 있어 부하가 당황할 경우가 있기 때문이다. 기관장과 직원과의 사이에 중간의 장이 존재할 때 기관장은 직접 직원에 명령을 하지 않는 것이 원칙이다.

5) 사회복지조직의 지휘통일

사회복지조직 내에서 동일한 활동에 관여하고 있는 사람들은 하나의 계획하에서 동일한 목적을 지향해야 한다. 이는 기관이나 시설 내에서 통일성과 조정력을 위한 필수조건이다.

6) 사회복지조직 개별 이익의 전체 이익에의 종속

사회복지조직은 직원 개인이나 직원 집단의 이익이 해당 조직의 이익을 초월하지 않아야 한다. 예를 들면, 가족의 이익이 가족구성원 중 한 사람의 이익보다 커야 하며, 국가의 이익이 시민 한 사람 또는 시민집단의 이익보다 커야 한다. 이를 실현하기 위해서는 기관장 및 관리자의 단호함과 솔선수범, 공정한 협약의 적용 및 주의 깊은 모니터링 활동이 요구된다.

7) 사회복지조직 구성원의 적절한 보상

사회복지조직 구성원에 대한 임금은 중요한 동기부여 요인이다. 구성원에 대한 보상은 제공된 서비스에 대한 대가이다. 보상은 반드시 공정해야 하며, 전체 직원과 기관, 사용자와 근로자들에게 동시에 만족을 줘야 한다. 이를 위해서는 공정한 보상의 확립, 노력에 대응하는 대가지불을 통하여 의욕고취가 요구되며, 또한 한계를 넘어선 초과보상이 이루어지지 않도록 유의해야 한다. 기관의 근로자에게는 일급제, 직무급제, 성과급제를 기본으로 적용하되 상여금, 이익참여제도, 현물보조금, 명예나 칭찬에 의한 만족도 고취 등의 방법을 적절하게 사용해야 한다.

8) 사회복지조직의 중앙집권화

사회복지조직 분업화의 원칙처럼 집권화도 자연적 질서의 한 현상이다. 이는 사람의 두뇌나 조직의 중앙통제기구가 모든 부문을 움직이게 하는 명령을 내리는 것을 의미한다. 그러나 집권화와 분권화는 정도의 문제지 절대적인 것이 아니므로 조직 전체의 성과를 높이는 조치를 취하느냐의 여부이다. 분권화는 부하의 역할을 중시하는 반면에 집권화는 부하의 역할을 감소시킨다. 이것이 조직의 성패를 좌우하게 된다. 따라서 관리자는 조직 내의 질서와 성과를 목적으로 적절한 집권화 체계를 구축해야 한다.

9) 사회복지조직의 계층화

사회복지조직의 계층은 기관의 최상위에서 최하위에 이르는 직무 담당자이 계열을 말한다. 즉, 계층조직은 조직 내 최상위 권한자로부터 최하위자까지의 위계구조를 구성하고 있는 단계의 수와 관련되어 있다. 계층의 통로는 상급자와 커뮤니케이션하기 위한 통로로서 확실한 정보전달과 명령의 일원화를 동시에 달성하기 위한 필수조건이다. 계층화의 성패는 정보전달의 신속성에 의해 결정된다. 따라서 계층조직은 많은 단계로 구성되어 감당할 수 없는 상황이 되어서는 안 된다.

10) 사회복지조직의 질서유지

사회복지조직의 질서유지는 물질적 질서와 사회적 질서 두 가지 측면에서 모두 필요하다. 물질적 질서는 시간낭비와 불필요한 활동을 최소화시켜 준다. 사회적 질서는 조직화와 선발을 통해 달성된다. 따라서 각자의 직무내용이 분명히 정해져 서로 자연스럽게 연결되도록 해야 하며, 이를 조직도에 표시해 모든 활동이 질서 있게 전개되도록 해야 한다. 완벽한 질서는 그 자리에 그 사람이 적합하며, 그 사람은 그 자리에 부합되기를 원할 때 구현된다.

11) 사회복지조직의 공정성

사회복지조직 공정성은 조직의 구성원들이 조직으로부터 받는 대우의 공정한 정도를 의미한다. 직원의 조직공정성에 대한 인식이 이들의 태도와 과업성과를 결정하기 때문에 모든 사회과학 분야에서 많은 관심을 쏟고 조직공정성에 대한 연구를 하고 있다. 조직공정성에는 결과에 대한 보상 등을 분배하는 것에 대한 공정성인 분배공정성, 프로세스적 공정성인 절차공정성, 인간관계 등 관계에 대한 공정성인 상호작용공정성으로 나눌 수 있고 현재 절차공정성과 상호작용공정성의 중요성이 높아지고 있는 추세이다.

12) 사회복지조직의 고용안정성

사회복지조직의 고용안정성은 직원들의 경우 직업의 안정성과 경력발전이 보장되는 경우에 보다 좋은 성과를 낸다. 불안정한 재직과 높은 이직률은 조직에 부정적인 영향을 미친다. 결과적으로 직원의 직무를 불안정하게 배치하면 능력이 발휘되지 않고 조직이 약해진다.

13) 사회복지조직의 자발성

사회복지조직의 직원 및 관계자들이 스스로 자발성을 발휘하도록 한다는 것은 조직을 강하게 하는 하나의 방법이다.

14) 사회복지조직의 직원 단결

사회복지조직의 기관장 및 관리자는 직원이 화합을 통해 조직의 힘을 키워야 한다. 이를 위해서는 직원들 간의 분열을 방지하고 문서화된 커뮤니케이션이 남용되지 않도록 하여야 한다. 조직활동들을 조율하고 열정을 독려하며, 각 개인의 역량을 활용하며, 그리고 질투심을 유발하지 않고 조화로운 관계를 해치지 않는 범위 내에서 개인의 가치에 보상해 주는 것이 필요하다.

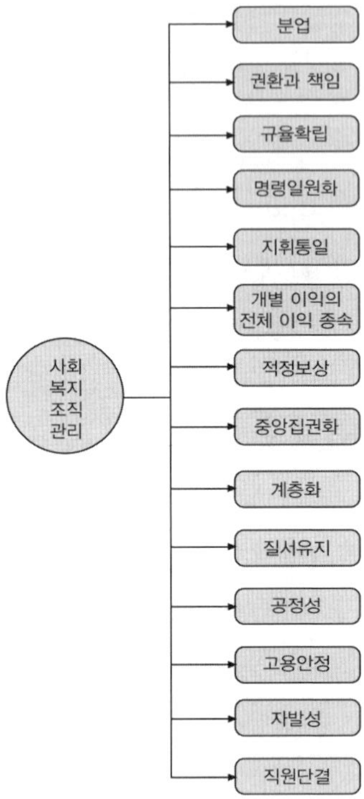

그림 5-1 사회복지조직관리 모형

2. Rasiel과 Friga의 7's 모형

7'S 모형은 효과적인 방식으로 기관을 조직하는 일곱 가지 요인을 묘사하며, 이러한 요인을 가지고 조직을 운영하는 방식을 결정한다. 관리자는 이러한 일곱 가지 요인을 모두 고려하여 어떠한 전략을 성공적으로 수행할 수 있도록 해야 한다. 일곱 가지 요인은 모두 독립적이며 한 가지라도 적절한 주의를 기울이지 않으면 다른 요인에 영향을 미칠 수 있다(Rasiel & Friga, 2001). 그리고 상황에 따라 상대적 중요도는 변할 수 있다. 7'S 모형에 대해 〈그림 5-2〉와 같이 구체화시켜 본다.

1) 공유가치(Superordinate Goals/ Shared Values)

공유가치는 조직구성원을 상호 연결하는 **중심 신념 및 태도**로서 중심이 되는 가치이다. 사회복지조직은 지속적인 성장을 달성하기 위한 새로운 관리 패러다임이 필요하다. 따라서 환경, 교육 등 다양한 사회적 · 환경적 도전이 늘어나고 있는 가운데, 기관이나 시설의 보다 적극적인 사회적 역할에 대한 기대가 증가하고 있다. 이러한 공유가치의 창출을 위해서는 첫째, 사회복지조직 대상자에 대하여 사회복지서비스에 반영할 수 있는 사회적 요구와 혜택 등을 알아내어 서비스와 욕구를 재인식하고, 둘째, 조직가치사슬의 경제적 비용을 증가시키는 사회적 문제에 대한 해결방법을 찾아 가치사슬의 생산성을 재정의하고, 이를 가능하게 하는 핵심의제를 구축해야 할 것이다.

2) 전략(Strategy)

전략은 본래 군사용어로 사용되는 낱말로, 특정한 목표를 수행하기 위한 행동계획을 가리킨다. 군사전략은 교전의 수행에 관련한 전술과는 구별된다. 전략은 각기 다른 교전을 어떻게 연결시킬 것인지와 관련되어 있다. 즉, 사회복지조직은 확인된 목표를 달성하기 위해 조직의 희소한 자원을 시간적으로 배치한 계획, 환경, 경쟁, 이용자 등을 들 수 있다.

3) 구조(Structure)

구조는 형태가 없으면서도 근본적인 어떠한 것으로 둘러싸인 존재의 관계 및 개념의식, 관찰, 자연, 양식의 안정성 등을 나타내는 말이다. 물체가 짜여진 형태를 의미하기도 한다. 즉, 사회복지조직의 하부단위가 서로 연결되어 있는 방식을 말한다.

4) 시스템(System)

시스템은 조직서비스가 어떻게 완수되어야 하는지에 대한 절차와 프로세스 및 일과 재무시스템 등으로 요약될 수 있다. 일반적으로 자료처리시스템, 관리정보시스템, 지식기반시스템, 전문가시스템, 의사결정지원시스템, 업무수행시스템 등이 있다.

첫째, 자료처리시스템은 사회복지조직에서 반복적으로 발생되는 사무업무를 자료의 입력만으로 처리하게 하는 기능을 수행한다. 자료처리업무는 정보의 수집, 저장, 검색, 전송, 그리고 자료출력을 포함한다.

둘째, 관리정보시스템은 사회복지현장에서 생성되는 자료를 조직의 목적에 따라 통합하고 가공함으로써 새로운 자료를 생산할 수 있게 한다.

셋째, 지식기반시스템은 사회복지조직에서의 지식기반 응용 프로그램은 실험단계에 있지만 매우 중요하다.

넷째, 전문가시스템은 사회복지사가 정보관리체계에 저장한 지식을 응용하여 사례에 관한 의사결정을 하는 것이다. 이러한 시스템은 보고서를 작성하기보다는 의사결정하는 데 활용된다. 사례기반추론은 수천 개의 클라이언트 사례(인구통계, 서비스, 성과)를 조사하여 저장하고, 이들 저장된 사례자료로부터 지식을 얻어내는 것이다.

다섯째, 의사결정지원시스템은 전문가가 자료를 검색하고, 관리함으로써 의사결정에 관한 정보를 얻는 데 도움을 준다. 이 시스템은 클라이언트의 접수일정을 자동으로 결정하며, 클라이언트에게 서비스를 제공할 담당자에게 자료를 전송시키고 클라이언트에 대한 통계를 작성한다.

여섯째, 업무수행시스템은 현장에서의 업무수행능력을 향상시키기 위해 개발된 통합정보제공시스템이다. 이를 통해 다른 사람으로부터 최소한의 도움을 받아 즉시 그 문제를 해결하거나 업무를 완수할 수 있도록 하는 것이다.

5) 직원(Staff)

직원의 인사관리활동은 사회복지조직뿐만 아니라 공공부문과 민간부문 등 모든 공ㆍ사 조직에서 관심을 가져야 할 매우 중요한 관리과정 중에 하나이다. 사회복지행정에서의 인사관리란 사회복지기관이나 복지시설 등 사회복지조직에서 해당 조직의 목적과 프로그램 목표를 효과적ㆍ효율적으로 달성하기 위하여 사회복지사를 비롯한 사회복지조직 구성원의 능력을 최대한으로 활용하기 위한 모든 인사관리활동을 의미한다. 사회복지조직은 다양한 사회문제를 해결하여 이용자 및 이해관계자들의 사회적 욕구를 충족시켜 궁극적으로 인간의 존엄성을 실현하기 위한 조직이다. 사회복지행정은 일반 행정이나 일반기업과는 달리 수평적이고 비공식적인 성격이 강하므로 인사행정이나 일반기업의 인사관리와는 일부 차별화가 요구된다.

6) 조직문화

조직문화는 학습되는 것이지 유전되는 것은 아니며, 또한 문화는 개인의 사회환경에서 나오는 것이지 유전인자에서 나오는 것이 아니다. 사회복지조직의 문화도 사회복지기관을 둘러싸고 있는 지역사회의 환경과 더 나아가 인종과 국가의 특수한 환경에 영향을 받는다. 이러한 환경과 기관 내 사회복지사들의 일상생활 속에서 자연스럽게 나타나고 일반화되는 것이다. '문화는 일정 시간에 일정 집단을 위하여 작용하는 공식적으로 그리고 집합적으로 받아드려진 의미의 체계, 즉 상징언어, 이념, 신념, 의식, 전통 등 조직체 개념의 원천'이다(Pettigrew, 1979). 조직문화는 기본적으로 조직구성원들이 집단적으로 공유하고 있는 것이며 구성원의 행동과 조직 전체 행동의 기본 전제로서 작용하는 조직체 고유의 그리고 지배적인 가치관, 신념, 규범, 관섭, 행동양식 등을 포함하는 거시적인 개념이다.

7) 기술(Skill)

기술은 자주 사용하는 단어이다. 그러나 "기술이 무엇이냐?", "우리 조직이 강점으로 내세울 수 있는 기술의 실체는 무엇인가?"와 같은 질문에는 답하기가 쉽지 않다. 그러면 기술의 본질은 무엇일까? 조직은 조직구성원과 이용자를 위한 기술로 개개인이 모여 함께할 수 있는 조직구성원들의 특별한 능력이 필요하다. 그렇다면 조직은 질 높은 서비스를 하는 방법, 즉 이용자의 욕구와 편익을 목적으로 물적 · 심리적 방법들을 최대한 활용하여 이용자의 문제해결은 어떤 가치를 두고 제공할 것인지를 생각해 보면 구체적인 기술개발의 목표를 수립할 수 있게 될 것이다.

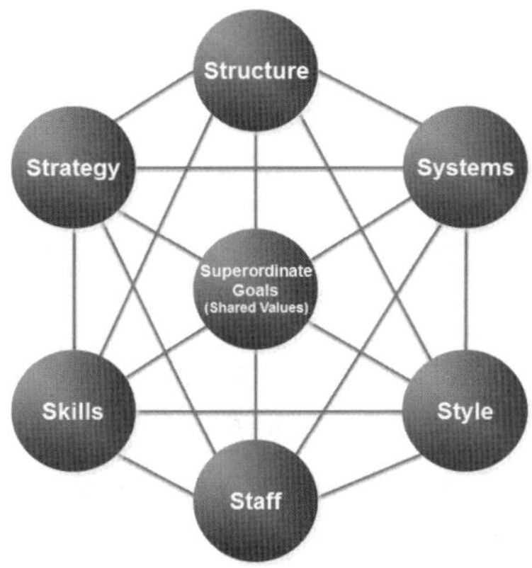

그림 5-2 7's Framework

3. 여섯 색깔 모자(STH : Six Thinking Hats) 모형

STH 모형은 영국의 심리학자 Bono가 고안하였다(De Bono, 2017). 이 기법은 〈그림 5-3〉과 같이 학습자들이 백색, 빨강, 검정, 노랑, 초록, 파랑의 여섯 가지 각기 다른 색 모자를 쓰고, 자신이 쓰고 있는 모자 색깔이 의미하는 유형의 사고를 하게 하는 것이다. 즉, 자신의 생각을 버리고, 의도적으로 다른 생각을 하게 함으로써 폭넓은 사고력을 신장시키게 하는 기법이다.

STH 모형은 복잡한 상황에 대해 서로 다른 관점을 탐구하는 데 활용된다. 여섯 가지 생각 모자의 핵심은 **아이디어를 한 방향으로 모아가는 과정이다. 회의를 할 때 보면 다양한 의견들이 나오게 된다. 이와 같은 다양한 의견을 하나의 통일된 과정**(six thinking hats process)**을 통해 보다 쉽게 의견을 도출해 낼 수 있는 도구이다.** 상황을 다양한 방법으로는 보는 것은 전략수립이나 복잡한 의사결정 프로세스에서 좋은 아이디어가 될 수 있다.

STH 모형은 가장 자연스럽게 추정할 수 있는 것과 매우 다를 수 있는 어느 한 주제에 대한 다양한 관점을 의도적으로 탐색할 수 있게 해주도록 설계되어 있다. 참여자들은 특정한 사고를 취함으로써 마치 그들 자신이 특정 관점을 취함으로써 비판적으로 무엇이 잘못되었는지를 찾아볼 수 있다. 각각의 모자는 하나의 이슈를 바라보는 다양한 관점을 의미하는 것으로 회의에서 다수의 참석자나 조직의 팀원들이 한 순간에 하나의 관점에 집중하게 함으로써 불필요한 충돌이 일어나는 것을 막고, 의견이나 아이디어를 자유롭게 얘기하되, 그것이 일정한 방향에 집중되도록 하는 역할을 한다.

그림 5-3 여섯 색깔 모자 모형

1) 여섯 가지 모자들의 역할

(1) 백색 모자 : 정보(Information)

백색 모자는 정보를 모으는 과정이다. 조직이 필요한 정보, 이용 가능한 정보, 부족한 정보를 찾아가는 과정을 말한다. 중립적이고 객관적인 사고, 엄격한 사실과 정확한 정보에 기초한 사고양식을 나타낸다. 즉, 더러움이 없는 순수한 색이며, 어떤 비판도, 해석도 덧붙지 않은 사실에 초점을 맞춘 사고이며 중립적이고 객관적인 사고이다.

백색은 객관적인 정보로 중립적이고 객관적인 사실과 숫자들을 제공한다. 서로 일치되지 않는 두 가지 정보가 나왔다고 해서 논쟁을 할 필요가 없다. 반드시 둘 중 하나를 선택해야 할 때 논쟁을 시작하면 된다. 백색 모자는 모든 차원의 정보를 찾아내고 정리한다. 즉, 가지고 있는 정보, 필요 정보, 정보를 얻는 법이 백색 모자의 역할이다.

(2) 빨강 모자 : 감정(Feeling)

빨강 모자는 감정이며 초록 모자에서 나온 아이디어를 선택하는 과정이다. 즉, 어떠한 아이디어를 생각할 때 논리성을 따지기 전에 직관적으로 느끼는 것을 선택하는 과정을 말한다. 물론 직관적 선택이 아닌 다른 선택방법을 이용할 수도 있다. 감정이나 정서의 사고, 어떤 아이디어나 정보에 접했을 때 좋거나 나쁜 또는 우울한 감정에 의한 사고를 나타낸다. 백색 모자와 대비되는 사고양식으로 좋고 싫음과 같은 감정적 표현이 분명한 사고를 할 수 있다. 예를 들면, 예감, 직감, 감정, 느낌, 노여움, 기쁨을 이야기한다. 빨강 모자는 비이성적인 감정을 표현한다. 조직의 구성원들은 회의에서 개인 감정을 쉽게 이야기할 수 없다. 따라서 '이 사람이 그 일에 적합한 사람이라는 느낌이 듭니다', '**이 일은 위험부담이 있다고 느껴집니다**', '**그 아이디어는 가능성이 많다는 느낌이 듭니다**'라고 느낌 또는 개인 감정을 이야기한다.

(3) 검정 모자 : 부정적 생각(Negative)

검정 모자는 부정적 생각으로 노랑 모자와 반대되는 개념으로 볼 수 있다. 즉, 매사를 부정적이고 비판적으로 보는 사고로 노랑 모자와 대비된다. 빨강 모자에서 선택된 아이디어의 결함, 잠재적 문제점에 대해 생각해 보는 과정이다. 아이디어의 문제점과 위험, 어려운 점, 잘못되거나 좋지 않게 될 위기사항을 생각해 볼 수 있는 과정을 말한다. 따라서 신중, 주의, 경고, 잠재된 위험, 결점을 이야기한다. 즉, 어떤 사안이 우리의 자유, 정책, 전략, 윤리관, 가치관에 어떻게 어긋나고 모순되는지를 밝힌다. 비판적 사고는 마음속 자연스러운 생각이다. 부정 메커니즘은 조직이 실수를 하지 않게 도와준다. 이렇게 행동하면 무슨 나쁜 일이 생길까, 무엇이 잘못될 수 있을까, 잠재적인 문제점들은 무엇인가 등을 알게 하는 것이 검정 모자이다.

(4) 노랑 모자 : 긍정적 생각(Positive)

노랑 모자는 긍정적인 생각이다. 빨강 모자에서 선택된 아이디어의 가치에 대해 생각해 보는 과정이다. 누가, 어떤 이익을 얻을 것인지 그리고 아이디어에 내재된 가치에 대해 생각해 볼 수 있는 과정을 말한다. 노랑 모자는 긍정적 사고와 낙관적 사고를 상징하며 문제와 사실에 대해 긍정적으로 보고 모든 것을 낙관적으로 보는 희망의 사고이다. 따라서 이점, 이득, 가치 등 긍정적이고 희망적인 관점이다. 노랑 모자는 긍정적인 가치를 찾아내는 데 감정적이 아닌 논리에 근거해야 한다. 또한 노랑 모자 발언은 건전한 판단에 근거해야 하며 희망사항을 이야기하면 안 된다. 앞에서 빨강 모자는 잘될 것 같다는 감정을 이야기하지만 노랑 모자는 그렇지 않다. 노랑 모자를 쓴 사람은 제안의 긍정적 가치, 어떤 상황에서 가치가 있는지, 가치는 어떻게 구체화될 수 있으며, 또 다른 유용한 가치는 없는가를 말해야 한다.

(5) 초록 모자 : 창조적(Creative)

초록 모자는 창조적 아이디어를 도출해 내는 과정이며 전혀 새로운 관점대안을 이야기하는 창의적 사고를 나타낸다. 초록은 대개 만물이 생성하는 푸르름, 결실을 맺는 다산의 의미를 갖는다. 즉, 확산적 사고를 상징한다. 아이디어를 도출해 내는 방법으로 무작위 단어기법, PO기법(도발기법; Provocative Operation)의 방법을 사용할 수 있다. 무작위 단어기법은 어떤 단어가 가지고 있는 속성에 대해 생각하고 연결시킨다. 도발기법은 당연하게 여겨지는 것으로부터 이탈할 수 있다. 도발기법은 소망도발, 탈출도발, 역전도발로 구분되며 이동과정을 통해 아이디어를 도출해 낸다. 소망도발은 도저히 일어날 수 없는 어떤 일을 소망하는 과정을 통해 아이디어를 도출해 낸다. 탈출도발은 고정관념을 탈출하기 위한 방법으로 주제의 요소 중 중요한 것을 제외하는 방법을 사용한다. 예를 들면, '**기존의 어떤 것이 없다면…** '이라고 표현하여 아이디어를 도출해 낸다. 역전도발은 기존의 사고를 반대로 생각해 아이디어를 도출한다. 이동과정은 도발을 통하여 인식의 틀에서 벗어난 것을 인식의 틀 안으로 들어오게 하는 것이다. 다시 말하면, 도출된 아이디어를 현실화하기 위한 과정이라고 보면 된다.

초록 모자는 다른 아이디어들과 다른 방식들을 제안한다. 확실한 대안, 전혀 새로운 아이디어, 기존의 아이디어 수정, 개선도 가능하다. 이 모자를 쓴 사람은 창조적인 노력을 해야 한다. 전혀 새로운 방법, 새로운 대안, 개선방안은 무엇인지가 초록 모자가 할 일이다.

(6) 파랑 모자 : 회의주재(Process)

파랑 모자는 회의주제를 최종 선택하는 과정으로 지휘자의 사고를 나타낸다. 백색 모자에서부터 시작된 과정을 마무리하는 단계로 후속 단계에 대한 고려가 필요한 과정을 말한다. 파랑 모자를 쓰면 자기 스스로 아이디어를 개진하기보다는 다른 사고 모자를 쓴 사람들을 지휘하고 감독하고 조직화하는 역할을 한다. 따라서 회의방향 설정 및 회의목적과 결과물을 정한다. 회의가 진행되는 중에는 실수를 바로잡고, 모자를 바꿔 쓰자고 제안하기도 한다. 파랑 모자를 쓴 사람은 회의 주재가, 의장 혹은 리더로서 문제를 정의하고 사고를 조직화해야 한다. 예를 들면, **왜 회의를 하는가, 무엇을 할 것인가, 문제가 무엇인가, 성취하고자 하는 것은 무엇인가, 어디까지 회의를 진행할 것인가, 문제배경은 무엇인가, 어떤 순서로 모자를 쓸 것인가**를 정하고 관리한다. 파랑 모자는 회의 끝에 결론, 성취한 것, 해결방안, 다음에 할 일을 알려주어야 한다.

이상의 내용을 간략하게 정리하면 〈표 5-1〉과 같다.

표 5-1 여섯 색깔 사고 모자의 의미

모자 색		상징적 의미
백색 모자 (information)		관찰하고 정보를 모으는 과정(필요한 정보/ 활용 가능한 정보/ 부족한 정보) • 흰색은 더러움이 없는 순수한 색 • 어떤 비판도, 해석도 덧붙지 않은 사실에 초점을 맞춘 사고 • 중립적이고 객관적인 사고
빨강 모자 (feeling)		직관(현재 순간의 느낌, 감정) • 빨간색은 피와 정열의 상징 • 감정이나 영감에만 의지하는 사고 • 직관에 의한 감정이나 느낌
검정 모자 (negative)		부정(잠재적 문제점, 주의, 논리적 부정) • 검은색은 어두운 이미지이지만, 긴장감을 주는 색 • 논리적으로 비판하거나 부정적인 사고
노랑 모자 (positive)		이점(실현가능성, 이익/ 가치, 논리적 긍정) • 노란색은 밝고 적극적인 색 • 오로지 긍정적인 측면에서만 생각 • 낙관적이고 긍정적인 시각
초록 모자 (creative)		창의(아이디어, 대안, 변화) • 초록색은 풍부한 자연과 성장하는 식물을 상징 • 새로운 아이디어를 생성하고, 창조적인 사고
파랑 모자 (process)		과정(사고관리: managing the thinking), 사고과정 계획, 요약, 결론 유도 • 파랑색은 조절 및 통제의 이미지 • 다른 모자의 사용법을 조절하는 역할(사회자)

2) 여섯 색깔 모자 적용 절차

여섯 색깔 모자 모형의 적용 절차는 다음과 같다.

(1) 사회자가 지시하는 모자를 쓴 뒤 그 모자가 의미하는 유형으로 생각하고 토의한다.

(2) 한 번에 하나의 모자만 쓴다.

(3) 사고모를 쓰라. = 곰곰이 생각해 보라.

(4) 사고모는 몇 번이고 사용 가능하다.

(5) 아이디어를 생성하고자 할 때(흰색 모자–초록 모자–노랑 모자–검정 모자–빨강 모자–파랑 모자)

(6) 아이디어를 판단할 때(빨강 모자–노랑 모자–검정 모자–초록 모자–흰색 모자–파랑 모자)

(7) 다음과 같은 순서로 모자를 사용할 수 있다.

- 흰색 모자 : 우리가 알고 있는 것이 무엇인가?
- 초록 모자 : 대안, 제안 및 아이디어 탐색
- 노랑 모자 : 아이디어의 실행성, 이점 및 가치 탐색
- 검정 모자 : 어려움, 위험, 문제와 주의점 탐색
- 빨강 모자 : 아이디어에 대한 직관과 감정, 느낌
- 파랑 모자 : 결론

3) 여섯 색깔 모자 적용사례

클라이언트에게 여섯 색깔 모자에 대해 확실히 알게 한 후 구성원들이 당면한 토론 거리를 정해 다양한 관점에서 생각하고 토론하는 시간을 가져보도록 하여야 한다.

(1) 토론주제

토론주제는 예를 들면, 인터넷 기사를 발췌하여 제시한다.

토론 거리 : 노인학대 경험자 80.7%, 한 달에 1회 이상 학대

한국보건사회연구원이 발간한 보건복지포럼 중 '노인학대 현황 및 정책과제'에 따르면, 학대 경험이 있는 노인 2만 3000명당 1개의 기관이 있는 셈이다. 현재 노인보호전문기관은 중앙 1곳, 지방 31곳으로 노인학대를 경험할 것으로 추정되는 노인 70만 명에 이를 것으로 계산되면서 나온 수치다. "노인학대가 노인의 삶에 미치는 막대한 부정적인 결과에도 불구하고 아직 우리 사회의 노인학대에 대한 정책적 대응은 충분하지 못한 상황"이라며 "노인요양시설 등에 대한 인권 실태 점검을 의무적으로 실시하고 국민건강보험공단의 장기요양사업 및 요양병원 담당 직원을 학대 피해 신고 의무자로 추가해야 할 것"이라고 말했다.

※ 아시아경제(2017.06.17). 노인학대 경험자 2만 3000명당 보호시설 1개 설치. www.asiae.co.kr

(2) 토론내용

위 주제에 대해 직원들은 여섯 색깔 모자를 교대로 써가면서 여섯 관점에서 진지하게, 때론 감정적으로, 때론 비판적으로 생각한 내용을 발표하도록 한다.

흰색 모자 사고	객관적인 관점에서 생각해 보았을 경우

▷ 요즘 들어 노인들이 구타를 당해 자살하는 경우가 많다.

▷ 해마다 구타로 인한 노인들의 고민과 사고가 늘어나고 있다.

빨강 모자 사고	감정적인 관점에서 생각해 보았을 경우

▷ 무섭다, 슬프다, 이기적이다.

▷ 노인에 대한 구타가 없었으면 좋겠다.

▷ 서로 남의 나쁜 점을 덮어주며 지낼 수는 없는 걸까?

노랑 모자 사고	긍정적인 관점에서 생각해 보았을 경우

▷ 노인학대를 예방하는 캠페인이 많아지고 있다.

▷ 지역마다 노인학대 방지를 위한 센터를 만들어서 사전에 예방하는 것도 좋은 방법이라고 생각한다.

▷ 학대를 당하는 노인들은 주변에 도움을 청하고 알리려고 노력해 본다.

초록 모자 사고	창의적인 관점에서 생각해 보았을 경우

▷ 학대당한 노인들과 함께 어려움을 서로 이야기한다.

▷ 학대당한 노인들을 위해 친구 만들기를 해본다.

파랑 모자 사고	냉철한 관점에서 판단해 보았을 경우

▷ 학대당하는 노인이 그럴만한 원인이 있어서 생기는 경우도 있으니까 노인이 조금이라도 배려하는 생각을 가졌으면 좋겠다.

▷ 학대당하는 노인의 이야기를 들어보고 노인의 문제점이 무엇인지 알아본다.

(3) 토론내용 분석

토론내용을 보았듯이 직원들은 다양한 의견을 제시할 수 있다. 직원들이 한 가지 주제에 대해 한 가지 입장으로 골몰하게 생각하다 보면 극단적인 생각을 할 수 있는데 여러 가지 관점에서 생각해 보고 토론한 결과를 봄으로써 문제를 여러 각도에서 바로 보고 판단할 수 있는 능력이 있음을 알게 되었다. 당면한 문제에 대해 여러 각도에서 다양한 관점으로 생각하기 때문에 심각한 문제도 때로는 희망적이고 새롭게 생각할 수 있다.

4) 여섯 색깔 모자 모형의 장점

여섯 색깔 모자 모형은 다음과 같은 장점이 있다.

(1) 위험 없이 의견을 말하게 해준다.

(2) 현재 이슈에 대한 다양한 관점이 존재한다는 것을 인식하게 해준다.

(3) 변화를 촉진하는 데 매우 효과적인 분석도구이다.

(4) 게임과 같은 법칙을 갖고 있어 참여도가 높다.

(5) 효과적으로 사고할 수 있다.

(6) 보다 창의적인 사고를 유도한다.

(7) 질 높은 의사소통이 가능하다.

(8) 빠른 의사결정이 가능하다.

4. EFQM 모형[2)]

EFQM 모형은 아홉 개의 기준에 근거한 전사적 품질관리 모형이다. EFQM 모형은 성과의 모든 측면에서 지속가능한 우수성을 달성하는 데 여러 접근법

2) 이원주(2014). 박사학위논문 재구성. 세부내용은 논문 참고.

이 있다는 것을 인식하게 해준다. EFQM 모형은 성과, 고객, 사람과 사회와 관련된 우수한 성과는 방침과 전략을 추진해 가는 리더십을 통해서 달성되고 사람과의 협력, 자원 그리고 프로세스를 통해 전달된다는 가정에 근거하고 있다.

1) EFQM 모형의 성과영역

EFQM(European Foundation for Quality Management) 모형은 유발요인과 결과요인 두 가지로 구별되는 성과영역으로 구성된다(Neely & Adams, 2000). 유발요인은 미래의 결과를 창출하는 지렛대 역할을 하는데 이는 다시 조직의 혁신과 학습으로 환류된다. 〈그림 5-4〉에서 보는 바와 같이 EFQM 모형은 하나의 영역을 최종적으로 만들어 내기 위하여 전체를 100%로 두고 개개의 요인들에 가중치를 할당하고 가중 평균을 통하여 하나의 측정영역으로 전환하는 방식이다. 즉, 영역별 성과에 대한 전반적인 결론에 도달하기 위해서는 다양한 영역에 가중치를 준다.

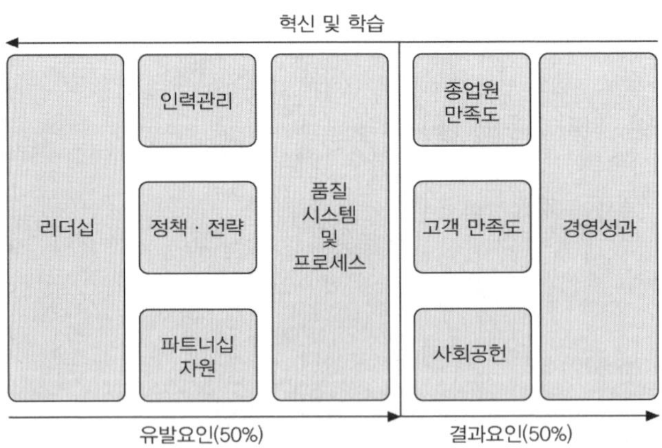

그림 5-4 EFQM 모형

출처 : 이원주(2014) 재인용.

2) EFQM 모형의 작동기준

EFQM 모형의 작동기준은 〈표 5-2〉와 같다.

먼저 유발요인을 살펴보면,

첫째, 조직목적에 대해 일관적이고 비전 있는 리더십에 관심을 가지는 것이다. 리더십은 적합한 자원과 지원을 통하여 개선과 참여를 장려하고 질 관리 문화에 대한 책임감을 보여주는 리더의 미션과 비전 및 가치, 조직관리 시스템으로 구성되어 있다.

둘째, 인력관리로 인적자원은 어떻게 계획, 유지, 개발되고 각 구성원들은 지속적인 성과관리와 효과적인 대화를 하며 보상받고 있는가에 있다.

셋째, 정책 및 전략은 현재와 미래의 이해관계자들에게 합당하고 포괄적인 정보에 기반하여 성과와 측정, 조사 및 연구와 관련하여 창조적인 활동과 의사소통의 개발과 개선이 수행되는 것과 관련되어 있다.

넷째, 파트너십 및 자원은 공급자와의 관계, 재무자원, 정보자원, 지식자원, 건물, 장비 등은 어떻게 관리되는가이다.

다섯째, 품질시스템 및 프로세스는 체계적으로 관리되고 혁신 및 창조를 통해 개선되며 정기적인 성공 프로세스를 어떻게 발견하고 이용자와의 관계 개선이 이루어지고 있는가에 있다.

다음으로 결과요인을 살펴보면,

첫째, 종업원 만족도는 조직에 대한 직원들의 인식과 믿음은 어떠한지를 지표로 삼고 있다.

둘째, 고객 만족도는 이용자가 서비스와 조직 간의 관계를 어떻게 인식하는지 등을 지표로 삼고 있다.

셋째, 사회공헌으로는 조직에 대한 사회의 인식이 어떠한가를 지표로 삼고 있다.

넷째, 경영성과의 경우는 조직의 성과측정치와 조직 전체의 기타 하위성과는 어떠한지 등을 측정지표로 삼고 있다.

표 5-2 EFQM 모형 영역과 측정지표

영 역		측정지표
유발요인	리더십	• 리더의 미션, 비전과 가치 • 리더의 조직관리 시스템 • 리더의 이용자에 대한 책임감
	인력관리	• 인적자원의 계획, 유지, 개발 • 구성원들의 지속적인 역량 강화 • 효과적인 대화, 보상
	정책 및 전략	• 현재와 미래 이해관계자들의 욕구와 기대 • 성과, 측정, 조사, 연구와 관련된 창조적 활동 • 의사소통과 수행
	파트너십 및 자원	• 공급자와의 관계, 재무자원, 정보자원, 지식자원, 건물, 장비 등의 관리
	품질시스템 및 프로세스	• 체계적인 관리와 혁신 및 창조를 통해 개선 • 정기적인 성공 프로세스의 발견 • 이용자와의 관계 개선
결과요인	종업원 만족도	• 조직에 대한 직원들의 인식과 믿음
	고객 만족도	• 이용자의 서비스와 조직 간의 관계 인식 정도
	사회공헌	• 조직에 대한 사회의 인식
	경영성과	• 조직의 성과측정 • 조직 전체의 기타 하위 성과측정

출처 : 이원주(2014) 재구성.

3) EFQM 모형의 장 · 단점

EFQM 모형은 결과지향적이며 이용자가 중심적이라는 특징이 있다. EFQM 모형은 유발(선행)요인 5개 영역과 결과(후행)요인 4개 영역으로 연계되어 있다. EFQM 모형은 종업원 만족, 고객만족, 공공에 대한 책임, 직원의 개발과 참여 등을 강조하고 있다. 그리고 지도력이나 정책 및 전략, 사회공헌도까지

다면적으로 측정하고 있으며, 또한 조직 전체에 품질의 중요성을 인식시키고 품질향상을 지원함으로써 효율성과 효과성을 증진시키는 역할을 하였다는 점에는 장점이 있다. 특히 공공기관, 개인부문, 대기업 및 중소기업 등 모두에게 적용 가능한 유연성을 지니고 있다. 그러나 정성적인 지표를 통하여 측정되기 때문에 측정오차의 가능성이 있을 수 있는 단점이 있다.

4) EFQM 모형[3]의 활용

EFQM 모형은 조직을 평가, 평가 후, 개선활동에 집중해야 하는 부분과 전략 검토 및 창출을 위해 활용할 수 있다.

5. 경쟁가치 모형(CVM)

1) 배 경

기존에는 조직문화의 실제를 동태적으로 분석하지 못하고 다양하고, 모순적이며, 배타적인 가치의 요소들이 공존하고 있었다. 즉, 일반적인 사회문화 차원의 추상적인 접근이 많았다. 이러한 접근방법은 조직 내에 다양하고 서로 모순되는 가치요소가 존재하고, 그러한 가치요소에 대해 이해하는 데는 한계가 있었다. 따라서 다양한 상황조건에서 조직문화와 조직효과성의 관계를 설명하는 데도 제약이 따랐다. 결과적으로 다양한 요소들을 포괄하는 시각으로 조직문화를 연구해 볼 필요성이 대두되었다. 이러한 맥락에서 출발하여 조직문화에 대한 새로운 해석 가능성을 제시해 주는 것이 경쟁가치 모형(CVM : Competing Value Model)이다.

---

3) EFQM 모형을 통해 요소별 가중치를 적용시킬 수 있다.

조직문화의 연구에서 경쟁가치 모형은 모순적이고 경쟁적이며 배타적인 다양한 조직문화의 가치요소들을 포괄적으로 분석할 수 있는 틀을 제공해 준다. 〈그림 5-5〉와 같이 경쟁가치 모형에서 각 차원의 양쪽 끝 부분에 두 개씩 효과성 지표 집락이 형성되어 총 4개의 가치(집락)가 만들어진다. 수직축의 한 차원은 신축성 및 변화와 통제 및 질서가 배타적으로 나타나며, 수평축의 다른 한 차원은 통합과 단합을 강조하는 집락과 차별과 경쟁을 강조하는 외부지향 집락으로 구분되었다. 경쟁가치 모형의 각 차원은 연속체로 양 끝에 상반되는 가치가 배치되었다고 하여 이 틀을 경쟁가치 모형이라고 부르게 되었다.

경쟁가치 모형은 효과적인 조직의 주요한 지표에 관한 연구로부터 발전된 이론이다. 효과성 지표의 전체 목록을 통계적으로 분석한 것을 기반으로 효과성을 잉태하는 두 가지 주요한 차원을 발견하였다(Quinn & Rohrbaugh, 1983).

조직의 효과성 측면에서 경쟁가치의 차원은

첫째, 조직의 초점과 관련이 있다. 조직 내부 사람들의 복지에 대한 내부적 강조로부터 조직 자체의 발전과 복지에 대한 외부적 초점이다.

둘째, 조직이 선호하는 구조를 구별 지으며, 통제 및 질서, 신축성과 변화 사이의 차이를 나타낸다. 두 개 차원을 조합하면 4개 분면이 된다.

경쟁가치 모형은 네 개의 모형 내에 있는 기준이 처음에는 서로 상반되는 의미로 보였기 때문에 붙여진 이름이다. 조직은 적응력과 유연성이 있기를 바라지만, 동시에 안정되고 통제되기를 원한다는 역설성이 있다. 〈그림 5-5〉의 모형 각 분면은 조직과 관리이론 각 모형별로 나타낸 것이다(Quinn, 1988).

2) 이론적 모형

조직문화의 경쟁가치 모형은 두 가지 상반된 차원으로 구성되어 있다. 구체적으로 살펴보면 다음과 같다. 유연성 지향의 가치인 신축성 및 변화는 분권화의 다양성(차별화)을 강조하는 반면, 통제지향의 가치인 통제 및 질서는 집권화와 통합을 강조한다. 이는 조직의 유기적 특성과 기계적 특성의 구분을 의미하기도 한다. 내부지향성은 조직의 유지를 위한 조정과 통합을 강조하는 반면, 외부지향성은 조직환경에 대한 적응, 경쟁, 상호관계를 강조한다. 이러한 두 가지 차원의 결합에 의해 네 가지 조직문화의 유형이 결정되는데, 각 유형별로 리더십, 동기부여, 조직효과성 기준에 대한 상이한 기본 전제를 특징으로 하고 있다.

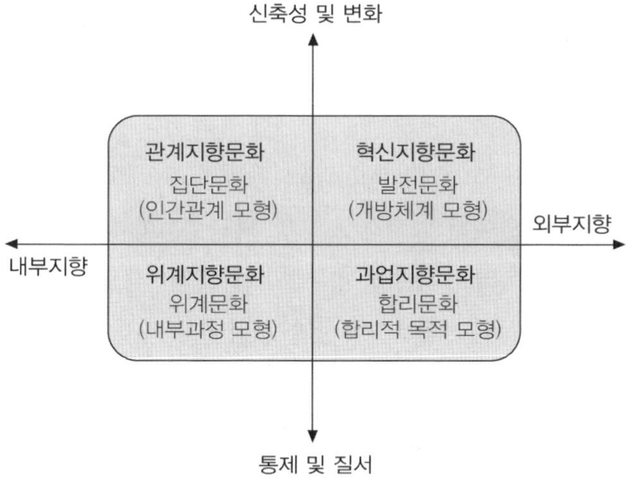

그림 5-5 경쟁가치 모형과 네 가지 조직문화 유형

출처 : Parker & Bradley(2000).

(1) 인간간계 모형

인간관계 모형은 관계지향문화 혹은 집단문화라 하며, 구성원들의 신뢰와 팀워크를 통한 참여, 충성, 사기 등의 가치를 중요시한다. 이러한 문화유형에서는 무엇보다 조직 내 가족적인 인간관계의 유지에 최대의 역점을 둔다. 조직구성원에게는 단결, 협동, 공유가치, 의사결정 과정에의 참여 등이 중시되며, 개인의 능력 개발에 대한 관심이 높고 조직구성원에 대한 인간적 배려와 가족적인 분위기를 만들어 내는 특징을 가지고 있다.

(2) 개방체계 모형

개방체계 모형은 혁신지향문화, 발전문화라고도 하며, 조직의 변화와 유연성을 강조하면서, 조직이 당면하고 있는 외부환경에의 적응능력에 중점을 둔다. 개방체계 모형은 외부환경에 대한 변화지향성과 신축적 대응성을 기반으로 조직구성원의 도전의식, 모험성, 창의성, 혁신성, 자원획득 등을 중시하며 조직의 성장과 발전에 관심이 높은 조직문화를 의미하기 때문에 조직구성원의 업무수행에 대한 자율성과 자유재량권 부여 여부가 혁신문화의 핵심요인이 된다.

(3) 합리적 목적 모형

합리적 목적 모형은 과업지향문화, 합리문화라고도 하며, 조직의 성과목표 달성과 과업 수행에 있어서의 생산성을 강조하는 문화유형이다. 이러한 문화적 특성이 지배적인 조직은 목표달성, 계획, 능률성, 성과보상의 가치를 강조한다. 과업지향문화에서는 외부지향성의 관점에서 경쟁을, 성과통제의 관점에서 목표달성을 강조하며, 생산성과 능률성의 기준이 목표달성에 있어 중요하다. 따라서 주로 공급자나 이용자, 규제자 등 외부관계자와의 거래에 강조점을 두며, 경쟁력과 생산성이 핵심가치가 된다.

(4) 내부과정 모형

내부과정 모형은 위계지향문화, 위계문화라고도 하며, 공식적 명령과 규칙, 집권적 통제와 안정지향성을 강조하는 관료제의 가치와 규범을 반영한다. 위계질서에 의한 명령과 통제 그리고 업무 처리 시 규칙과 법 준수, 관행, 안정, 문서와 형식, 보고와 정보관리, 명확한 책임소재 등을 강조하는 관료적 문화의 특성을 지니고 있다. 위계지향문화는 전통적인 관료제적 조직문화를 대표하며, 계층제적인 강력한 감독체계와 보편적인 서비스, 예측된 규범과 절차를 문화적 속성으로 하기 때문에 무엇보다 안정성과 통제에 대한 필요성과 조직 내부적 유지와 통합에 초점을 둔다.

3) 평가와 전망

조직문화 연구는 실제 조직의 다양하면서도 배타적인 요소들을 간과한 단선적인 접근에서 이루어져 왔다는 한계를 가지고 있다. 조직문화 연구에서 이러한 요소들을 모두 고려한 조직문화 유형을 제시한 것은 Quinn 등의 연구(Quinn & McGrath, 1985; Quinn & Rohrbaugh, 1981)가 대표적이다. 특히 Quinn과 Kimberly(1984)의 조직문화 유형인 관계지향문화, 혁신문화, 과업지향문화, 위계지향문화는 조직의 다양한 문화요소들을 포괄적인 시각을 포함하고 있다. 이러한 특징으로 인해 조직문화와 조직성과 간의 역학관계 분석을 위해 지금도 많은 학자들이 이러한 문화유형을 연구 분석 틀로서 활용하고 있으며, 정부 및 행정조직에 대한 문화연구에 있어서도 이러한 연구성향이 큰 영향을 미치고 있다.

참고

■ 리더십 역할에 있어 경쟁가치

경쟁가치 모형이 다루는 또 다른 분야는 리더십이다. Quinn(1988)은 조직의 문화에 대한 경쟁가치 모형을 리더십에 관한 연구조사에 활용한다. 문헌연구를 통하여 여덟 가지 범주의 리더 행동과 역할을 분류하였다. <그림 5-6>은 여덟 가지 역할을 조직의 문화 모형에 구성한 것이다. 리더십 모형은 이론적으로 추출한 것이며, 리더십의 인지적 하부구조에 관하여 경험적이라기보다는 가설적인 주장을 표현하는 것이다. Quinn(1988)은 좀 더 효과적인 매니저는 다양한 부분에서 리더십 역할을 수행할 수 있는 능력을 갖고 있다고 주장한다. 매니저들은 이러한 모든 역할을 수행하도록 기대된다. 그리고 그들은 동시에 각각의 기대에 따른 상충되는 요구들을 고려하고 균형을 맞추어야 한다. 경쟁가치 모형은 조직의 맥락에서 사용될 수 있다. 관리감독과 경영 프로그램을 개발하는 전략적 도구로 활용될 수 있다. 또는 다양한 조직이 기능과 프로세스를 해석하고 이해하는 데 도움을 줄 수 있다. 또 다른 응용은 조직구성원들이 관리적 리더십의 역할 차이와 유사성을 잘 이해할 수 있게 도움을 준다.

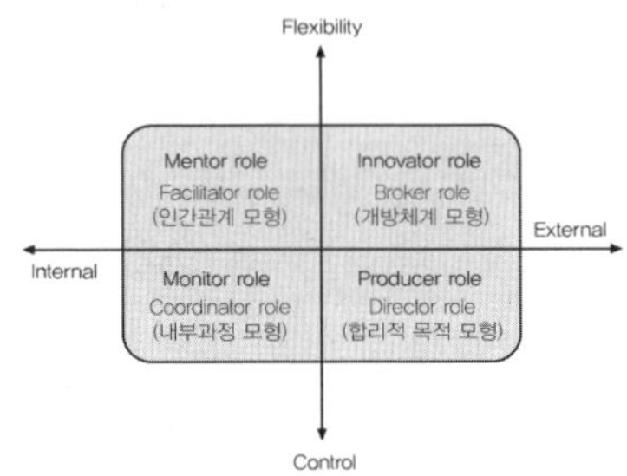

그림 5-6 경쟁가치 리더십 모형

표 5-3 Quinn의 경쟁가치 리더십 Tool의 구분과 역할

구 분	역 할
후견인 역할 (mentor role)	후견인 역할은 구성원들의 협동노력을 촉진하고, 응집력과 팀워크를 유지하며, 구성원들 간의 갈등을 관리하는 역할이다. 이 역할을 수행하려면 과정을 중시해야 하며, 구성원들 간의 분쟁 중재, 갈등해소 기법의 활용, 응집력 제고 및 사기 진작, 구성원들의 의견수렴 및 참여유도, 집단적 문제해결 촉진 등에 능해야 한다.
촉진자 역할 (facilitator role)	촉진자 역할은 관심과 배려 및 감정이입을 통해 구성원들을 개발시키는 역할이다. 이를 위해서는 구성원들을 잘 도와주어야 하고, 사려 깊어야 하며, 친근감이 있어야 할 뿐만 아니라 개방적이고 공정해야 한다. 또한 구성원의 의견을 경청하고, 정당한 요구에 대해서는 충분히 도와주어야 하며, 충분한 감사 표시를 할 줄 알아야 하고, 칭찬과 인정에 인색하지 말아야 한다. 이 역할에 능한 관리자는 사람들을 개발 가능한 자원으로 간주함으로써,

	구성원들의 기능개발을 도와주고, 훈련기회를 제공하며, 구성원들이 스스로 자기계발 계획을 수립하도록 지원해 주어야 한다.
혁신자 역할 (innovator role)	혁신자 역할은 변화를 효과적으로 촉진시키고 조직의 적응력을 높이는 역할이다. 이 역할을 효과적으로 수행하려면 외부환경을 철저히 점검하여 중요한 추세를 파악해 내고, 필요한 변화를 개념화하고 구체화시킴으로써 불확실성을 흡수해야 한다. 또한 귀납적 사고능력과 아이디어 및 직관적 통찰력을 활용하는 데 뛰어나야 하며, 미래에 대한 전망을 바탕으로 혁신적 아이디어를 구상하고 조직구성원들의 마음을 사로잡을 수 있는 방법으로 그러한 아이디어를 포장하여 비전으로 제시함으로써 구성원들이 그러한 비전이 반드시 필요하고 또한 바람직하다고 인식하게 만들 수 있어야 한다.
중개자 역할 (broker role)	중개자 역할은 자신의 집단이나 조직 외부에 영향력을 행사하여 외부로부터 정당성을 지속적으로 확보하고 자원을 획득하는 역할이다. 조직이 외부환경에 적절히 대처해 나가려면 정치적 행동이 중요해지기 때문에, 이 역할을 효과적으로 수행하려면 권력의 역할을 잘 이해해야 하며, 정치적으로 빈틈이 없어야 하고, 인맥이 넓어야 하며, 영향력과 권력을 행사할 수 있어야 한다.
결과산출자 역할 (producer role)	결과산출자 역할은 리더 자신에게 주어진 목표를 달성하고 하위자들이 주어진 목표를 달성하도록 동기유발을 시키는 역할이다. 이 역할을 효과적으로 수행하려면 과업지향적이어야 하고 업무에 초점을 맞추어야 하며 일에 대한 강한 흥미와 동기 및 욕구를 지녀야 할 뿐만 아니라 강한 활력을 지니고 있어야 한다.
방향제시자 역할 (director role)	방향제시자 역할은 계획수립과 목표설정을 통해 하위자에게 기대되는 바를 명료하게 제시해 주는 역할이다. 이를 위해서는 문제의 정의, 대안의 선택, 목표의 설정, 역할과 과업의 규정, 규칙과 방침의 제정, 성과의 평가, 업무지시 등을 결단력 있게 수행할 수 있어야 한다.
점검자 역할 (monitor role)	점검자 역할은 자신의 집단 내에서 어떠한 일이 벌어지고 있는가를 전부 알아내고, 구성원들이 규칙을 준수하고 있는가를 파악해야 하며, 집단에 주어진 목표가 제대로 달성되었는가를 점검하는 역할이다. 점검자는 집단 내에서 이루어지는 일에 관련된 모든 사실과 세부적인 내용에 대해 철저하게 파악할 수 있어야 하며 계량적인 분석에 능해야만 한다. 이 역할을 효과적으로 수행하기 위해서는 문서작업 및 결제, 일상적 정보에 대한 검토 및 대응, 감독과 현장순시 그리고 보고서 및 자료에 대한 검토 등에 숙달되어야 한다.
조정자 역할 (coordinator role)	조정자 역할은 시스템의 구조와 흐름을 적절히 유지하여 신뢰성 있는 시스템을 구축하는 역할을 한다. 이 역할을 효과적으로 수행하려면 일정 수립, 조직화, 구성원들의 노력에 대한 조정, 위기의 관리, 기술적 문제의 해결 등 직무를 촉진시킬 수 있는 활동에 능숙해야 한다.

6. 조직변화관리 빙산 모형

1) 변화관리 빙산 모형

변화관리 빙산 모형은 조직발전을 위해 조직문화와의 협력적이고 효과적인 관리라 할 수 있다. 이를 통해 조직이 가진 문제를 해결하고 개선하기 위한 계속적인 노력이라 볼 수 있다. 이러한 관점은 〈그림 5-7〉과 같이 Herman (1984)의 빙산 모형을 통하여 조직문화의 공식적(표출된) 관점과 비공식적(잠재된) 관점을 보다 구체적으로 확인할 수 있다. Herman(1984)은 목표, 기술, 구조, 정책 및 절차, 서비스 및 제품, 그리고 재정적 자원을 공식적 관점으로 표현하고 있다. 그리고 믿음과 가정, 지각, 태도 및 감정은 비공식적 관점으로 구분하고 있으며, 잠재된 가치, 비공식적 상호작용 및 조직규범은 가장 깊이 내재된 비공식 관점으로 구분하고 있다. 여기서 수면 아래 위치한 믿음과 가정, 지각, 태도 및 감정의 비공식적 관점은 공식적 관점과 가장 깊이 위치한 비공식적 관점을 연결하는 과정 관점으로 이해할 수 있다.

Herman(1984)이 제시하는 공식적 관점의 요인들과 비공식적 관점의 요인들은 성과측정의 세 관점인 결과 관점, 과정 관점 그리고 가치 관점과 연관되어 있다고 볼 수 있다(이원주, 2010). 즉, 성과에 대한 정의를 놓고 볼 때 공식적(표출된) 관점은 향상된 결과(품질시스템, 사회공헌, 경영성과, 서비스 결과, 사회적 영향력, 산출, 품질, 결과, 만족성 등)인 결과 관점과 연관이 있다. 또한 가장 깊은 곳에 위치한 비공식적 관점(가치, 비공식적 상호행동, 규범)은 공공가치 및 사회적 가치(가치, 합법성, 혁신위험 관리, 효과성, 형평성 등)인 가치 관점과 연관이 있고, 수면 아래 위치한 비공식적 관점인 지각, 태도, 감정 등은 총체적인 행동과정(투입, 행동, 사람, 고객, 협치 등)인 과정 관점이 있다고 분류할 수 있다.

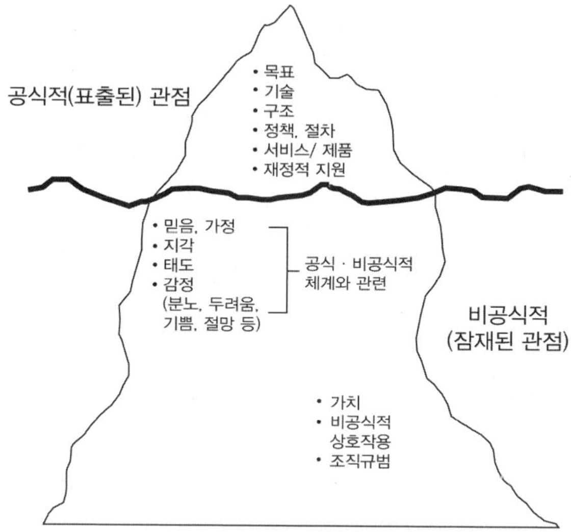

그림 5-7 조직변화관리 빙산 모형

출처 : Herman, S. N.(1984) 재구성.

결국 조직변화 발전은 위 〈그림 5-7〉과 같이 공식적 · 비공식적 체제의 양면에서의 노력에 초점을 두고 있다고 볼 수 있으며, 조직에서 이러한 문화적인 노력은 성과측정의 중요한 기준으로 볼 수 있다. 이는 전체 조직을 구성하는 성과체제를 개선하여 조직의 문제점이나 이해관계자와의 관계와 활동, 의사전달, 역할분담, 목표설정 등의 가치와 과정 및 결과의 개선으로 나타나는 주요한 성과측정 기준으로 볼 수 있다는 것을 의미하는 것이다.

2) 조직변화의 내용

조직변화관리 빙산 모형의 내용은 표면의 하드한 정보시스템, 프로세스 등과 더 심오한 소프트한 가치 마인드셋 역량 등이 있다.

3) 조직변화에 관련된 사람들

(1) 반대자(Opponents)

반대자는 조직변화에 대해 일반적으로 부정적인 태도를 갖는다. 특히 개인적인 변화에 대해 부정적인 행동을 하는 사람들이다. 가능한 한 그들의 마인드를 변화시키기 위해 인식과 신념의 관리를 통해 그들은 통제될 필요가 있다.

(2) 촉진자(Promoters)

촉진자는 긍정적인 태도를 지니고, 개인적으로 특정 변화에 대해 긍정적이다. 그들은 변화를 이용하며, 따라서 변화를 지지한다.

(3) 숨어있는 반대자(Hidden Opponents)

숨어있는 반대자는 표면적으로 변화에 대해 지지하는 것처럼 보이지만, 변화에 대해 부정적인 태도를 갖고 있다. 정보의 지원을 받아들이는 인식과 신념관리로 그들의 태도를 변화시킬 필요가 있다.

(4) 잠재적 촉진자(Potential Promoters)

잠재적 촉진자는 긍정적인 태도를 지니고 있지만, 특정한 이유로 인해 특정한 변화에 대해 확신을 갖고 있지 않다. 이러한 경우에는 권력과 정치적 관리가 적절한 것으로 보인다.

4) 변화 다루기

조직의 일반적인 관리는 변화를 관리해야 하는 영구적인 과제와 도전을 갖고 있다. 피상적인 이슈관리는 단지 표면 아래로 수용되고 마는 수준의 결과만을 달성할 수 있을 뿐이다. 변화관리의 기초는 대인적이고 행동적인 영역과 규범적이고 문화적인 영역과 권력과 정치적 관리와 인식과 신념의 관리 등을 포괄하여 다루어야 한다.

Tip) 빙산 모형에서 스킬 그 자체가 성과로 직접 연결되는 것이 아니라 동기, 특질, 그리고 가치관 등의 눈에 보이지 않는 요인과 결합하여 구체적인 업무행동으로 이어질 때 비로소 높은 성과로 연결되는 것이다.

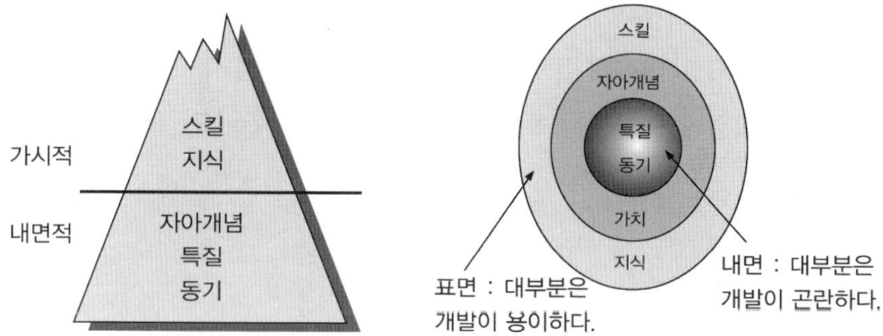

그림 5-8 조직변화관리 모형

7. 성과측정프리즘 모형

조직은 이해관계자들에게 가치를 전달하기 위해 추구하는 전략을 명확히 해야 한다. 그러한 전략이 공유된다면 조직이 필요로 하는 프로세스가 무엇인지를 이해하고 프로세스를 실행하는 데 필요한 능력이 무엇인지를 알아야 한다. 이해관계자들은 만족을 하고 이러한 만족을 위해 조직구성원은 조직에 기여를 하게 된다. 조직구성원들의 충성과 이용자에 대한 품질 높은 서비스 그리고 장기적인 성장 등 조직성장 모형을 갖고 있으며, 좋은 성과를 구성하고 이끌어 내는 것을 명확히 이해하고 있다.

프리즘은 빛을 굴절시킨다. 프리즘은 우리가 빛을 볼 때 단순하게만 보았던, 즉 빛 속에 숨겨진 복잡성을 보여주고 그 구성요소를 분해시켜 준다. 성과측정프리즘 모형은 그러한 것이다. 성과측정프리즘 모형은 현재 조직의 숨겨진 복잡성을 보여준다. 성과는 다양하고 복잡하다. 성과는 결과만을 의미하지는 않는다. 성과에는 가치와 과정과 결과가 혼재되어 나타난다. 성과는 일차원적인 것이 아니다. 성과에 대해 이해하기 위해서는 성과측정프리즘에서 제공되는 다양하고 상호 연결된 관점으로 성과를 바라보는 것이 필요하다. 성과측정프리즘 모형은 오늘날의 다양한 환경에서 장기적으로 성공하고자 하는 조직이 그들의 핵심 이해관계자가 누구인지를 파악하게 해준다. 그리고 그들의 욕구가 무엇인지에 관해 명확히 이해하고 있어야 한다는 믿음에 근거하고 있다.

1) 성과측정프리즘[4)]

성과측정프리즘은 관리자가 생각할 수 있는 다섯 가지의 구조를 제공한다. 이는 이해관계자 만족(stakeholder satisfaction), 이해관계자 기여(stakeholder contribution), 전략(strategies), 프로세스(processes), 능력(capabilities)에 대한 다섯 가지 근본적인 질문을 한다(표 5-4). 이해관계자 만족은 우리의 이해관계자들은 누구이며 그들의 욕구는 무엇인가?, 이해관계자 기여는 우리의 이해관계자들로부터 얻어내야 할 것은 무엇인가?, 전략은 우리의 이러한 욕구들을 충족시키기 위한 전략은 무엇인가?, 프로세스는 우리의 이러한 욕구들을 충족시키기 위한 과정은 무엇인가?, 능력은 우리가 과정수행을 보다 효과적이고 효율적으로 수행할 수 있도록 하기 위해 우리가 갖추어야 할 능력(예를 들면, 조직구성원, 관행, 인프라)은 무엇인가에 대한 질문을 하고 답을 요청하고 있다.

4) Neely, Adams & Kennerley(2002) 재구성.

표 5-4 성과측정프리즘 관점

관 점	질 문
① 이해관계자 만족 (stakeholder satisfaction)	우리의 핵심적인 이해관계자들은 누구이며 이해관계자들이 원하는 욕구와 필요로 하는 것은 무엇인가?
② 이해관계자 기여 (stakeholder contribution)	우리의 이해관계자들로부터 얻어내야 할 기여는 무엇인가?
③ 전략 (strategies)	우리는 핵심적인 이해관계자의 욕구들을 충족시키기 위해 조직은 어떤 전략을 가져야 하는가?
④ 프로세스 (processes)	우리의 전략을 실행할 경우 필요한 핵심 프로세스는 무엇인가?
⑤ 능력 (capabilities)	우리가 과정수행을 보다 효과적이고 효율적으로 수행할 수 있도록 하기 위해 우리가 갖추어야 할 능력(예를 들면, 조직구성원, 관행, 인프라)은 무엇인가?

(1) 첫 번째 관점 : 이해관계자 만족

사회복지 관련 조직들은 각자의 이해관계자들의 가치를 증진시킴과 동시에 만족스럽도록 관리해야 한다. 즉, 사회복지조직은 공급자와 이용자 및 기타 핵심 이해관계자에게 '가치'를 제공하기 위해 존재한다. '가치'는 다양한 이해관계자 그룹별로 정의되고 다를 수 있다. 일반적으로 조직의 사회복지서비스 이용자와 제공자는 신속하고 안정적인 고품질의 서비스를 원할 것이다. 더불어 조직구성원은 품질 높은 서비스 제공에 대한 보상과 교육 및 자기개발 그리고 승진 등의 가치를 두고 있다.

(2) 두 번째 관점 : 이해관계자 기여

조직은 이해관계자와 상반된 관계에 있다는 것을 이해하여야 한다. 이해관계자 기여의 핵심은 모든 이해관계자를 위한 것이다. 즉, 이해관계자들 간 관계의 호혜성으로 조직이 이해관계자로부터 원하는 것과 필요로 하는 것이 있다. 더불어 이해관계자가 조직으로부터 원하는 것과 필요로 하는 것의 요구사항이 있다는 것을 기억해야 한다. 두 이해관계자 집단의 욕구 사이에는 역동적이고 미묘한 긴장감이 존재하고 있다. 예를 들면, 사회복지서비스 이용자는 품질 높은 서비스와 신속한 서비스의 제공과 저렴한 서비스 비용 등을 요구하고, 서비스 제공자인 조직은 이용자의 욕구에 충실할 때 조직으로서의 존재가치가 있다. 그리고 조직구성원들은 자신들의 성취감과 목적, 보상, 승진가능성 및 교육을, 관리자는 충성도, 유연성, 생산성 및 창의성을 갖고 싶어 한다.

(3) 세 번째 관점 : 전략

전략은 우선 각 이해관계자의 욕구와 필요가 무엇인지 결정한 후, 관리자는 우선순위 결정의 정도를 결정해야 한다. 조직은 이해관계자들이 필요로 하는 가치를 제공하기 위해 만족할 만한 전략을 개발하여야 한다. 장기적인 측면에서 이해관계자에게 가치를 제공하는 전략을 선택한다는 것은 최종 목적이라 볼 수 있다.

(4) 네 번째 관점 : 프로세스

프로세스는 조직을 만들어 가는 과정이다. 선택한 전략이 성공적으로 달성되기 위해서는 프로세스에 의해 뒷받침되어져야 한다. 조직은 본질적으로 언제, 어떻게 실행될 것인가에 대해 교차기능을 수행하고 어떤 서비스가 완료되었는지에 대한 청사진을 나타낸다. 많은 조직들이 조직관리 프로세스를 조직발전 및 서비스, 수요창출, 수요충족 및 각 조직의 전반적인 계획 및 관리의 네 가지 카테고리가 다양한 하위 프로세스의 토대로 제공되어 최고 수준으로 생각한다.

(5) 다섯 번째 관점 : 능력

능력은 특정 기술을 가진 구성원이 필요하다는 것이다. 프로세스는 독자적으로 작동할 수 없다. 이러한 구성원의 인프라는 서비스를 제공하는 방식과 정책과 절차를 향상시키는 기술을 제공한다. 조직구성원들의 이해관계자를 위한 가치창출능력의 운용을 통해 조직의 관행, 기술 및 인프라 구조를 조합시키는 능력을 키울 수 있다.

2) 성과측정프리즘의 실행

성과측정프리즘은 점점 다양해지고 복잡해지는 이용자의 욕구를 충족시키고 조직이 생존하고 성장, 번영하기 위해 조직에게 다음과 같은 메시지를 남기고 이를 실행할 수 있도록 도움을 준다.

첫째, 조직은 조직에서 필요로 하는 것과 다양한 이해관계자가 원하고 필요로 하는 것을 이해하여야 한다.

둘째, 조직의 가치와 이해관계자의 다양한 욕구에 가치를 제공할 수 있는 전략과 프로세스 및 역량을 충족시키고 연계시켜야 한다.

셋째, 조직의 성공적인 그림은 전략과 프로세스 및 역량의 제공과 연계 그리고 이해관계자의 만족과 기여이다. 또한 우선순위가 매겨진 이해관계자와 조직의 욕구와 요구사항을 전략, 프로세스 및 기능으로 그들의 만족을 위해 존재해야 한다.

성과측정프리즘은 조직구성원과 이해관계자들이 원하는 방향으로 움직이는지 스스로의 상태를 추적할 수 있도록 설계되어 있다. 그리고 그들이 출발지에서 목적지로 도달할 수 있도록 도움을 준다. 결국 궁극적인 목적지는 이해관계자들의 욕구충족이라 볼 수 있다.

성과측정프리즘은 다섯 가지 관점의 성과측정프리즘을 통해 조직은 구조화된 조직성과를 창출할 수 있으며 조직성과를 관리할 수 있는 뼈대로서 기능할 수 있다(그림 5-9).

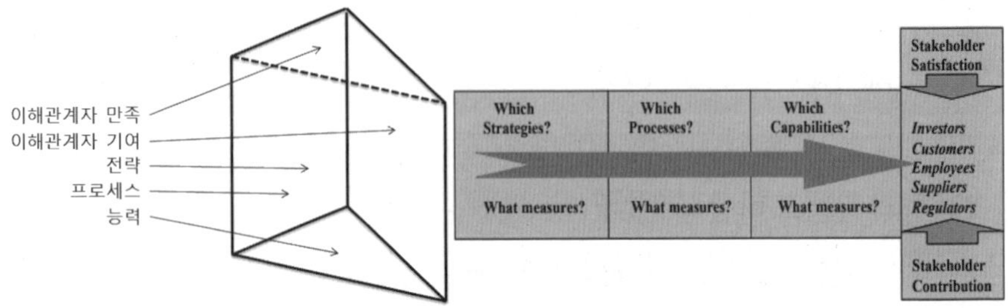

그림 5-9 성과측정프리즘 모형

자료 : Neely, Adams & Kennerley(2002) 재구성.

8. 조직변화접근 모형5)

변화는 선택의 문제가 아닌 생존의 문제로 대두되고 있다. 특히 사회복지조직의 경우 일종의 사회적 유기체로서 성과향상 또는 이용자 만족제고를 위해 끊임없이 스스로 변해가야 한다. 현재의 환경변화는 변화의 정도, 변화의 속도, 변화의 방향 면에서 과거와는 다르다. 이런 단절적인 변화를 가져온 변화의 주요 동인은 글로벌 경쟁, 이용자 욕구의 다양성 등이다(이상호, 2009).

조직은 변하여야 한다. 변하지 않는 조직은 정체되고 퇴보되며 조직의 생존을 위협받을 수 있다. 조직구성원은 대체로 변화에 대한 저항이 강하다. 이러한 변화에 대한 저항요소와 행동유형 및 조직변화관리 8단계를 소개하고자 한다.

1) 변화에 대한 저항요소와 행동유형

저항은 조직변화에 대한 조직의 인위적 · 물리적 변화에 따른 압력에 대항하는 성향을 말한다. Chawla와 Kelloway(2004)는 조직의 변화목표를 방해하는 태도나 행동을 고수하는 것을 조직의 변화에 대한 저항으로 보았다. 그리고 저항을 이전의 상태로 변화하도록 하는 압력에서 이전의 상태를 유지하고

5) KOTTER(1979).

변화를 수용하지 않으려는 태도(Dawson, 1994)로 파악하고 있다. 즉, 현재의 상태를 안정과 유지를 바라는 힘으로 저항을 바라보며, 저항을 만들어 가는 데 영향을 미치는 다양한 요인들의 상호작용에 의한 결과라고 보고 있다. 조직이 변화되어야 한다는 것은 조직 측면에서 중요한 과제 중의 하나이다. 조직 내의 파워게임은 조직이 다양하게 변화하는 환경에 신속하게 대처하는 것을 어렵게 만들며, 조직 내의 갈등은 조직의 의사결정을 느리게 한다. 따라서 조직은 구성원들의 다양한 저항에 관심을 가질 필요가 있다. 조직의 구성원이 변화의 주체인데 그들이 변화에 함께하지 못하고 부정적인 행동과 태도를 가질 경우 바람직한 조직의 변화를 기대할 수 없기 때문이다. 〈표 5-5〉는 조직의 저항요소와 저항요인을 나타낸 것이다. 이를 구체적으로 살펴보기로 한다.

(1) 위협

조직구성원들의 변화에 대한 저항요소로 위협은 변화주도자의 경우는 변화에 긍정적이고 적극적인 태도를 보이는 반면에 변화대상은 위협을 느끼는 것이다. 즉, 변화주도자는 신바람을 느끼나 변화의 대상자는 위협을 느낀다는 것이다. 저항행동 유형으로는 혁신주도자와의 **갈등**과 **타인 비방** 등이 있다.

(2) 불확실성

조직구성원들의 변화에 대한 저항요소로서 불확실성은 구성원들이 변화 후의 모습에 대해 확신을 갖지 못하고 현실에 안주하는 경향이 나타나는 것이다. 대표적인 저항행동 유형으로는 사업현안과제에 대한 위협회피현상, '**돌다리도 두들겨 건너라**'는 완벽주의와 변화에 대한 늦은 의사결정이 있다.

(3) 당혹감

조직구성원들의 변화에 대한 저항요소로서 당혹감은 미래 변화에 대한 준비 부족에서 생기는 당혹감이다. 당혹감의 저항행동 유형으로는 **시간 끌기**, 피상적 이해에 따른 **총론찬성, 각론반대**가 있다.

(4) 자신감 결여

조직구성원들의 변화에 대한 저항요소로서 자신감 결여는 조직구성원의 새로운 업무방식에 적응하는 것에 대한 두려움이 있다. 즉, 변화된 새로운 환경과 스타일에 잘 적응할 수 있을지 두려움을 가진다. 자신감 결여의 저항행동 유형으로는 **소극적인 행동**이 있다.

(5) 파워게임

조직구성원들의 변화에 대한 저항요소로서 파워게임은 새로운 변화 후 변화로부터 긍정적인 결과를 거둔 승자와 그렇지 못한 패자가 생기면 권력 이동이 수반된다는 것이 있다. 즉, 새로운 변화로 인하여 권력의 이동이 수반될 것에 대한 두려움이 발생한다. 파워게임의 저항행동 유형으로는 **조직 내 갈등 구조가 생성**된다는 점이 있다.

(6) 체면상실

조직구성원들의 변화에 대한 저항요소로서 체면상실은 새로운 변화로 과거 기득권을 상실하는 것이다. 즉, 과거 방식의 잘못이 최선이 아니였음에 대한 인정을 거부한다. 기득권 상실의 저항행동 유형으로는 **자기 방어**와 **집단 이기주의**가 있다(강상구, 2005).

(7) 업무과중

직장인들을 대상으로 한 설문조사(시사 한겨레, 2017)에서 남녀 직장인 가운데 응답자의 74.7%가 자신이 번아웃 증후군이란 응답을 한 것으로 밝혀졌다. 새로운 조직 변화로 인해 직장인이 번아웃 증후군에 빠지면 일에 지나치게 집중하다가 갑자기 연료가 모두 소진된 듯 무기력해지면서 업무에 적응하지 못한다. 일에 묻혀 사는 사람들 가운데 번아웃 증후군으로 고생하는 이들이 많다. 번아웃 증후군이란 한 가지 일에 몰두하던 사람이 극도의 신체적 · 정서적 피로로 무기력증 · 자기혐오 · 직무거부 등에 빠지는 것을 말한다. 특히 **변화의**

과정에서 업무의 중복으로 인해 업무과중이 발생한다. 과도한 업무에 시달리는 직장인에게 자주 나타나, 직장인 번아웃 증후군이란 이름으로 불리기도 한다.

표 5-5 조직의 저항요소와 원인

저항요소	저항원인
위협	변화주도자는 신바람을 느끼나 변화의 대상자는 위협을 느낀다.
불확실성	변화 후의 모습이 불확실함을 느끼므로 현실에 안주하게 된다.
당혹감	미래의 변화에 대한 준비가 부족한 것에 당혹감을 느낀다.
자신감 결여	변화된 새로운 환경과 스타일에 잘 적응할 수 있을지 두려움을 가진다.
파워게임	새로운 변화로 인하여 권력의 이동이 수반될 것에 대한 두려움이 발생한다.
체면상실	과거 방식의 잘못이 최선이 아니였음에 대한 인정을 거부한다.
업무과중	변화의 과정에서 업무의 중복으로 인해 업무과중이 발생한다.

2) 조직변화관리 8단계

변화관리 8단계 모형은 하버드대학교 경영대학원 석좌교수인 Kotter가 주장한 모형이다. 그는 조직의 변화관리를 수행하여 실패하거나 성공한 100여 개 조직들을 집중 분석하여 변화에서 성공한 여덟 가지 원인을 규명하였다. 이를 바탕으로 성공적인 조직변화를 위한 실행기법을 8단계로 체계화하여 각 단계별로 시행오류와 함께 제시하였다(한국경제연구원, 2004).

(1) 1단계 : 긴장감 조성

긴장감 조성은 변화 프로그램에서 매우 중요한 첫 번째 단계이다. 동기부여가 없다면 구성원들의 참여도가 낮고 변화관리에 실패할 수 있다. 조직의 50% 이상이 1단계에서 실패한다. 따라서 현재의 상황을 정확히 전달하고 위협과 도전을 전 조직구성원들에게 전달하고 참여하도록 하여야 한다. 동기부여가 없다면 구성원들의 참여도 저하를 유발할 수 있다. 사전에 철저한 준비를 통하여 변화를 추진하여야 한다.

(2) 2단계 : 강력한 변화추진 구심체 구축

강력한 변화추진 구심체를 갖추지 못한 변화의 노력은 단기간의 가시적인 진전을 보일 수 있지만, 변화에 대한 저항세력이 결집되면 개혁은 바로 중단되고 만다. 변화의 구심체는 정상적인 조직 내의 조직체가 아닌 특별조직을 구성하는 것이 일반적이어서 관리자가 추구하고자 하는 변화에 대한 단결과 결집의 구심체가 될 수 있다.

(3) 3단계 : 비전의 창조

비전은 조직이 향후 나가야 할 방향을 명확히 정해주는 역할을 한다. 초기의 비전은 관리자들의 주관적 견해로 인해 다소 명확하지 않지만 변화에 참여하고자 하는 조직에서 관리자의 의지를 합하고 정리하고 개발하면 새로운 명확한 비전을 제시할 수 있다. 변화에 실패한 경우 보편적으로 개혁의 절차와 방법 등은 상세히 구성되어 있으나 조직의 비전이 결여된 경우가 많다. 따라서 비전은 조직구성원을 결집시킬 수 있는 간결한 문장이 필요하다.

(4) 4단계 : 비전의 전달

일부 직원구성원들은 새로운 변화에 도전을 하지 않으려 저항할 수 있다. 따라서 변화를 하고 개혁을 추진하려면 조직의 비전이 전체 구성원에게 전달되어야 한다. 이를 위해서는 비전의 전달과 확산으로 공동체를 구축하여야 한다. 변화에 성공한 조직의 인원들은 비전을 전달하기 위해 기존의 모든 의사소통 채널을 활용한다. 의사소통은 말과 행동에 의해 이루어지는데 행동은 가장 강력한 의사소통의 수단이다. 핵심인물들의 말과 행동의 불일치보다 더 크게 변화를 저해하는 요소는 없다. 만약 조직이 비전을 선포하고 선포한 비전과 반대되는 행동을 한다면 구성원들의 조직문화는 냉소주의에 빠지고 신뢰도는 떨어지게 될 가능성이 있다.

(5) 5단계 : 구성원에 대한 임파워먼트

성공적인 개혁에는 프로세스가 진행되면서 많은 사람들이 참여하게 된다. 구성원들은 새로운 시도와 새로운 아이디어의 개발 그리고 새로운 리더십 등에 자극을 받게 된다. 유일한 제약요인은 구성원들의 행동이 정립된 비전에 부합해야 한다는 점이다. 많은 사람들이 참여할수록 우수한 결과가 나온다. 개혁의 초반단계에서 저항은 수반되며 성공적인 개혁의 수행을 위해서는 저항을 제거하는 과정이 필요하다. 만약 일부 구성원들의 행동이 조직의 정립된 비전에 부합하지 않는다면, 그들의 행동을 새로운 비전과 일치하는 방향으로 교육과 학습을 통하여 개혁의 성공 가능성을 높일 수 있다.

(6) 6단계 : 계획 수립 및 실현

변화를 이루기 위해서는 시간이 필요하며 변화를 위한 노력은 성취할만한 단기목표가 없으면 추진력을 잃게 될 수도 있다. 대부분의 구성원들은 1~2년 내에 변화노력의 결과가 가시화되지 않으면 변화의 대열에서 이탈된다. 단기적인 성과가 없을 경우, 많은 사람들이 변화를 쉽게 포기하거나 변화에 저항하는 사람들이 생기게 된다. 그러므로 조직의 단기성과 요구와 관리자들과의 대립이 발생하기도 한다. 이러한 압력은 변화과정에 큰 영향을 끼친다. 대규모 변화에 오랜 시간이 걸린다고 사람들이 생각하게 되면 긴장의 수준이 떨어진다. 따라서 단기성과를 실현하기 위한 노력은 긴장감을 높여주고, 비전을 명확히 실현할 수 있는 세밀한 분석적 사고를 가지게 한다.

(7) 7단계 : 달성된 성과향상의 통합과 후속변화의 창출

조직의 문제점들 중 대부분은 변화과정의 초기에 드러난다. 위기감의 강도가 적절하지 못하거나 추진구심체가 충분한 힘을 가지지 못했거나 비전이 명확하지 못한 경우가 많다. 리더들은 성공에 단기적인 성과로 형성된 신뢰를 활용해서 보다 큰 과제에 도전하며 새로운 변화의 비전과 일치하지 않는 시스템과 구조를 모색해야 한다. 또한 초기보다 더욱 방대한 새로운 변화 프로그램을 도입하여 변화노력이 몇 달이 아니라 몇 년이라는 긴 시간을 필요로 한다는 점을 숙지하는 것이 필요하다.

(8) 8단계 : 새로운 접근방법의 제도화

변화는 업무를 하는 방식이 바뀌고 그것이 조직 내에 체화됐을 때 정착된다. 새로운 행동이 사회규범과 조직 내의 공유가치로 뿌리내리지 못하면 변화압력이 제거되자마자 조직은 퇴화하게 된다. 조직문화 속에 변화를 정착시키기 위해서는 새로운 접근방법과 행동 및 태도가 성과개선에 어떻게 도움이 됐는지를 의도적으로 사람들에게 보여주어야 한다. 조직구성원들이 자의적으로 판단하도록 내버려 둘 경우에는 세 요소 간의 관계를 부정확하게 이해하게 된다. 따라서 조직구성원들에게 상황을 바르게 이해시키기 위해서는 체계적인 의사소통이 필요하다. 예를 들면, 관리자 회의에서 성과가 향상된 요인을 토론하고 조직 내 신문이나 사보 등을 통해 변화의 성과를 적극 홍보해야 한다.

John Kotter(2002)는 조직변화에 있어 리더십의 중요성을 강조하면서 성공적 조직변화의 70~90%는 최고관리자층의 리더십에 의해서 결정된다고 주장하였다. 실패한 조직변화의 사례들을 살펴보면, 최고관리자층이 실행과정에 있어 많은 실수를 저질렀다는 것이다. 이러한 실수를 방지하기 위해서 그는 성공적 조직변화의 8단계를 제시하였다. 이들 중 1~4단계는 Lewin(1951)이 제시한 3단계 중에서 해빙(unfreezing)에 해당하며, 5~7단계는 변화(changing), 그리고 8단계는 재결빙(refreezing)에 해당한다고 볼 수 있다(그림 5-10).

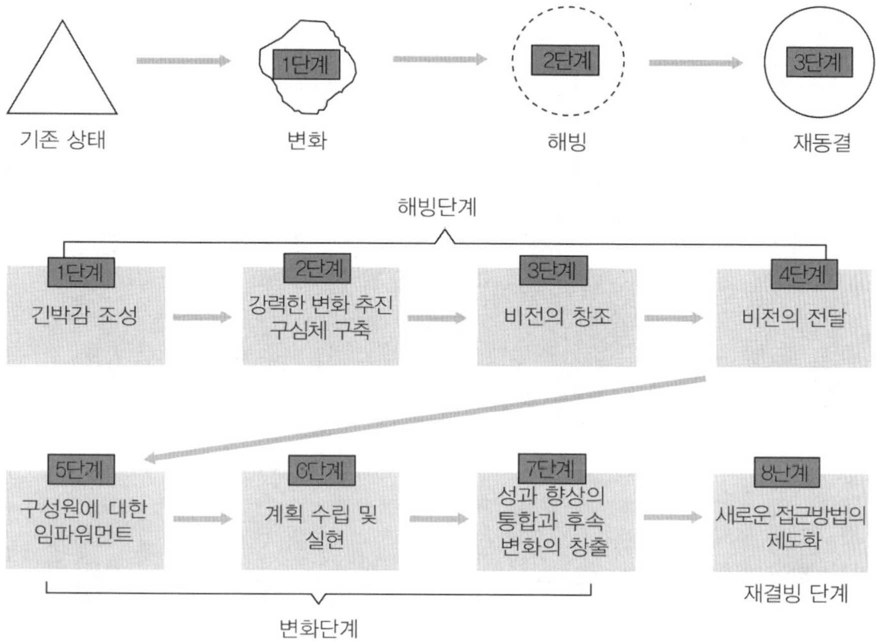

그림 5-10 Lewin의 3단계 모형과 John Kotter와 Cohen의 조직변화 8단계 모형

자료 : Lewin(1951), Kotter & Cohen(2002) 재구성.

참고

■ **Beckhard와 Harris의 변화방정식**

Richard Beckhard는 보스턴 경영대학원에 재직하면서 조직개발론과 계획된 변화에 대한 많은 연구 성과물을 남겼으며, Reuben T. Harris와 함께 '변화방정식(change equation)'을 만들어 냈다. 변화방정식은 변화경영 및 변화관리의 성공을 결정하는 요소들 사이의 관계에 대해 간단한 공식을 제시한 것으로, David Glaetzer가 '저항 경영 공식'이라는 이름으로 만들어 낸 창의적인 아이디어에 바탕을 두었다. 때문에 '글레이처 공식'이라 불리기도 하지만, Beckhard와 Harris가 Glaetzer의 아이디어를 정교하게 다듬어서 의미를 부여하는 데 성공했기 때문에 흔히 '변화방정식' 혹은 '변화공식'이라고 한다(공병호, 2007).

$$C = D \times V \times F > R$$

이 방정식은 계획적인 변화를 일으키는 결정적인 요소들이 무엇인지를 쉽게 간파할 수 있도록 해준다. 여기서 C는 변화(Change), D는 현재 상태에 대한 불만족 정도(Dissatisfaction), V는 도달하고자 하는 바람직한 상태를 나타내는 비전(Vision), F는 비전 달성을 위해 할 수 있는 첫 번째 확실한 조치들(First Steps), R은 저항(Resistance to Change)을 뜻하는데 변화에 따르는 비용도 포함된다.

변화경영이 성공을 거두기 위해서는 변화가 이 공식을 충족시켜야 한다. 즉, D, V, F의 곱으로 표시되는 세 가지 요소들 가운데 어느 하나가 없거나 낮은 수준으로 나타나면 변화경영은 성공할 수 없을 뿐만 아니라 변화 자체가 일어날 수 없다. 왜냐하면 R로 표시되는 변화에 대한 저항을 완벽히 억제할 수는 없기 때문이다. 세 가지 요소를 조금 더 자세히 살펴보면 다음과 같다.

첫째, 조직구성원들 사이에서 현재 상태에 대한 불만족 정도가 강하지 않거나 아예 불만 자체가 존재하지 않는다면 변화는 일어날 수 없다.

둘째, 조직이 달성하고자 하는 목적인 비전이 명확하지 않거나 존재하지 않는다면 변화는 일어날 수 없다.

셋째, 실현 가능성이 낮거나 아예 없다면 변화는 일어날 수 없다.

변화방정식은 간단하지만 매우 중요하다. 변화방정식은 조직의 문제를 해결하기 위한 직관과 통찰력을 제공한다. 또한 변화를 추진하는 사람들이나 저항하는 사람들 모두에게 스스로 문제의 본질을 정확히 파악하게 만들어 합의를 도출하는 데 도움을 주며 각자가 자신의 이해관계나 고정관념을 떠나서 어떤 행동을 취해야 하는지에 대해 명쾌한 해답을 제시할 수도 있다(French, Bell & Zawacki, 2005).

9. 조직 경쟁우위 모형

1) 경쟁우위의 개념

경쟁우위는 경쟁시장에서 평균수익률보다 지속적으로 높은 수익률을 올릴 수 있게 하는 힘이다(Porter, 1985). Porter는 경쟁우위의 획득과 관련하여 산업에 있어서 **경쟁상태는** 새로운 진입기업의 위협, 기존 경쟁기업의 경쟁강도, 대체제품의 압력, 구매자의 교섭력, 공급자 교섭력의 다섯 가지 경쟁세력들의 집단적 작용에 의해 좌우된다고 가정하고 있다.

보다 나은 성과를 낸다는 것은 남보다 나은 능력과 남과 다른 역량을 확보하고 유지하기 때문이다. 이용자에게 동등한 가치를 경쟁자보다 낮은 가격에 공급할 수 있는 능력 또는 상대적으로 높은 가격이라도 그 조직만이 제공할 수 있는 가치를 제공해 주는 것이라고 할 수 있다. 따라서 경쟁우위는 저원가와 차별화의 두 가지 큰 테두리 안에 있다고 할 수 있다. 즉, 경쟁우위는 조직이 보유하고 있는 경영자원이나 핵심역량이 다른 조직과 의미 있게 다른 것을 의미한다. 그리고 조직 내에서 성공요인과 일치한다. 이러한 경쟁우위는 원가에 대한 우위와 차별화 우위가 있다.

조직이 다섯 가지 경쟁세력에 대처해 나가면서 경쟁조직을 능가할 수 있는 수단으로서 경쟁전략의 필요성을 제시하고 있다. 사회복지조직 역시 경쟁우위의 획득과 관련하여 사업에 있어서 경쟁상태는 새로운 진입조직의 위협, 기존 경쟁조직의 경쟁강도, 대체제품의 압력, 구매자의 교섭력, 공급자 교섭력의 다섯 가지 경쟁세력들의 집단적 작용에 의해 좌우된다고 가정할 수 있다.

Porter는 산업에서 조직이 투자수익률을 높이고 장기적으로 산업에서 조직위치를 지키기 위한 경쟁전략을 저원가 전략, 차별화 전략, 집중화 전략의 세 가지 유형으로 대별하여 제시하고 있다. 그리고 이렇게 획득한 경쟁우위의 지속이 중요한 과제인데, 경쟁우위의 지속이란 경쟁우위가 경쟁조직에 의해 쉽게 모방되지 않고 일정 기간 동안 지속될 수 있는 계속성을 중심으로 하는 개념으로 설명하고 있다. 따라서 경쟁우위를 지키기 위해서는 다른 조직이 특정한 산업에 진출하는 것을 억제시키거나 쉽게 진입하지 못하도록 진입장벽을 구축할 수 있어야 한다고 주장하였다. 조직의 경영자는 이 모형을 사용하여 경쟁우위와 경쟁범위를 평가할 수 있었다.

2) 핵심전략

〈표 5-6〉은 본원적 경쟁전략을 표현하는 도표이다. 저원가와 차별화라는 경쟁우위와 광범위한 시장과 좁은 시장으로 구분하는 마켓에 대한 격자 모형을 바탕으로 비용우위 전략, 차별화 전략, 집중화 전략으로 나뉘게 된다.

(1) 비용우위 전략

다른 조직보다 비용면에서 우위를 차지하는 전략이다. 즉, 저원가를 달성하여 가격적인 우위를 가져가겠다는 전략이다. 비용우위 전략은 해당 제품이나 서비스가 다른 경쟁조직에 비해 품질에는 차이가 나지 않게 하는 것이 중요하다. 대신 가격을 낮추는 것이다.

- 비용우위를 달성한다는 것은 한 조직이 그 조직이 속한 산업 내에서 저비용 생산시스템을 갖춘 것을 의미한다.
- 비용 선도기업은 경쟁우위수단으로 비용우위를 선택한 경우라도, 반드시 차별화와 같은 수준 또는 근사치의 성과를 달성해야 한다.
- 만일 비용우위를 달성하고자 하는 기업이 2개 이상이 경우, 상황은 매우 안 좋게 된다.
- 종종 규모의 경제에 의해 달성되기도 한다.

(2) 차별화 전략

이용자는 비싼 서비스 가격에도 불구하고 이용을 하게 되는 경우가 있다.

가격은 비싼 편이지만 이용자가 이용하게 만드는 독특한 그 무엇이 있는 경우이다. 이렇게 그 다른 무엇을 제공하여 경쟁우위를 가져가려고 하는 전략이 차별화 전략이다. 차별화 전략은 제품 차별화, 서비스 차별화, 광고 차별화로 나눌 수 있다. 이 중에서 사회복지조직의 서비스 차별화는 이용자가 만족하고 감동할 수 있는 차별화된 서비스를 말한다.

- 차별화를 달성한다는 것은 한 기관이 그 기관이 속한 사업 내에서, 이용자들에게 폭넓게 인정받는 독특한 영역을 찾는다는 것을 의미한다.
- 차별화를 추구하는 조직은 차별화에 따른 비용을 무시하면 안 된다. 차별하에 영향을 미치지 않는 모든 영역에서, 조직은 비용을 감소하는 노력을 해야 한다. 그리고 차별화하는 영역에서 비용은 적어도 이용자들로부터 받는 가격프리미엄보다 더 낮아져야 한다.
- 차별화의 영역 : 제품, 유통, 판매, 마케팅, 서비스, 이미지 등이다.

(3) 집중화 전략

집중화 전략은 특정 이용자나 특정 제품, 특정 지역 등의 한정된 영역에 조직의 역량과 자원을 집중하여 사업하는 전략을 말한다. 시장세분화라고도 한다. 우리 조직의 이용자들을 의미 있는 그룹으로 묶어서 분류해 보는 것을 말한다. 한정된 자원과 인력, 자본으로 사업을 하기 때문에 세분화한 시장을 모두 접근할 수는 없다. 따라서 어느 특정 분야에 집중할 수밖에 없다. 이때 어느 특정 이용자층을 대상으로 위에서 언급한 비용우위 전략이나 차별화 전략을 적용하는 것이다.

- 집중화를 달성한다는 것은 어느 한 조직이 하나 또는 그룹화된 세분화 영역에 맞게 최적으로 갖춰져 있다는 것이다.
- 두 가지 변형 : 비용집중과 차별화 집중이다.

표 5-6 Porter 경쟁전략

시 장	저원가	차별화
광범위한 시장	비용우위 전략	차별화 전략
좁은 시장	집중화 전략	

참고

■ **저원가 전략**

→ 시장 점유율 확대를 위해 효율성 높은 시설을 적극 활용해야 혁신과 성장을 위한 기회 모색, 위험감수보다는 안정성 추구

■ **차별화 전략**

→ 가격에 관심 낮은 브랜드 충성고객 강력한 연구개발, 광고마케팅, 창의적 인력이 필요

■ **집중화 전략**

→ 집중화된 저원가 전략 : 특정 지역, 이용자에 집중하는 전략, 저원가의 특정 이용자
→ 집중화된 차별화 전략 : 특정 지역, 이용자에 집중하는 전략, 고가의 특정 이용자

10. F · B & L 모형

1) F · B & L 모형

조직 내에서 혁신을 시도하는 것은 경영진에게 복잡하고 중요한 도전과제이다. 높은 성장잠재력을 가진 새로운 사업은 기존의 사업단위와 조화롭게 공존하는 경우가 드물 수 있다. 따라서 혁신담당자들은 인큐베이터에서 나와 전략적 실험을 실행에 옮길 경우에 상당한 역풍을 맞는다. Govindarajan과 Trimble(2006)의 F · B & L(The Forget, Borrow and Learn) 과정은 이러한 역풍

을 다루는 데 도움을 준다. 이 모형은 2005년 5월 HBR에 실린 'Building Breakthrough Business Within Established Organizations'에서 처음으로 소개되었다. Govindarajan과 Trimble의 모형이 잘 적용될 때 혁신에 대한 강조는 조직의 우수성으로 옮겨질 수 있다.

2) 모형의 구성

새로운 사업은, 기존의 사업단위는 서로 다른 구성요소를 갖고 있으므로 다음의 요소를 생각하여야 한다(그림 5-11).

첫째, 새로운 사업은 기존 사업 성공의 일부 요인들을 **잊어야 한다**(Forget).
둘째, 좀 더 나아가 새로운 사업은 기존사업의 몇몇 자산을 **빌려야 한다**(Borrow).
셋째, 새로운 사업은 처음부터 무엇인가를 **배우기 위해**(Learn) 준비해야 한다.

위 세 가지 도전과제들은 복잡하다는 점을 아는 것이 중요하다.

그림 5-11 F · B & L 모형

3) 모형의 가정 및 조건

F · B & L 모형은 전략적 실험으로 높은 리스크와 높은 수익으로 표현되는 혁신의 범주에 들어가며, 특정의 경영접근을 필요로 한다. 높은 성장잠재력을

갖춘 새로운 사업은 기존의 사업단위와 조화롭게 공존하는 경우가 드물 수 있다. 따라서 혁신리더들 주변의 조직역량을 개선시킴으로써 과업이 좀 더 쉽게 이루어질 수 있다.

4) 모형의 원칙 및 구성요소

(1) Forget 방법(How to Forget)

① 고립되지 말라

새로운 사업을 위해서는 새로운 내부인력이 필요하다. 신규 직원을 고용하고, 신규 직원이 사업을 이끌어 가도록 심도 있게 고려해 주어야 한다. 신규 직원은 기존 제도에 도전하고 새로운 역량을 구축하는 역할을 한다. 결과적으로 신규 사업은 섬과 같이 고립되지 않는 것이다.

② 규모에 따라 지위를 부여하지 말라

새로운 사업은 적어도 핵심사업의 한 단계 위에 보고해야 한다. 이는 새로운 사업이 받는 단기적 결과에 대한 압력을 감소시키고 핵심사업의 자원을 독점하지 않도록 하기 위함이다.

③ 이동부서를 재정비하라

새로운 사업은 마케팅과 서비스 개발 같은 주요한 사업기능이 어떻게 상호작용하는지 재고려해야 한다. 핵심사업 내의 기존의 상호작용의 패턴은 보통 새로운 사업 모형에는 호환되지 않는다.

④ 새로운 계기판을 구축하라

조직은 핵심사업의 관점과 기준으로 새로운 사업의 성과의 기초로 삼지 않아야 한다. 그렇게 할 경우 새로운 사업이 아닌 핵심사업의 성공공식을 강화하는 것이다.

⑤ 복잡한 판단을 하는 것에 과감해져라

조직은 계획 대비 새로운 사업 리더의 성과를 너무 심각하게 판단해서는 안 된다.

⑥ 성공에 관한 새로운 사고를 촉진하라

새로운 사업의 리더는 성공을 가져오는 행동에 관한 독특한 신념체계를 창조해야 한다. 그리고 정기적으로 이러한 신념체계를 강화해야 한다. 핵심사업의 신념은 새로운 사업의 환경에서 적용되지 않을지도 모른다.

(2) Borrow 방법(How to Borrow)

① 잊어야 함과 양립하여 균형을 유지하라

기존의 방법에서 탈피하여 새로움에 중요한 경쟁우위를 주기 위한 링크를 만들어야 한다. 그리고 갈등이 심각한 곳과의 링크는 피하여야 한다. 예를 들면, IT 또는 인력개발부서와의 링크는 피하는 것이다.

② 공통의 기반을 찾아라

새로운 사업과 핵심사업이 공유하는 가치를 강화하는 것이다. 대부분의 경우에 핵심사업에는 새로운 사업의 사업 모형과는 일치하지 않는 가치가 있을 것이다. 조직의 리더는 일반적인 가치로 구성된 문화와 문화 사이에 걸쳐서 만들어지고 있는 공통적 성격의 조직문화인 메타문화를 창조하여 협력을 촉진할 수 있다.

③ 당신이 요구하는 것에 주의를 기울여라

이는 협력을 촉진하기 위하여 개인적 목표들을 재고하는 것이다. 새로운 사업에 협력하려는 의지에 따라 핵심사업의 매니저들을 평가하고 보상해야 한다. 핵심사업의 단기적인 성과에 엄격히 연결되어 있는 강한 인센티브를 피해야 한다.

④ 핵심사업을 선별 흡수하라

핵심사업의 선별 흡수는 핵심사업의 일반관리자들로부터 저항을 없애기 위하여 가능한 고통 없이 사용하여 그들이 핵심사업에 집중할 수 있게 하여야 한다. 핵심사업의 빌려줌이 많을 경우는 새로운 사업의 자원을 보충하여야 한다. 새로운 사업을 돕는 것을 우선순위로 고려하도록 이전 가격(transfer price)을 충분히 높게 설정하여야 한다. 그러나 새로운 사업이 현실적으로 수익성을 달성할 수 없을 정도로 너무 높은 설정은 하지 말아야 한다. 새로운 사업의 수익성은 강력한 상징이 된다. 핵심사업은 새로운 사업이 성공하고 있다는 증거가 있으면 돕는 것에 대하여 더욱 열정을 가질 것이다.

⑤ 문제점들을 경계하라

문제점들의 경계는 새로운 사업과 핵심사업 사이의 긴장을 예상하고 그러한 긴장이 파괴적이 되는 것에 개입할 수 있는 조직관리자를 임명하여야 한다. 조직관리자는 많은 시간과 에너지를 소비해야 하며, 조직 내에서 영향력 있고 존경을 받아야 한다. 따라서 그는 핵심사업과 새로운 사업 사이의 차이에 대한 이유를 계속 설명해야 한다.

(3) Learn 방법(How to Learn)

① 물과 기름을 섞으려 하지 말라

물과 기름의 분리는 새로운 사업과 핵심사업의 사업성과 평가를 위해 별개의 미팅을 주재하여야 한다. 이러한 미팅은 매우 다르게 다루어져야 하며, 그 둘이 결합하는 것은 파괴적이지 않으면 매우 비실용적으로 될 수 있다.

② 예측을 보호하라

예측보호는 새로운 사업의 기획과정에 개입된 간부들이 예측을 개선하는 것의 중요성을 이해하게 하고, 예측이 무시되고 조작되고 경직될 때 이러한 학습과정이 어떻게 정도에서 벗어날 수 있는지를 인식하도록 하여야 한다.

③ 방어적인 태도를 피하라

방어적인 태도를 피하는 것은 새로운 사업의 리더를 결과가 아닌 학습하고 올바른 의사결정을 내리는 능력에 따라 평가하는 것이다. 비록 계획에 대한 책임이 성숙한 사업에서는 효과적인 방식이더라도, 새로운 고성장 사업에서는 아닐 수 있다. 새로운 사업의 리더가 사업계획에 대한 책임을 갖고 있으면, 목표를 놓쳤을 경우에 방어적으로 될 것이다. 어떠한 전략적 실험에서 매우 가능성이 높은 결과 리더가 개방적이고 솔직하기는 어려울 것이다. 그는 정보를 숨길 수도 있고 고위경영진들을 학습과정에서 나오게 할 수도 있다.

④ 적게 그러나 더 빨리 수행하라

이는 계획을 단순화하여야 한다는 것이다. 그러나 계획은 수시로 자주 하며, 기획의 순환과정마다 학습의 기회가 창출된다. 따라서 계속된 기획은 학습의 속도를 향상시킬 것이다. 더 많은 학습의 횟수가 실용적이기 위해서는 계획이 단순화되어야 한다. 세부계획(지역, 제품라인, 판매채널 등으로 세분화된)은 기존에 성숙되어 있는 사업에서는 유용할지 몰라도 알려지지 않은 중요한 것, 즉 좀 더 총체적인 수준에서 달성될 수 있는 것을 해결하는 데 집중해야 한다.

⑤ 새로운 렌즈를 통해 분석하라

새로운 렌즈를 통해 분석하는 것은 예측된 추세와 실제 추세를 비교하는 것이다. 전략적 실험은 역동적이므로, 변화의 페이스는 현재의 가치보다 더 가치 있는 정보가 된다.

⑥ 당신이 모르고 있는 것을 측정하라

조직은 알려지지 않은 중요한 것을 해결하는 데 유용한 방법을 확인하여야 한다. 이러한 것들은 보통 비재무적인 측정치들이고 핵심사업에서 가장 밀도 있게 모니터되는 것들이 아니다.

5) F · B & L 모형의 강점 및 한계

F · B & L 모형의 강점 및 이점은 다음과 같다.

첫째, 사업에서 어렵고 중요한 도전과제를 갖고 있는 조직에게 조언이 된다.
둘째, 조직 내에서의 혁신에 도움이 되며 경제적인 자극이 된다.
셋째, 전략적 혁신이 조직 내에서 어떻게 조직되어야 하는지 안내해 준다.
넷째, 조직 내에 있는 저항을 감소시킨다.
다섯째, 혁신 프로세스에서 리더십 스킬에 대한 의존도를 낮추는 데 도움이 된다.

F · B & L 모형의 단점 및 한계는 다음과 같다.

첫째, F · B & L 모형을 완전하게 사용하더라도 문제는 여전히 남아있을 수 있다.
둘째, 리더십의 의존도는 감소될 수 있지만, 혁신에 있어 강한 리더십의 요구를 없애주지는 못한다.
셋째, 세 가지 도전과제는 때때로 상충되며, 상호 연관되어 있고 반드시 균형을 이루어야 한다.

제 2 절 인적자원관리 모형

1. 팀 관리 수레바퀴 모형

전통적인 조직에 있어서는 개인이 평가 단위였으나 현재는 점차적으로 초점이 업무를 수행하는 팀으로 옮겨지고 있다. Margerison과 McCann(1990)의 팀 관리 프로파일은 팀에서 업무선호도를 평가하는 데 유용한 모형이며, 조직과 조직구성원의 선호도를 평가하는 데 사용할 수 있다. 팀 관리 프로파일은 64개의 규범적이고 강제선택적인 형식의 설문지로 되어있다. 그 내용으로는 의사결정, 정보, 조직 및 관계에서 네 가지 핵심요인이 있어 업무선호도를 측정할 수 있다. 네 가지 주요 측정방식으로는 첫째, 고문가, 둘째, 탐험가, 셋째, 기획자, 넷째, 통제자이다. 이는 외향적이고 내성적인 일에 대한 선호, 실용적이고 창조적인 업무 사이의 균형, 분석 및 결정에 있어서의 신념, 구조화되거나 유연한 방식의 업무시행 정도 등이 결합되어 업무선택과 만족, 동기, 팀워크, 학습 및 개발 그리고 경력이동에 많은 영향을 미친다.

이러한 구성요소에 대한 점수는 팀 관리 수레바퀴에 표시된다(그림 5-12).

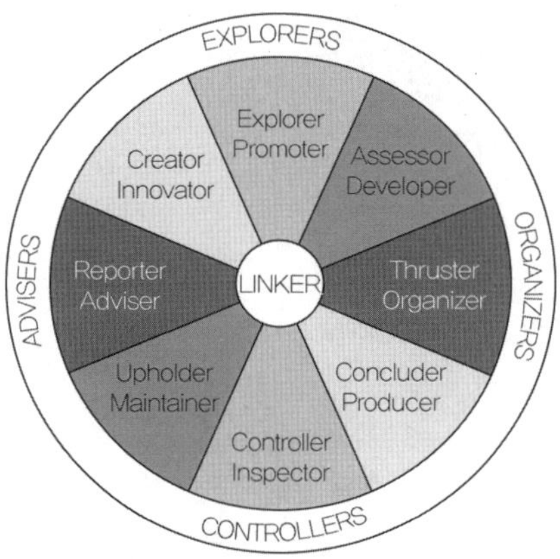

그림 5-12 팀 관리 수레바퀴 모형

자료 : Margerison & McCann(1990) 재인용.

1) 팀 관리 수레바퀴 모형의 가정과 조건 그리고 활동

팀 관리 수레바퀴 모형은 업무현장에서 고려되는 조직의 상호작용 업무와 관련하여 접근방법과 관점을 제시해 준다. 조직의 모든 업무수행에서 팀은 높은 성과를 위해 필수적인 여덟 가지 핵심 활동을 고려해야 하며 연결활동으로 모든 팀원에 의해 공유된다. 팀 관리 프로파일에는 몇 가지의 가정이나 조건이 있다.

첫째, 업무선호도는 조직구성원들에게 중요하다는 것이다.

둘째, 조직구성원들은 자신들이 선호하는 것을 하려는 경향이 있다는 것이다.

셋째, 조직구성원들은 업무선호도가 매칭되는 영역에서 더 좋은 성과를 낸다는 것이다.

넷째, 조직구성원들은 자신의 직업에 만족하기 위해 최선을 다한다. 그렇지 않으면 다른 곳으로 이직한다는 것이다.

〈표 5-7〉은 조직업무의 아홉 가지 관점과 역할 및 핵심적인 팀 활동을 간략한 것이다.

표 5-7 조직업무의 아홉 가지 관점과 역할 및 핵심적인 팀 활동

관 점	역 할	팀 활동	
① 보고(고문)자 (report/ adviser)	• 지지자, 조력자, 관용 • 정보수집 • 지식이 풍부한 • 융통성이 있는	조언활동 (advising)	정보를 수집하고 보고하기
② 창조(혁신)자 (creator/ innovator)	• 상상력이 있는 • 미래지향적인 • 복잡성을 좋아하는 • 창조적인 • 연구를 좋아하는 • 성급한 것을 싫어하는	혁신활동 (innovating)	아이디어를 창출하고 실험하기

③ 탐험(촉진)자 (explorer/ promoter)	• 설득자, 판매자 • 다양하고 흥미진진하며 자극적인 업무를 좋아하는 • 영향력과 사교성이 풍부한	촉진활동 (promoting)	기회를 탐색하고 제공하기
④ 평가(개발)자 assessor/ developer)	• 분석적이고 객관적인 • 아이디어 개발자 • 실험자 • 모형 및 프로젝트 업무를 즐기는	개발활동 (developing)	새로운 접근방식을 평가하고 검증하기
⑤ 침투(기획)자 (thruster/ organizer)	• 조직하고 구현하는 • 신속하게 결정하는 • 결과지향적 • 분석적 • 시스템 설치자	조직활동 (organizing)	일이 되게 하는 방식을 구축하고 실행하기
⑥ 종결(생산)자 (concluder/ producer)	• 실용적인 • 생산지향적인 • 일정과 계획을 좋아하는 • 재화와 서비스에 대한 자부심을 갖는 • 가치효율성 및 효과성	산출활동 (producing)	산출물을 종결짓고 인도하기
⑦ 통제(검사)자 (controller/ inspector)	• 통제력이 강한 • 꼼꼼한 • 사람들과의 접촉의 필요성이 낮은 • 표준 및 절차적 감독자	검사활동 (inspecting)	시스템의 작업을 통제하고 검사하기
⑧ 지지(유지)자 (upholder/ maintainer)	• 보수적이고 충성스럽고 지지적인 • 개인의 가치를 중요시하는 • 옳고 그름을 판단하는 강한 감각 • 목적에 따른 업무에 동기부여를 하는	유지활동 (maintaining)	표준과 프로세스를 지지하고 보호하기
⑨ 연결활동(linking) : 다른 사람의 업무를 조정하고 통합하기			

2) 팀 관리 수레바퀴 모형의 적용

팀 관리 수레바퀴 모형은 개인의 주요 업무 선호영역에 다음과 같은 중요한 정보에 초점을 두고 있으며 개인과 팀을 개발하기 위한 주요한 필수 정보로서의 역할을 한다.

첫째, 개인 및 리더십 강점
둘째, 의사결정
셋째, 대인관계 기술
넷째, 팀 빌딩(team building)[6]

팀 관리 수레바퀴 모형은 다양한 응용분야에서도 사용된다.

첫째, 팀 개발
둘째, 리더십 개발
셋째, 인재관리
넷째, 품질 이니셔티브
다섯째, 관리교육
여섯째, 성과검토
일곱째, 경력개발
여덟째, 다양성 교육
아홉째, 조직개발

개인의 프로파일 평가 프로세스는 다음의 단계를 따른다.

첫째, 팀 관리 설문지를 작성하여 자체적인 평가를 한다.
둘째, 개인의 업무선호도 피드백을 통해 프로파일을 수정한다.
셋째, 업무의 응용에 관한 독서 및 토론을 한다.
넷째, 합의된 이슈에 대하여 실천한다.

---

6) 팀원들의 작업 및 커뮤니케이션 능력, 문제해결 능력을 향상시켜 조직의 효율을 높이려는 조직개발 기법이다. 1950년대 초에 Robert Tannenbaum은 미국 캘리포니아 차이나레이크에 있는 해군 무기시험소에서 팀 빌딩(team building)의 초기 교육과정을 개발하였다. 조직을 효율적으로 구축하려는 시도인 팀 빌딩 과정은 심리학자 Kurt Lewin이 주장한 태도변화 과정인 해빙→변화→재동결의 순서를 따른다. 팀의 결속과 기능을 향상시키는 기법인 팀 빌딩은 비즈니스 영역뿐 아니라 학교, 스포츠팀, 종교단체나 비영리 단체 등에서 다양한 형태의 프로그램을 통해 행해진다(네이버 지식백과, 2018).

다섯째, 결과 및 진행 중인 학습을 검토한다.
여섯째, 위의 사항을 동료 및 이용자와 공유하여 성과를 개선한다.

팀 관리 수레바퀴 모형은 프로젝트팀을 모아서 관리하는 데 특히 유용하며, 조직구성원들의 강점은 팀 내에서 활용된다. 또한 조직구성원들은 자신들이 선호하는 업무영역에서 일하도록 장려된다. 단, 모든 형태의 업무가 포함된다고 확신하는 것은 팀 전체의 책임이다. 더불어 팀 관리 프로파일을 통해 조직구성원 및 클라이언트 관계 개선 및 개인역량 강화에 많은 도움이 된다. 그러나 다양한 단점도 무시할 수 없는 부분은 존재한다.

2. 인과적 귀인 모형[7)]

1) 스트레스와 반응

우리의 인체는 스트레스 요인에 대처하기 위해 유기체가 자원을 동원하는 스트레스 요인에 대한 일반적응증후군(general adaptation syndrome)으로 3단계 반응이 확인되어 있다(Berscheid & Regan, 2016).

첫째, 스트레스에 대처하기 위한 경보 단계
둘째, 스트레스 요인에 대해 계속 방어하는 적응단계
셋째, 신체의 에너지 자원이 고갈되면 피곤해지거나 사망하게 되는 소진 단계

인간의 스트레스 요인은 다양한 내·외부적 요인에 기인한다. 이러한 내·외부적 요인은 개인의 행동을 통제하게 되고, 이러한 통제의 인과적인 관계에 있다는 것을 인식하게 된다.

7) Heider(1958)의 귀인이론에서 재구성 및 명칭 재명명.

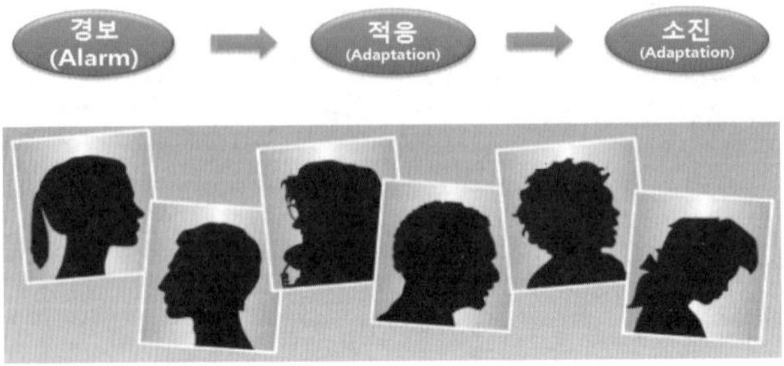

그림 5-13 일반적응증후군

자료 : Berscheid & Regan(2016) 재구성.

2) 인과적 귀인성

귀인(歸因, attribution)은 원인의 귀착이라는 것의 줄임말이다. 한 개인이 타인의 행동이나 사건의 원인을 어떻게 설명하느냐와 관련이 있는 말이다. 예를 들어, 컵을 실수로 떨어뜨려 깨뜨렸을 때, 옆에 있는 사람과 부딪혔기 때문에 떨어뜨렸다고 생각할 수 있고, 자신이 너무 덜렁대어 깨뜨렸다고 생각할 수도 있다. 이처럼 하나의 결과를 갖고도 원인으로 생각하는 것은 개인에 따라 다를 수 있으며, 다양한 귀인이 나타난다(위키백과, 2018).

Heider(1958)는 그의 저서 『The Psychology of Interpersonal Relationships』에서 귀인이론에 관하여 처음으로 언급하였다. Heider(1958)는 귀인이론[8]에서 사람들이 자신과 타인들이 어떻게 행동을 하고 인식하는지를 평가하였다. 즉, 귀인이론은 사람들의 모든 행동은 내부 또는 외부 요인에 의해 결정되는 것으로 여겨 사람들의 행동을 인과적으로 설명하는 방법이다.

사람들은 다른 사람의 행동이나 자신의 행동에 어떻게 의미를 부여하는가, 예를 들면 누군가를 나쁘게 생각하거나 나쁜 일이 있었기 때문에 화를 내는

---

8) 귀인이론(attribution theory)은 Fritz Heider, Harold Kelly, Edward E. Jones, Lee Ross에 의해 만들어진 사회심리학 이론이다. 이 이론은 사람들이 자신 또는 타인의 행동원인을 설명하는 방식에 대한 것이다.

것인가. Fiske와 Taylor(1991)에 의하면, 귀인이론은 사회적 사건에 대한 인과관계를 설명하는 방식에 정보를 사용할 수 있도록 한다. 즉, 어떠한 정보가 수집되고 그것이 어떻게 결합되어 인과적 판단을 형성하는지를 조사한다. Heider(1958)는 사람들이 사회세계를 이해하려고 노력하는 순진한 심리학자라고 믿었다. 사람들은 심지어 원인이 없는 곳에서도 원인과 결과관계를 보려고 하는 경향이 있다고 보았다. 이는 인간의 놀라운 특징 중의 하나로 인간은 모든 것을 설명할 수 있다고 믿는 것이다. 심리학자들의 연구에 따르면, 대부분의 사람들은 누가 또는 무엇이 하나의 사건 또는 행동에 책임이 있는가에 대한 판단에 편견을 갖는다고 한다.

인간은 어떠한 사건이 발생되었을 때 인식을 하게 된다. 이러한 사건을 인식할 때 그 사건이 발생된 원인을 따져본다. 귀인이론은 사람들이 사건들의 원인을 따지는 방법을 두 가지로 나누었다.

(1) 내부귀인(Internal Attribution)

내부귀인은 행동의 원인을 외부의 힘이 아닌 내부의 특성에 배정하는 과정에 인식되는 것이다. 인간은 다른 사람들과의 관계에서 행동을 설명할 때 인격 특성과 같은 지속적인 내적 속성을 찾는다. 이를 내적 요인 또는 기질적인 속성으로 원인을 돌리는 것이다(예 지능수준, 발생한 사건에 대한 책임, 자신의 성격, 동기 또는 신념 등).

- 인간은 자신의 성공과 타인의 실패를 내부요인으로 돌리는 경향이 있다.
- 인간은 이러한 것을 자신의 장점과 타인의 결점으로 인식한다.

(2) 외부귀인(External Attribution)

외부귀인은 행동의 원인을 내부 특성보다는 사람의 통제 밖의 상황이나 사건에 부과되는 과정으로 본다. 즉, 우리는 우리 자신의 행동을 설명하려고 할 때 우리의 외적 요인, 상황적 또는 환경적 특징과 같은 외부 속성요인을 만드는 경향이 있다(예 날씨 등).

- 인간은 다른 사람의 성공과 자신의 실패를 외부요인으로 돌리는 경향이 있다.
- 인간은 이러한 것을 자신의 잘못이 아닌 것으로 인식한다.

Heider(1958)는 인간의 행동을 기본적으로 능력과 의사 등 내적 요소와 상황 및 우발적 사건 등 외부 요소의 두 가지로 귀인하는 것이 가능하며, 내적 요인과 외적 요인이 상호 관련이 있다고 한다. 이후 Jones와 Davis(1965)는 어떤 행동의 원인이 내적 귀속하는 방법을 검토한 대응짐작이론이 발표되었다. 그리고 Kelley(1967)의 공변량 모형은 사람들이 원인을 설명할 때 내적 요인과 외적 요인 중 어떤 것을 이용할지 결정하는 것을 연구했다. Kelley는 귀인의 형성에 영향을 미치는 요인에 관한 가설을 추가함으로써 Heider의 이론을 향상시켰다.

인간은 자신이 접하는 환경의 영향을 받으면서 자기 주변의 다른 사람들과 상호작용을 한다. 사람들은 이런 사회적 작용을 통하여 자기의 역할을 수행하고 욕구를 충족시키면서 자신이 속한 집단이나 조직의 발전에 기여하게 된다. 그러므로 인간은 사회적 무대에서 객체들과 일정한 관계를 맺고 활동하게 된다. 어떤 객체나 실체들과의 작용에서 발생한 관계나 결과가 호의적이어서 바람직한 수준에 이르게 되면 그들의 만족은 증대된다. 그러나 소기의 성과가 이루어지지 않으면 불만족하게 되어 계속적으로 바람직한 수준의 목표를 성취하려고 노력하게 된다. 이런 과정에서 제 목표를 효율적으로 성취하기 위해 어떤 성과나 사실에 대한 행동의 인과를 분석하여 인과관계의 인자나 본질을 규명하려고 한다. 그러나 사람들은 타인의 행동을 관찰함에 있어서 내면적인 기질을 관찰하는 것이 불가능하므로 겉으로 드러나는 행위자의 행동을 관찰하여 그 인과를 추리하게 된다. 이에 대한 추리는 관찰자의 지각 정도에 따라 좌우된다. 이와 같이 타인 행동의 요인을 추리하거나 환경 내에 있는 실체의 기질적인 속성을 지각하여 추리하는 과정이 귀인이다(Kelley, 1967).

Heider는 『대인관계심리학』이라는 책을 출간하였다. 이 책에서 상식심리학 개념을 소개하여 귀인이론이 출발되었다. 그는 사람들이 순수 심리학자로서 기능한다고 믿었던 것이다. 즉, 평범한 사람들이 다른 사람의 행동을 해석하고 유사한 상황하에서 미래 행동을 예측할 수 있다는 것이다. 평범한 개인들이 내리는 결론은 직관을 통해 과학적으로 기능하기 때문에 과학자와 같이 논리적이고 합리적이라는 주장이다. Heider는 행위의 결과를 인적 요인과 환경적 요인의 결합적 기능에 의한 것으로 인식했다. 그는 인과관계를 설명함에 있어 능력(ability)과 노력(exertion)이라는 평범한 용어를 사용하여 인적 요인을 설명했다. 능력(ability)과 노력(exertion)은 목적 행동의 필요충분조건으로 되며, 인적 요인과 환경적 요인은 결합되어 행동에 관여한다. 또한 사람들의 행동을 설명함에 있어서 고정화된 안정적 원인으로 돌리는 경향(intention)이 있다고 믿었다. 평범한 개인이나 과학자 모두가 타인의 행동을 이해하고, 예측하고, 통제하기 위하여 능력, 환경, 의도, 노력 등의 요소를 찾으며 이것이 역량(capacity)과 동기부여(motivation)가 되어 행동결정에 영향을 미친다(Gilbert, 1998).

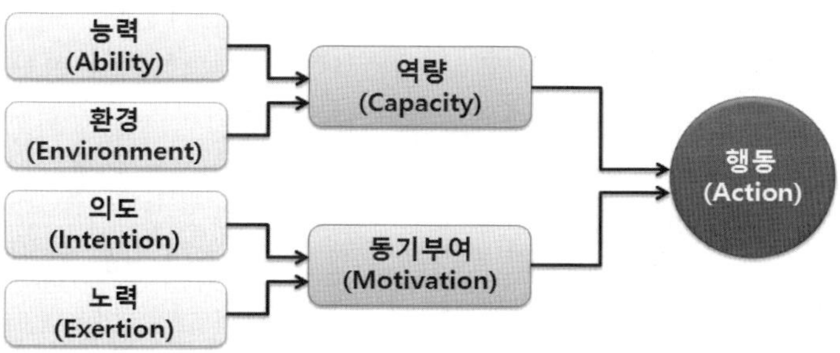

그림 5-14 Heider의 귀인 모형

자료 : Gilbert(1998) 재구성.

3) 귀인이론[9)]

Weiner(1972)의 귀인이론은 사회심리학에서 가장 영향력 있는 이론적 틀 중 하나이다. 그의 이론은 3단계 과정의 속성이 기초가 된다.

첫째, 행동은 관찰되거나 인식되어야 한다.
둘째, 행동은 의도적으로 결정되어야 한다.
셋째, 행동은 내 · 외부 요인에 의해 귀인한다.

Weiner(1972)의 귀인이론은 〈그림 5-15〉와 같이 주로 성과와 관련되어 있다. 그에 따르면, 귀인에 영향을 미치는 가장 중요한 요인으로 능력, 노력, 과제의 난이도, 행운을 들고 있다. 그리고 이러한 네 가지 귀인은 세 가지의 인과관계 차원에 따라 분류된다.

첫째, **통제 관점**(양극 : 내부 vs 외부)이다.
둘째, **안정성**(시간이 지남에 따라 변화가 일어나는지 일어나지 않는지)이다.
셋째, **제어성**(기술로 통제할 수 있는 원인 vs 행운이나 다른 사람들의 행동 등으로 통제할 수 없는 원인)이다.

내가 성공하면 나의 내부적 성공요인에 기인(내 자신의 기술)하고 타인(나의 라이벌)이 성공하면 외부요인에 기인한다(행운 등). 사람은 실수를 하거나 실수를 범하면 자기 자신을 비난하기보다는 외부의 원인이나 상황에 따른 요인의 특성으로 돌리는 경향이 있다. 그리고 다른 사람이 실패하거나 실수를 범하면 종종 내부 특성에 기인한다고 생각한다.

A. 귀인의 3단계 과정

첫째, 행동이 관찰된다.

9) https://www.nonstopteaching.com/2017/07/bernard-weiner-attribution-theory.html

둘째, 행동은 고의적인 것으로 결정된다.

셋째, 행동은 내부 또는 외부 원인에 기인한다.

B. 성취귀인

첫째, 노력

둘째, 능력

셋째, 과제의 난이도

넷째, 행운

C. 행동의 인과적 차원

첫째, 통제 관점

둘째, 안정성

셋째, 제어성

	내부(internal)	외부(external)
안정된(stable)	능력 (ability) I have the talent	과제의 난이도 (task difficulty) This is hard
불안정한(unstable)	노력 (effort) I worked hard	행운 (luck) I just got lucky

그림 5-15 Weiner의 귀인 모형

4) 인과적 귀인 모형의 활용

인과적 귀인 모형은 심리학, 형법, 윤리학, 의사결정, 인력관리, 자기평가, 동료평가 등에 응용될 수 있다. 또한 조직 마케팅에 적용되어 이용자들의 불만이 제공자들의 일방적 욕구에 따라 제공자 중심적으로 되어 있지 않은지, 아니면 실제 서비스의 속성에 기인한 것인지를 판단할 수 있다. 즉, 제공자의 지각이 서비스와 연관된다는 긍정적인 속성에 관하여 신념을 강화시킬 수 있다.

제 3 절 리더십 모형

1. 리더십

1) 리더십의 역할

조직관리이론에서 가장 근본적인 개념들 중 하나인 리더십은 관리자들이 하는 가장 중요한 일들 중 하나이다. 관리자는 목표를 세우고 전략을 짜고 타인들과 관련을 맺으며, 의사소통하고, 정보를 수집하고, 의사결정을 하며, 계획하고, 조직하고 통제할 수 있지만 리더십 없이는 아무것도 할 수 없다.

2) 리더십의 핵심개념

리더십은 가장 귀중한 경영능력의 하나이다. 리더십이 중요한 것으로 보이는 만큼 사람들은 리더십을 정의하거나 기술하는 것을 요구받을 때 곤란을 겪는다. 우선 이 분야를 연구하는 대부분의 학자들 간에 별다른 의견 차이를 보이지 않는 본질적인 것을 중심으로 매우 간단명료한 리더십 정의를 제시하는 것으로 시작하고자 한다.

리더십은 한 개인이 어떤 목적을 달성하기 위하여 다른 개인이나 집단에 대해 영향을 미치려고 하는 의도적인 과정이다.

이 단순해 보이는 문자에는 정교화된 핵심적 개념들이 들어 있다.

첫째, 리더십은 하나의 과정이다. 리더십은 행동 속에서 그 자체가 표현되고, 그것은 업무수행의 기술이다.

둘째, 개인들만이 지도자가 된다. 리더십의 중심은 한 개인이다. 무생물이나 집단은 지도자가 될 수 없고 사람만이 지도자가 될 수 있다.

셋째, 리더십의 초점은 다른 개인과 집단들이다. 추종자는 단 한 사람일 수도 있고, 한 집단, 한 조직의 구성원들, 한 국가의 국민일 수도 있다.

넷째, 리더십은 영향력의 행사를 수반한다. 영향력은 리더십의 핵심이고 수많은 결정요인들이 중심에 있다.

다섯째, 리더십의 목적은 목표달성이다. 리더십은 도구적이고 어떤 목적을 위하여 수행된다.

여섯째, 리더십은 의도적인 것이지 결코 우연한 것이 아니다.

리더십은 많은 다른 장소와 다양한 상황 속에서 행사된다. 그러나 이 장에서는 조직들에서 경영자들에 의해 행해지는 특별한 유형의 리더십이 초점이다. 조직들은 개인이나 소집단이 감당할 수 없을 정도로 규모가 크고 복잡한 과업을 달성하기 위하여 존재한다. 조직들은 이러한 과업을 순차적으로 세분화되어 있는 작업을 반복함으로써 실행해 나간다. 즉, 순차적으로 업무를 분할하여 한 개인에 의하여 충분히 수행될 수 있을 정도로까지 작고 단순하게 만들어진다. 그 과정에서 조직은 관리하여야 할 일련의 구성요소들로 분리된다. 각 구성요소에는 관리부서가 있고 각각의 관리부서는 관리자 역할을 할 것으로 기대되고 있다. 역할이란 관리자 자신들이 그 직책을 가지고 있기 때문에 할 것으로 기대되는 일들이다(Katz & Kahn, 1966). 역할들은 직책을 차지하고 있는 특정인이 아닌 직책에 부여되어 있다. 그 직책을 담당하는 사람이 바뀔 수는 있지만, 역할은 그대로 남아 있다. 중요한 점은 리더십이란 관리자들이 조직 내에서 그 직책을 차지하고 있기 때문에 수행할 것으로 기대되는 많은 역할들 중 하나에 불과하다는 것이다. 리더십과 관리는 동일한 것이 아니고 동의어도 아니다.

리더십 역할을 발휘한다는 것은 관리자들이 일을 성취하는 방법이다. 리더십이 관리자들의 유일한 역할은 아니지만 핵심적인 것임에는 틀림없다. 정보처리나 의사결정, 비전 제시와 같은 다른 역할들은 바로 리더십에 의하여 보이는 결과로 전환된다.

첫째, 리더십은 여러 방향을 지향한다. 관리자는 자신이 관리자인 조직의 구성에서 부하직원들을 이끌어 나갈 뿐만 아니라 동료들과 상사, 조직의 개인이나 집단들도 이끌어 나간다.

둘째, 리더십이 여러 방향을 지향하기는 하지만 가장 많은 주목을 받고 연구되는 것은 아래로 초점이 맞추어지는 것이다. 대부분의 리더십은 하향적인데, 우선적으로 차하위자(간호 차장의 경우는 수간호사)에 대한 것이고 이차적으로는 조직의 더 하위층에 있는 부하직원들을 지향한다.

셋째, 리더십을 행사하게 될 때 그 방향에 관계없이, 초점은 일반적으로 다른 관리자들에게 있다. 대개 관리자는 다른 관리자를 이끌어 간다.

넷째, 리더십의 성공 정도는 특정 관리직책과 그 직책을 차지하고 있는 개인이 가지고 있는 권력의 크기에 달려 있다.

3) 리더십과 리더[10)]

리더십은 리더가 일정한 상황에서 다른 구성원들로 하여금 조직이나 집단의 공통목표를 달성하는 데 영향력을 행사하는 모든 과정이다. 〈그림 5-16〉과 같이 리더(leader, 지도자)는 lead(앞선다, 앞지른다, 지도한다, 선도한다)의 명사형으로 앞선 사람, 지도하는 사람, 선도하는 사람이란 뜻이다. 리더란 엄밀한 의미로 집단에서의 리더십(지도적 기능)이라는 관점에서 규정되어야 하며, 어떤 인기 있는 사람이나 대표자, 또는 문화영역의 권위자 등과는 구별되어야 한다. 일반적으로 리더는 목표관리, 종업원의 동기부여 및 목표 설정 시 조언, 조직구성원들의 지속적인 행동을 이해해야 한다. 즉, 리더란 목표를 제시하고, 이 목표에 대해 구체적으로 설명하고 왜 이 목표를 달성해야 하는가를 의사소통을 통해 설득하고 납득시키며, 리더 자신이 그 목표 달성을 위하여 솔선수범하여 열심히 일하는 것이라는 뜻이다. 리더십을 사용하는 리더에 대한 정의는 다양하다. Hayes와 Tonas는 리더란 “타인을 통솔하는 데 필요한 여러

10) 국민안전처 사이버 콘텐츠 교안 발췌

가지 기술을 소유한 자"라고 하였고, Kettle은 "집단의 임무를 수행하는 데 있어서 가장 효과적인 변화를 만들어 내는 자"라고 리더를 정의하였다. 리더란 상황과 역할에 따라 규정되는 것이며 시간의 흐름에 따라 지도자와 피지도자, 즉 상하의 위치가 바뀌기도 한다. 리더는 구체적인 집단의 종류와 그 성격에 따라 Oxford 사전에서 다음과 같이 여러 가지로 분류하고 있다.

- 지휘관 : 목표달성을 위해 지휘, 명령, 통제, 처치하는 권위를 가진 자
- 사령관 : 계급과 관계없이 독립적으로 행정과 작전에 대한 권한을 부여받은 자
- 우두머리 : 정치, 사회단체의 우두머리
- 장 : 공식집단 내에서 가장 높은 계급을 차지하고 있는 자
- 관리자 : 기업에서 특수한 기능을 수행하는 자
- 집행자 : 정부 각 부처에서 법을 집행하는 자
- 중심인물 : 기업체나 연극 등에서 중요한 역할을 담당하는 자
- 오피니언 리더 : 어떤 집단의 여론을 조성하고 선도하는 자
- 엘리트 : 어떤 집단에서 지도적인 역할을 담당하고 훌륭한 인격과 뛰어난 지성을 가진 자

그림 5-16 리더자

출처 : 재난 및 위기관리 리더십콘텐츠개발연구(2016). www.prism.go.kr

4) 리더십의 본질

리더십의 본질은 그 성과에 달려있다. 리더십은 그 자체로서는 좋은 것 또는 바람직한 것도 아니고 하나의 수단이다. 그러므로 어떤 목적을 위한 리더십인가? 하는 것이 중요한 문제이다. 즉, 리더십의 본질은 공동 목표를 달성하기 위하여 리더가 집단 또는 조직의 구성원들에게 영향을 미치는 과정이다. 이러한 리더십의 정의가 실현되려면 리더는 조직의 구성원들이 자원하여 목표 성취에 헌신하도록 동기를 부여해야 한다. 또한 리더는 구성원들에게 활력소를 불어 넣으며, 탁월성을 추구하고, 조직을 발전시켜 나가야 한다.

리더십 = Function(Leader, Follower, Situation)

5) 리더십과 역할과 영향력

사람은 자신의 노력을 통해서 성공할 수 있지만 그렇지 못한 사람은 윗사람의 리더십에 의해서 성공할 수 있다. 이와 같이 윗사람이 가지고 있는 자질을 '리더십'이라고 표현하는데, 잘 이끌어 주고 지도해 준다는 의미이다. 전통적으로 리더십은 '윗사람이 아래 사람을 다스리는 방식'으로 이해되었지만 오늘날은 다른 의미로 변화하고 있다. 리더의 역할에 대해서는 '**한 마리의 사자가 이끄는 양 떼는 한 마리의 양이 이끄는 사자 떼를 이긴다**'는 말에서도 찾아볼 수 있다. 이 경우 리더는 방향감각, 정보감각, 지혜로움 등이 남보다 뛰어나야만 한다. 즉, 많은 추종자들을 올바로 끌고 갈만한 능력이 있어야 한다. 따라서 리더자는 대인관계의 역할에서 조직의 대표로서의 역할, 연결자로서의 역할, 의사결정자로서의 역할을 담당하여야 한다.

첫째, 조직의 대표로서 리더로서의 역할은 조직을 관리하고 조직의 목표를 수행하여야 한다.

둘째, 리더자는 외부와의 관계에서 조직의 내부와 연결을 수행하는 연결자로서의 역할을 하여야 한다. 리더자는 정보를 모니터링하는 역할, 정보를 확산시키는 역할, 내부의 정보를 외부로 전할 때 대변인의 역할을 수행하는 정보연결자로서의 역할을 하여야 한다.

셋째, 의사결정 시 리더의 역할은 기업가 역할, 문제해결자 역할, 자원분배자 역할, 중재자 역할을 수행하여야 한다.

어떤 사람은 영향력을 독점하면서 지배하는 역할만 맡고, 어떤 사람은 복종하는 역할만 맡는 것이 아니라 상대방에게 영향력을 발휘하면서 또 한편으로는 함께 동조하고 서로 밀어주고 이끌어 가기도 하면서 조직목표를 달성해야 한다. 따라서 리더가 행사하는 영향력을 다음의 〈표 5-8〉과 같이 정리해 볼 수 있다.

표 5-8 리더의 역할과 영향력

구성원들과 다른 전문화된 리더의 역할	구성원들과 공유된 영향력
• 추구할 전략과 목표의 선택 • 목표를 달성하도록 구성원들을 독려 • 구성원들 간의 상호 신뢰 및 협력 • 업무활동의 조직과 조정 • 목표달성 업무를 위한 자원의 배분	• 구성원의 능력과 자신감 개발 • 구성원들의 신지식 학습과 공유 • 외부인과의 지원과 협력 조율 • 공식구조, 프로그램, 시스템의 설계 • 구성원들과 신념과 가치관의 공유

진정한 리더는 권위와 직책을 뛰어넘어 사람을 포용하며, 직위로 사람들을 압박하지 않고 인격적으로 많은 이들을 품는다. 따라서 리더의 영향력은 관계에서 비롯된다고 할 수 있다.

6) 리더십의 형태

Boyatzis와 McKee(2005)는 Goleman(2000)의 여섯 가지 리더십 스타일을 소개하였다. 진정한 리더는 다른 사람의 감정을 조율하고 그들을 긍정적인 감성적 방향으로 움직이게 한다. 진정한 지더들은 자신의 가치, 방향 및 우선순위에 대하여 확실하게 말하고 주위 사람들의 정서에 반향을 일으킨다. 그리고 이러한 리더의 안내에 따라 사람들은 상호 안정감을 느낀다. 반향은 높은 수준의 감성지능인 자아인식, 자기관리, 사회적인 인식 및 관계관리를 통해 자연스럽게 조직의 구성원에게 미친다. Goleman(2000)은 3,871명의 조직관리자에 대한 연구에서 〈그림 5-17〉과 같이 비전제시형(visionary), 코치형(coaching), 관계중심형(affiliative), 민주형(democratic), 지휘형(commanding), 모범형(pace-setting) 여섯 가지의 리더십을 추출해 내었다.

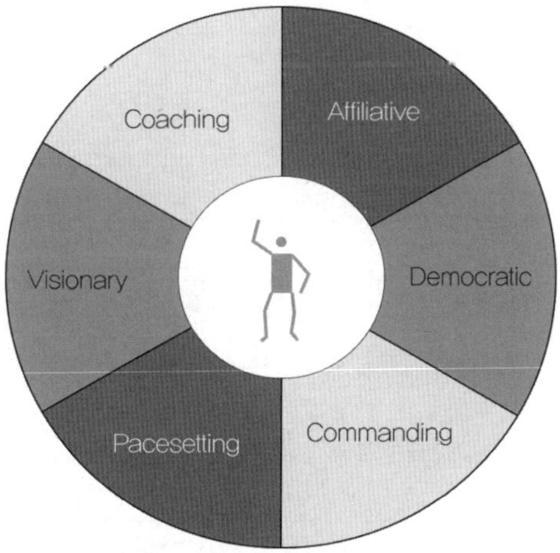

그림 5-17 여섯 가지 리더십 스타일

이 연구는 스타일을 정의하기 위한 시도는 아니며, 조직의 효과와 각 스타일을 연관시켜 조직의 분위기를 통해 결과에 직접적인 상관관계가 있음을 밝히고 있다.

표 5-9 여섯 가지 리더십 유형

구 분	리더십 유형					
리더의 특성, 반향, 사용	비전제시형 (visionary)	코치형 (coaching)	관계중심형 (affiliative)	민주형 (democratic)	지휘형 (commanding)	모범형 (pacesetting)
리더의 특성	• 조직구성원을 고무시킴 • 감정이입적임 • 자신의 비전을 믿음	• 조직구성원들이 자신의 강점과 약점을 확인하도록 도움 • 업무에 대한 격려 • 조직구성원이 경청하도록 함	• 조화를 촉진 • 감정이입적임 • 도덕성을 높임 • 갈등의 해결 • 친근함 발생	• 훌륭한 청취자 • 협력자 • 영향력 행사자	• 지휘적임 • 내가 그렇게 말했으니 그렇게 하시오 • 위협적임 • 타이트한 통제 • 세심한 모니터링 • 분위기를 어지럽힘 • 재능이 있는 사람이 퇴출	• 성취욕이 매우 강함 • 높은 자기 기준 • 주도적 • 협력과 공감력이 낮음 • 성급함 • 세심하게 관리함 • 숫자 지향적임
풍조	긍정적	긍정적	긍정적	긍정적	부정적	부정적
반향을 일으키는 방법	• 리더는 조직구성원의 비전을 향해 공유된 목표로 동원	• 미래를 위해 사람들을 개발 • 조직구성원이 원하는 것과 조직의 목표 연결	• 정서적 유대감과 조화를 만들어 냄 • 조직구성원을 연결시킴으로써 조화 창출	• 참여를 통해 합의를 도출하고 몰입을 이끌어 냄	• 즉각적인 준수를 요구함 • 비상사태에 명확한 방향을 제시함으로써 두려움을 감소시킴	• 탁월함과 자기 방향을 기대 • 도전적이고 흥미로운 목표를 설정함
리더십 스타일이 적절할 때	• 명확한 방향이나 변경이 필요할 때 잘 작동	• 조직구성원들을 돕고 장기적인 힘을 키울 때 잘 작동함	• 스트레스가 많은 시기에 팀의 균열을 치료하거나 조직구성원들에게 동기를 부여하는 데 효과적임	• 의견이 일치를 얻는 데 효과적임	• 조직이 위기상황이거나 문제가 있는 조직구성원들에게 효과적임	• 고도로 유능한 팀에 빠른 결과를 얻을 때 잘 작동

자료 : Boyatzis & McKee(2005), Goleman(2000) 재구성.

여섯 가지 리더십 유형의 중요한 측면은 각 유형이 상황에 따라 적합한 것이기에 리더는 상황에 따라 스타일을 전환할 수 있어야 한다. 결과적으로 리더십 유형은 성격의 특성은 아니며 도구라는 점을 알아야 한다. 위의 여섯 가지 중에서 네 가지 이상을 마스터한 리더, 즉 비전제시형, 코치형, 관계중심형, 민주형 스타일이 긍정적 리더는 최고의 분위기와 업무성과를 거두고 있다. 그리고 네 가지 제안된 유형은 부정적 분위기인 지휘형, 모범형을 끌어들이고 희석시킬 수 있다. 무엇보다도 이러한 여섯 가지의 유형은 정서적 지능에 대한 것과 또 다른 조직의 무엇과 관련이 있다. 특히 유사한 연구에서 성과와 많은 상관관계가 있다. 감성지능이 부족한 리더는 성과평가에서 탁월한 성과를 거누지 못하였으며, 평균 20% 정도의 성과를 거두었다(Goleman, 2000; Goleman, Boyatzis & McKee, 2013)고 보고되고 있다.

2. 리더십 파이프라인 모형

1) 리더십 파이프라인의 유래와 역사

리더십 파이프라인의 아이디어는 인력컨설턴트이자 교사인 Walt Mahler에 의해 1970년대에 GE에서 행해진 작업에 기초하고 있다. Mahler는 서로 다른 리더십 수준에서 성공하기 위해 필요한 모든 변화를 확인하는 작업에 착수했다. 가장 중요한 변화는 다음과 같은 작업가치와 연관되어 있다고 결론을 내렸다.

사람들이 믿고 있는 것이 새로운 직무에서 가장 중요한 것이다.

Mahler는 또한 **교차로 모형**(crossroads model)을 개발하여 모든 조직에는 특정한 요구조건을 가진 특정한 리더십 교차로가 있다고 제안하였다. 당시 학생이었고 후에 Mahler의 친구가 됐던 Drotter는 교차로 모형을 수정하여 리더

십 파이프라인 모형을 만들었다. 경영자 개발 및 코칭 컨설턴트인 James Noel와 최고수준의 기획컨설턴트이자 교수인 Ram Charan은 그 뒤 모형의 발전에 공헌하였다.

2) 리더십 파이프라인이란 무엇인가?

조직 외부에서 경영자를 고용하는 것은 단지 단기적으로 사용 가능한 선택사항일 수 있으나 기업의 경영진은 장기적으로 조직 내에서 스킬이 있고, 준비된 리더들의 파이프라인을 구축하고 개발하며 유지해야 한다(Charan, Drotter & Noel, 2010). **리더십 파이프라인 모형은** 시간의 응용, 스킬, 작업가치의 변화가 하나의 리더십 단계에서 다음 단계로 전환하는 데 필수적이라는 것을 설명함으로써 미래 경영인재의 보급경로를 창출하는 데 도움을 준다. 또한 다양한 관리수준의 서로 다른 요구들을 이해하는 데 도움을 준다.

어떤 한 사람이 리더십 파이프라인의 출발점에서 시작하여 마지막 지점까지 가려면 〈그림 5-18〉과 같은 여섯 번의 전환점을 거쳐야 한다. 리더십의 각 단계마다 어떤 업무능력이 필요하며, 어떤 도전들에 직면하게 되는지 알게 되면 기업조직의 막힌 리더십 파이프라인을 뚫을 수 있으며, 리더 개개인의 자기계발도 촉진할 수 있다. 그렇게 필요한 지식을 갖춘 상태에서 각각의 전환점을 통과하는 리더는 전환국면에서 이전 단계와는 비교할 수 없는 막중한 책임과 복잡하고 다양한 업무에 직면해서도 심적 동요를 일으키지 않게 된다.

3) 리더십과 파이프라인 진단

(1) 진단이 필요한 이유

조직은 매 순간 조직에 대한 꾸준한 진단이 필요하다. 조직진단이 필요한 이유는 다음과 같다.

첫째, 업무성과는 뛰어나지만 정작 중요한 일은 하지 않고 있다.
둘째, 리더의 업무내용에 비해 인건비 지출이 크다.
셋째, 직원들이 제대로 개발되지 않고 있다.

(2) 리더십 진단 절차

리더십 진단 절차는 개인적 관점과 조직적인 관점에서 살펴볼 수 있다. 먼저 개인적 관점에서는 개개인의 평가자료를 갖고 같은 계층의 리더 중 누가 다음 단계 리더가 될 자질을 갖추고 있는지 평가 가능하다. 그리고 조직적인 관점에서는 팀들이 과업과 목표를 제대로 수행하는지, 효율적으로 진행되고 있는지 판단이 가능하다.

(3) 역할 명시 및 업무성과 측정기준 제시

① 리더의 역할 명시

리더는 어떠한 역할을 하여야 하는지 명시하는 것이다.

② 업무성과 측정기준의 제정

조직이 명확한 업무성과를 측정하기 위한 기준을 제시하여야 하며 다음과 같은 점을 고려하여 한다.

첫째, 업무성과 측정기준은 성과측정의 모든 면을 포괄적으로 담아야 한다.
둘째, 단기적 및 장기적인 측면 모두를 고려해야 한다.
셋째, 리더십의 각 단계마다 차별화되어야 한다.

③ 최고의 성과에 이르게 하는 전략

조직이 최고의 성과를 달성하도록 다음과 같은 전략을 수립하여야 한다.

첫째, 윗사람부터 시작하라!(윗사람들의 문제부터 해결하기 시작하라)
둘째, 업무가치가 변했는지 알아보라!(성공, 실패 경험에 따른 교훈을 토론, 관리자의 일정표 검토, 부하들을 평가하는 내용 검토, 계획안의 업무가치를 본다)

셋째, 발견학습을 리더십 개발의 최적수단으로 삼는다!(경험에 의한 발견학습을 통해 도전적인 상황에 적응하도록 한다)

넷째, 미흡한 성과에 대해서는 즉시 말해라!(기대와 실제의 업무성과의 차이는 리더십 파이프라인을 막히게 한다)

4) 파이프라인 모형의 여섯 가지 통로

파이프라인 모형에서 제시하는 여섯 단계 리더십에 대해 이해하게 되면 각각의 단계가 개별 조직의 실제 리더십 구조의 어느 부분과 일치하는지 알 수 있게 된다(한근태, 2001).

(1) 1단계 : 자신의 관리에서 타인의 관리로 전환

① 업무능력

업무능력은 다른 직원과의 의사소통을 통해 욕구, 기대치, 계획 등을 파악하여 업무를 위임하되 업무의 성격과 범위를 확실히 규정해 준다. 즉, 업무를 하는 것으로부터 다른 사람을 통해 일이 행해지게 하는 것으로 전환하는 것이다. 1단계 리더십 전환점에서 습득해야 하는 업무능력은 일을 계획하고, 사람을 채용하고, 업무를 위임하고, 동기를 부여하고, 조언을 해주고, 구성원들의 업무성과를 측정하는 것 등이다.

② 시간관리능력

시간관리능력은 구성원들의 업무를 관찰하고, 조언하고 피드백을 주고, 필요한 자원과 물자를 조달해 주며, 업무를 추진할 때 생기는 문제를 해결해 주고 끊임없이 의사소통을 하는 것이다. 이러한 사람들은 자신에게 주어진 업무를 마무리하고 다른 사람들이 효과적으로 수행하도록 돕기 위해 자신들의 시간을 할애하는 방법을 배워야 한다. 초급 관리자는 시간을 적절히 배분하여 활용하는 기술을 배워야 하는데 그래야만 자기의 책무를 수행할 수 있을 뿐 아니라 구성원들이 일을 효율적으로 하도록 도울 수 있기 때문이다. 그리고 실무자였을 때와 같이 스스로 모든 일을 처리하지 말고 남들로 하여금 일을 해내도록 만들어야 한다.

③ 업무가치

업무가치는 자신의 상급자, 부하직원, 다른 관리자와의 인간관계가 신뢰를 바탕으로 이루어지게 한다. 즉, 자신들의 개인적인 업무를 평가하는 것에서부터 관리적인 업무를 평가하는 것으로 변화하는 것이다. 또한 가치체계를 바꾸어야 하는데 관리자로서 그 업무의 의미를 깨닫고 즐거움과 보람으로 해야 한다. 남들을 위해 시간을 내주고, 계획을 세우고, 조언을 하는 등의 일이 모두 필요한 것이며 자신은 바로 그런 일들을 책임지고 있다고 생각해야 한다. 더 나아가서 남들을 위해 일하는 것이 바로 자신의 성공과 직결된다는 생각을 해야 한다.

(2) 2단계 : 타인의 관리에서 초급관리자의 관리로 전환

2단계는 1단계에 비해 상대적으로 많은 관심을 받지 못한다. 업무의 성격이 1단계에 비해 획기적으로 바뀌지 않기 때문이다. 그러나 이 단계야말로 사업경영층의 기초가 되는 단계이다. 이 단계의 관리자들은 나중에 기관의 최고경영층이 될 인재를 찾아내고 계발시키는 중요한 역할을 해야 한다. 성공적인 초급관리자를 양성하기 위해서는 다음과 같은 점을 검토할 필요가 있다.

① 업무능력

업무능력은 업무를 하는 것으로부터 다른 사람을 통해 일이 행해지게 하는 것으로 전환하는 것이다. 이 단계에서 갖추어야 할 중요한 업무능력은 첫 단계의 리더를 선발하고, 그들에게 리더 겸 관리자의 일을 맡기고, 관리자로서 그들의 발전 정도를 측정하고 또 조언해 주는 것이다. 또 이 단계의 리더는 자신의 기능영역에 국한된 사고방식에서 벗어나 기관 전체의 전략적 목표를 생각할 수 있어야 한다.

② 시간관리능력

이 단계에서는 관리자는 단지 관리만 해야 한다. 그들은 개인적인 업무를 박탈할 필요가 있다. 그러나 상당수가 지도 및 조언에 시간을 투자하고 싶어 하지 않는 것이 현실이다.

③ 업무가치

업무가치는 기술적인 업무보다 관리적인 업무에 책임이 있는 최일선 관리자들이 이탈하지 않도록 학습해야 한다. 그리고 잘못된 가치체계 때문에 관리 업무에 적응하지 못하고 거부반응을 나타내는 초급 관리자가 누구인지 파악해야 하며, 〈표 5-10〉과 같이 중요한 것은 초급 관리자에게 적절한 조언을 해주는 것이다.

표 5-10 초급 관리자를 관리하는 관리자의 역할

잘못된 초급 관리자의 관리자들의 공통점	초급 관리자의 관리자가 해야 할 일
• 일을 제대로 위임하지 못한다. • 사람을 제대로 선택하지 못한다. • 강력한 팀워크를 형성하지 못한다. • 일의 완수만을 생각한다. • 능력보다는 인맥으로 사람을 선발한다.	• 초급 관리자의 선발 및 교육, 훈련 • 초급 관리자에게 관리자로서의 책임감 부여 • 부서 간 자원 배분 및 활용 • 부서 사이의 조정 및 통합 기능

(3) 3단계 : 초급 관리자의 관리자에서 영역전담 관리자로

3단계에서는 자신이 뜻하는 바가 일선 실무자들에게까지 전달되려면 아래로 두 단계의 관리자층을 거쳐야 하기 때문에 새로운 의사소통능력을 개발해야 한다. 그에 못지않게 중요하고 어려운 일은 자신이 겪어보지 않은 기능분야도 함께 관리해야 하기에 전체적인 차원에서 각 부분이 차지하는 의미까지 제대로 파악해야 한다. 시간관리 면에서는 자신의 영역을 돌보는 일에만 시간을 쓸 수 없기 때문에 업무를 초급 관리자들에게 어느 정도 위임해야 한다.

① 영역전담 관리자의 역할

영역전담 관리자는 여러 영역을 두루 관리하는 사업총괄 관리자에게 업무를 보고해야 한다. 이 경우 다른 영역들의 관심과 욕구도 고려해야 하기 때문에 다른 영역들과 협조를 하면서도 조직의 목표라는 거대 논리에 맞춰 자신의 영역이 필요로 하는 자원을 합당하게 분배받아야 한다. 따라서 다음과 같은 능력을 배양하여야 한다.

첫째, 자신의 영역을 여러 가지 다른 관점에서 바라볼 수 있는 능력 배양
둘째, 다양한 계층과의 원활한 의사소통능력 배양
셋째, 전체적인 차원에서 각 부분이 차지하는 의미까지도 파악할 수 있는 능력 배양

② 전략적 사고와 총체적 접근

훌륭한 전략가가 되기 위해서는 자신이 관리하는 영역뿐 아니라 조직 전체의 목적 달성을 위해 자신의 영역이 한 부분으로서 제 기능을 수행하는 전략을 가지고 있어야 한다.

첫째, 영역을 아우르는 전략 수립이다. 장기적인 사고, 장인 정신, 기관의 장기적인 목표와 정책방향, 비즈니스 모형에 대한 완벽한 이해, 영역 내의 각 부문 기능의 이해, 대를 위한 소의 희생정신이 필요하다.
둘째, 영역 전반의 관리이다. 이는 구성원들의 업무 파악, 보상의 유무, 구성원들이 직면한 문제점, 혁신의 발생 유무 등이다.

③ 영역전담 관리자의 양성

조직은 영역전담 관리자를 양성하여야 하며 전담관리자는 다음과 같은 특성을 가지고 있어야 한다.

첫째, 인격적으로 성숙하고, 겸손하며, 소아적 이기주의를 버리는 등의 특징을 가져야 한다.
둘째, 총체적 관점의 조직철학에 따라 자신의 영역을 이끌어 나가야 한다.

(4) 4단계 : 영역전담 관리자에서 사업총괄의 관리자로

4단계의 리더십은 관리자의 이력 중 가장 도전적인 만큼 보람도 크며 기관의 성패에 직결되는 영향력을 발휘하게 된다. 〈표 5-11〉과 같이 이들은 모든 영역을 하나로 통합하기 위해 계획과 제안들을 사업영역의 관점에서, 그리고 장기적 관점에서 평가하고 분석해야 한다. 이 단계의 리더로 성공하기 위해서는 각각의 영역 특성에 예민한 감각을 키워야 하고 분명하고 효율적으로 의사소통을 하여야 한다. 또한 단기적 사고와 장기적 사고 사이에 균형을 유지하며 항상 더 나은 쪽으로의 조합이 이루어지게 해야 한다. 또 이익, 시장점유율, 제품, 인력 등과 관련해 분기별 목표를 달성해야 하는 동시에 3~5년 후의 사업계획도 마련해야 한다. 사업총괄 관리자가 이 단계의 리더십 특성에 완전히 적응하지 못하면 리더십 파이프라인이 막히게 되는데 그 이유는 직원들의 역할을 무시하거나 제대로 평가하지 못하기 때문이다. 재무, 인력관리, 법률 등 여러 지원 부서를 활력이 넘치게 통솔하고, 영역전담 관리자들을 믿고 그들의 조언을 받아들이고 피드백을 수용하는 것 또한 사업총괄 관리자의 중요한 책무이다.

표 5-11 사업총괄 관리자가 해야 할 일

관리핵심	업 무
압박감	많은 주목과 관심을 받기 때문에 갖고 있는 권한으로 신중한 행동을 해야 한다.
생각의 전환	사업을 어떻게 성장시키고 수익을 올리고 어떻게 하면 경쟁우위를 확보할 수 있는지에 대한 문제를 생각하게 된다.
복잡, 다양한 요소 관리	의사결정 시 고려해야 할 요소들이 많기 때문에 영역전담 관리자들의 팀워크를 강화시키고 팀에 의지하여 일을 처리해야 한다.
모든 사업부문 가치 파악	각 부문의 일에서 가장 중요한 기능이 무엇인지, 어떻게 통합화할 것인지가 중요하다.
새로운 도전	전자문서의 출현과 급속한 확산이 여러 단계의 리더에게 영향을 끼친다.

(5) 5단계 : 사업총괄 관리자에서 그룹 관리자로

5단계에서는 세 가지 중요한 능력이 요구된다.

첫째, 자본 분배와 집행을 전략적으로 수행할 수 있어야 한다.
둘째, 사업총괄 관리자를 양성해야 한다.
셋째, 제대로 된 포트폴리오를 구성할 수 있어야 한다.

이것은 사업전략과는 격이 다른 것으로 인식의 전환을 필요로 한다. 마지막으로 그룹관리자는 자신이 관리하는 사업들이 시장에서 살아남기 위해서 필요한 핵심적 요소들을 제대로 갖추고 있는지 냉철하게 분석할 수 있어야 한다. 이 단계의 리더십은 보다 총체적인 성격을 띠기 때문에 다양한 잣대를 가지고 의사를 결정해야 한다. 즉, 여러 개의 사업을 관리하면서 사회, 산업계, 정부, 의례적인 행위와 같은 환경적 요인들까지 고려해야 한다는 것이다. 또 그룹관리자의 업무 속성은 비중 있는 의사결정, 상당한 위험과 불확실성, 장기적 시간 개념 등으로 요약되는데 그들은 이런 속성들에 부합하는 마음자세를 갖추고 있어야 한다. 또 배당이나 주가 등 투자자들의 기대에 대해서도 항상 인식하고 있어야 한다.

5단계에서 관리자에게 중요한 능력으로는 사업총괄 관리자들의 전략적 능력을 심사하고 자신에게 주어진 권한과 영향력을 행사하여서 프로젝트를 승인하는 능력이다.

첫째, 각 사업 간에 차별화된 의사결정을 내릴 수 있는가?
둘째, 부하 직원을 사업총괄 관리자가 되도록 키워줄 수 있는가?
셋째, 개별적인 사업전략을 넘어 전략의 우선순위를 매길 수 있는가?

이를 위하여 다음과 같은 관리능력이 요구된다.

① 사업총괄 관리자의 양성 및 관리

전략을 분석하고 평가하는 능력의 배양, 리더십 적응 정도를 고려하여 사업총괄 관리자와 교류하는 것이다.

② 개별 사업을 조직 전체와 연계

개별 사업과 조직을 유기적으로 연계시키고, 자금을 할당하며, 전략적 차별화를 이끄는 것이다.

③ 드러나지 않는 요소들의 관리

시장 기회를 찾아내고 분석하는 것이다.

(6) 6단계 : 그룹 관리자에서 기관 관리자로

6단계에서 조직의 관리자는 장기적인 비전을 갖추어야 함은 물론이고 장기적인 전략이 분기별 활동과 조화를 이룰 수 있는 운용체계를 확립하고 지휘해야 하며, 외부의 동향을 민감하게 감지하고, 조직 외부의 여러 가지 환경요인을 주도적으로 관리해야 한다. 조직관리자는 CEO로서 자신의 주요 업무가 의사결정을 내리는 것이라는 사실을 확실히 깨달아야 하며, 기업의 비전과 세계시장을 생각해야 한다. 또 지엽적인 것들−개별 제품이나 그 서비스의 이용자들−은 모두 믿고 맡기는 대신 전체(더 많은 이용자들을 만족시킬 수 있는 더 많은 서비스를 생산하여 시장에 내놓기 위해 이용자의 욕구를 어떻게 찾아내어 어떻게 서비스화할 것인가와 같은 문제들)에 초점을 맞추어야 한다. 그리고 자신의 지휘하에 있는 사람들 중 야심에 차고 뛰어난 능력을 갖춘 사람을 고르고, 또 그렇게 되도록 계발해야 하며 다양한 의사소통 기술을 활용하여 모든 직원들에게 영감을 불어넣을 수 있어야 한다.

6단계에서는 조직의 관리자로서 성공하기 위해 해결하여야 할 다섯 가지 난제가 있다. 개괄적으로 살펴보면 다음과 같다.

① 일관성 있고 예측 가능한 최고, 최저 경영성과 제시

CEO로 살아남기 위해서는 실현 가능한 장 · 단기 경영성과를 제시하고 균형을 이룬 상태에서 실현되도록 해야 한다.

② 조직이 추구할 분명한 방향의 제시

조직을 이끌어 가는 방향을 구체적으로 짚어서 제시해야 한다.

③ 계량화되지 않는 요소들의 관리

직원들의 의욕 고취는 물론, 인재선발과 개발의 업무가 필요하다.

④ 뛰어난 실행력의 유지

다음과 같은 점에 물음을 던져야 할 것이다.

첫째, 나 자신의 업무유지, 수행정도는 어떠한가?
둘째, 사태가 어떻게 돌아가는지 제대로 파악하고 있는가?
셋째, 나에게 안 좋은 소식을 감추고 있지 않은가?
넷째, 이사회는 할 일을 하고 있는가?
다섯째, 나의 부하 직원들로 이루어진 팀은 생산적이고 활력이 넘치는가?

⑤ 공동체 의식과 세계관으로 조직을 관리하기

CEO는 보다 광범위한 시각에서 자신의 사고방식이나 가치를 맞춰야 한다.

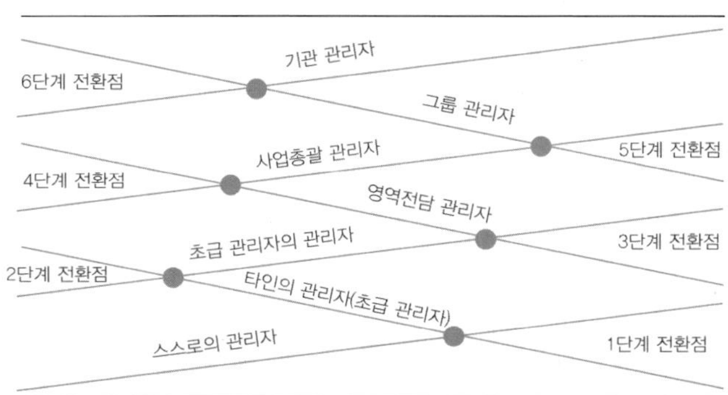

그림 5-18 리더십 파이프라인 모형

5) 리더십 파이프라인의 잠재적인 문제점과 방안

(1) 리더가 실패하는 보편적인 이유와 해결방안

리더가 오류를 범하기 쉬운 이유와 그에 대한 해결책은 다음과 같다.

첫째, 자격 미달인 사람을 선임한다. 한 리더십 지위에서 성과를 낸 사실이 고위 경영층의 리더로 발탁하는 주된 이유가 되어서는 안 되며, 인접해 있는 두 리더십 지위에서 필요로 하는 여타 능력은 비슷해 보일지 모르지만 전문 지식 및 기능, 시간관리능력, 업무가치는 상당히 다르다.

둘째, 잘못 택한 사람을 그 자리에 오래 방치해 두는 것이다. 이것을 방지하기 위해서 어떤 관리자가 여전히 이전 단계 전문 지식 및 기능, 시간관리능력, 업무가치를 지닌 채 일을 하고 있는지 평가하고 관리자의 부하직원이 어떻게 계발되고 있으며 어떤 업무 성취도를 내는지 관찰해야 한다.

셋째, 피드백을 구하지도, 경청하지도 않는다. 늘 마음과 귀를 열고 어떤 이야기를 귀담아 들어야 할지 깨달아 피드백을 받아들이지 않음으로 하여 실패하는 것을 막아야 한다.

넷째, 자신의 직무기술에 대해 확인을 받음으로써 빈약한 직무기술로 인한 실패를 방지해야 한다. 스스로 자신에 대한 새로운 직무기술을 정의하고 스스로의 직무기술에 대해 확인을 받음으로써 빈약한 직무기술로 인한 실패를 방지해야 한다.

6) 리더십 파이프라인 모형의 장 · 단점

리더십 파이프라인 모형의 장점은 관리와 리더십의 역할에서 최적의 시간활용과 스킬 그리고 직무가치에 있어서 많은 차이가 있기 때문에 조직의 모든 수준에서 동일하지 않다는 것을 이해하는 데 도움을 준다. 또한 잠재적인 파이프라인의 실패를 확인하고 방지하는 데 도움을 준다. 그리고 일반적인 훈련 및 개발 프로그램에 의존하기보다는 특정한 기술, 시간활용 및 직무가치에 인력관리의 초점이 맞춰지도록 도움을 준다. 또한 이 모형은 언제 누가 다음 단계의 리더십 수준으로 옮겨갈 준비가 되었는지를 확인하기 위한 시스템을 제공한다. 더불어 개인의 능력과 그들의 리더십 수준의 불일치를 확인하고 교정하기 위한 진단적 도구가 될 수 있다.

리더십 파이프라인 모형의 단점으로는 큰 조직에만 맞춰져 있다. 그러나 그룹관리 수준을 제거하고 사업관리자는 기관관리자의 직무도 한다는 것을 이해함으로써 중간규모의 조직에도 사용될 수 있다. 그리고 모형을 시행하기 위해서는 오랜 시간과 지속적인 노력이 필요하다. 어느 모형이든 지나치게 추상적인 개념을 기계적으로 실행하려는 시도는 피하도록 노력해야 한다. 사람들과 조직의 복잡성을 염두에 두고 전체적으로 사고해야 한다.

3. 리더십 차원 모형

1) 리더십 차원 모형의 구성

Tannenbaum와 Schmidt(1973)는 리더십 차원 모형에서 상사가 중심이 된(boss-centered) 리더십과 하급자가 중심이 된(subordinate-centered) 리더십에 대해 설명하고 있다. 리더십 차원 모형에 따르면, 상사가 중심이 된 리더자는 스스로 결정을 내리려고 하며, 부하에게 권한을 위임하지 않으려 한다. 반면에 하급자가 중심이 된 리더자는 의사결정에 있어 부하 직원에게 상당한 권한을 위임한다. 〈그림 5-19〉는 매니저가 사용할 수 있는 가능한 리더십 행동의 차원 또는 범위를 제시하고 있다. 각 차원의 행동은 상사가 사용하는 권위의 정도와 부하가 사용할 수 있는 자유의 양과 관련이 있다. 매니저는 팀 구성원의 참여에 대한 믿음과 구성원의 능력에 대한 신뢰를 가져야 하고, 부하는 독립적이고 모호함에 관대하고 역량이 있으며, 조직의 목표를 잘 알고 있어야 한다. 각 유형의 행동은 리더자가 사용하는 권한의 정도와 결정을 내리는 데 있어 부하 직원이 이용할 수 있는 자유의 양과 관련이 있다. 왼쪽 극단에서 보이는 행동은 높은 수준의 통제력을 유지하는 관리자를 특징짓고, 오른쪽 극단에서 본 관리자는 높은 통제력을 해제한 관리자의 특징을 보인다. 권위와 자유는 결코 한계가 있는 것은 아니며 극단적이고 절대적이지도 않다. 아래의 차원을 따라 발생하는 행동 포인트를 자세히 살펴보도록 하겠다.

(1) 매니저가 결정을 내리고 발표

매니저는 결정을 내리고 발표를 한다. 이 경우 조직의 장은 문제를 식별하고 대안을 선택한 다음 구현하기 위해 부하 직원에게 이러한 결정을 알린다. 상사는 부하 직원이 결정에 대해 생각할 것이라고 생각하는 것에 대해 고려할 수도 있고 그렇지 않을 수도 있다. 어떤 경우에도 의사결정 과정에 직접 참여할 기회가 주어지지 않는다. 강압이 사용되거나 암시될 수 있다.

(2) 매니저가 서비스를 제공하고 결정

관리자는 이전과 마찬가지로 문제를 파악하고 결정 내리는 데 책임을 진다. 그러나 단순히 발표하기보다는 부하 직원이 동의하도록 추가 단계를 밟아야 한다. 관리자는 결정에 직면하게 될 사람들 사이에 약간의 저항 가능성을 인식하고, 이 저항을 줄이기 위해 노력해야 한다.

(3) 매니저가 아이디어를 제시하고 질문

여기에 관리자는 결정에 도달하고 자신의 생각과 의도를 받아들인다. 아이디어를 발표한 후, 관리자는 질문을 하고 동료가 더 잘 성취하고 이해할 수 있도록 해야 한다. 이는 'give and take'로 관리자와 부하 직원이 결정의 함의를 완벽하게 탐색할 수 있게 한다.

(4) 매니저가 잠정적인 변화과제를 결정

이러한 종류의 행동은 부하 직원이 결정에 영향을 미칠 수 있게 한다. 문제를 확인하고 진단하기 위한 의안 제출권은 관리자와 함께한다. 부하 직원과 만나기 전에 관리자는 결정에 도달할 문제를 생각하고 있지만 잠정적인 것으로 나타낸다. 결정된 것을 완성하기 전에 구성원들은 그 결정에 영향을 받을 사람들의 반응을 생각하고 그 해결책까지 제시한다. 구성원들은 실제로 본인이 개발하고 싶다는 의견을 제시할 수 있다.

(5) 매니저가 문제 제기, 제안, 결정을 물음

지금까지 관리자는 구성원이나 자신의 해결책으로 그룹 앞에 섰다. 그러나 지금의 경우는 그렇지 않다. 부하 직원들은 이제 해법을 제안할 수 있는 첫 번째 기회를 얻는다. 관리자의 초기 역할은 문제정의의 식별과 관련된다. 예를 들면, 우리의 서비스 정책에 대해 신문과 일반 대중으로부터 불만을 받고 있다. '여기서 뭐가 잘못 되었을까?', '이 문제를 해결하기 위해서 어떠한 아이디어가 있나?', 그룹의 기능은 문제에 대한 가능한의 해결책에 대한 관리자의 다양한 업무의 성과를 증가시키는 것 중의 하나가 된다. 이렇게 하였을 때 주요한 목적은 그룹선 안에 있는 사람들의 지식과 경험을 활용하는 것이다. 매니저와 부하 직원에 의해 개발된 대안의 확장된 목록을 작성한 후 관리자는 가장 유망하다고 판단되는 해법을 선택한다.

(6) 매니저는 한계를 정의하고 그 그룹에게 결정을 내리도록 요청

이 시점에서 매니저는 올바른 결정을 할 수 있도록 그룹(회원으로 참여할 수 있는)에게 전달한다. 그러나 그렇게 하기 전에 조직의 구성원은 해결되어야 할 문제와 결정이 내려져야 할 경계를 만들어야 한다. 예를 들어, 시설의 주차문제를 처리하는 경우가 있을 수 있다. 관리자는 부하 직원을 함께 불러 이것과 관련된 사람들이 자업해야 하는 것이라고 판단한다. 관리자는 문제의 존재를 지적하면서 관리자는 주요 시설의 바로 북쪽에 추가 직원 주차용으로 지정된 여유 공간이 있다고 말한다. 비용이 과다하게 들지 않는 한 지하 또는 표면에 다단계 시설을 건설할 수 있다. 이러한 한계 내에서 우리는 해결책이 무엇이든 간에 우리를 자유롭게 만들 수 있다. 우리가 특정 계획을 결정한 후에 기관은 우리가 지시한 대로 어떤 방법으로도 자금을 쓸 것이다.

(7) 매니저는 부하 직원이 상사가 정의한 범위 내에서 허용

이 시점에서는 예를 들면, 그룹의 정식조직은 최대한의 자유로운 분위기에서 의사결정을 인정하는 것이다. 여기서 관리자 또는 엔지니어팀은 문제를 식별하고 진단하고 수행하는 하나 이상의 대안에 대한 해법을 해결하기 위해 대체 비용을 개발하고 결정한다. 조직이 그룹에 직접 부과하는 유일한 제한은 팀의 상사가 지정한 그룹이다. 기관장이 의사결정 과정에 참여하고 그룹 결정을 내리는 데 도움이 되도록 사전 진로를 결정하면 그룹의 다른 구성원보다 더 이상 권유하지 않으려고 시도한다.

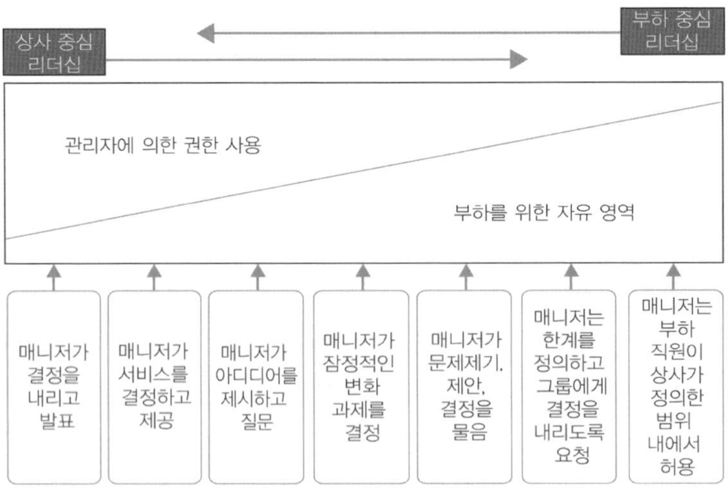

그림 5-19 리더십 행동의 차원

자료 : Tannenbaum & Schmidt(1973) 재구성.

2) 리더십 차원 모형의 장 · 단점

리더십 차원 모형의 이점은 매니저에게 개입과 관련된 선택의 범위를 부여하고 개입과 권한위임에 대한 기준을 제시해 주며, 의사결정자가 관련된 기준인 힘과 시간 등에 집중하게 한다. 그리고 직원의 발전과 권한위임을 강조한다. 그러나 매니저는 자신이나 팀에 대한 조치를 결정하는 데 충분한 정보를 갖고 있지 않을 수 있으며, 복잡한 의사결정을 양극단의 차원으로 단순화하여 실제 현실보다 더 간단하게 한다. 그리고 사회적인 연대 또는 정치 없이 중립적인 환경을 가정한다. 또한 누군가에게 업무를 할당하는 초기단계에만 개입하고, 결과의 효과를 결정할 수 있는 후속과정에는 개입하지 않는다는 단점이 있다.

4. 제5수준 리더십 모형[11)]

Collins(2007)의 제5수준 리더십 모형은 좋은 조직에서 훌륭한 조직으로 이끄는 지도자를 위해 마련된 최상위 수준이다. 제5수준 리더십 모형은 독립적으로 발전되어 왔다. 그는 15년 이상 지속적으로 높은 수준의 성과를 달성한 조직에 대한 리서치를 통하여 제5수준의 리더십을 발견하였다. 제5수준의 리더십 모형은 사람에 대한 존경, 리더의 이타성, 결과달성을 위한 강한 몰입, 최고를 이끌어 내는 사고에 기반하고 있다. 제5수준의 리더는 강렬한 의지와 개인적 겸양을 동시에 소유한 역설적인 존재이다. 그들은 완고하고 냉정하지만 동시에 겸손하다. 그들은 그들의 조직에 대한 야망을 갖고 있고, 자신이 조직 성공의 장애물이 되지 않게 하려고 한다.

11) Collins(2001) 재구성.

1) 리더십 계층구조

Collins(2007)는 단순히 좋은 조직을 넘어서서 위대한 조직이 되고, 또한 그 위대함을 지속하고 있는 기관들을 연구하면서 리더십의 수준을 다섯 단계로 나누었다. 그리고 그는 계층구조의 최상위에 5수준의 리더를 위치시켰다. Collins(2007)의 제5수준 리더십 모형 계층구조는 아래에서 위로 진행하는 다섯 가지 수준으로 설명된다. 그의 연구에 따르면, 제5수준의 리더는 역량의 계층구조 가장 위쪽에 위치하고 있고 좋음에서 위대함으로 변화하는 조직을 위한 필수요건이다. 다른 네 가지 수준도 고유한 장점이 있지만 제5수준의 역량만큼은 아니다. 제5수준에 이르기 위해 각 계층구조의 수준을 순차적으로 거칠 필요는 없지만 완전히 성숙한 5수준은 더 낮은 수준의 모든 역량을 필요로 하고 그것에 더해 제5수준만의 특별한 특성도 가지고 있다. 〈그림 5-20〉은 다섯 가지 수준을 나타내고 있다.

> 제5수준 리더십 공식 :
> 올바른 사람(문화, 능력보다는 인격 + 겸양 + 목표에 대한 강한 전문가적 의지 = 성공)

- Level 1(매우 능력 있는 개인; highly capable individual) : 리더자는 기술과 지식을 통해 조직의 성공을 돕는다. 즉, 재능, 지식, 기술, 좋은 업무습관을 통해 생산적인 기여를 한다.
- Level 2(공헌하는 팀원; contributing team member) : 리더자는 팀에서 업무를 잘 할 수 있도록 진행하고 팀이 원하는 목표를 달성할 수 있도록 한다. 즉, 그룹의 목표 달성에 개인의 역량을 발휘하고 그룹환경에서 다른 사람들과 효과적으로 협력한다. 그룹의 목적 성취에 기여한다. 그룹 내에서 다른 사람들과 효과적으로 일한다.
- Level 3(유능한 관리자; competent manager) : 이 시점에서 리더자는 조직의 목표를 달성하기 위해 사람과 자원을 조직할 수 있는 능숙한 관리자로 전

환한다. 미리 결정된 목표를 효과적이고 성실하게 추구하기 위해 사람과 자원을 조직화한다.

- Level 4(유능한 리더; effective leader) : 이제 리더자는 조직을 위해 그의 비전을 향해 사람들을 동기 부여할 수 있는 효과적인 리더가 될 것이다. 즉, 명확하고 강렬한 비전을 추구하고 높은 목표를 달성하기 위해 너 높은 성과기준을 정하고 노력하며 촉진한다. 전념할 수 있도록 하고 명확하고 흥미진진한 비전을 열정적으로 구축한다. 높은 성과 표준에 이르도록 자극한다.
- Level 5(경영자; executive) : 조직을 좋은 것으로부터 훌륭한 것으로 바꿀 수 있는 지점이다. 즉, 서로 역설적인 개인들의 겸손과 조화와 전문적인 의지를 통해 훌륭함을 쌓아간다. 개인적인 겸손[12]과 직업적 의지가 역설적으로 조합되어 지속적인 위대함을 만들어 낸다.

제5수준은 파급수준이다. 제5수준의 목적은 긍정적인 영향력을 미치고, 조직의 생명력 있는 비전을 퍼트리는 것이다. 제5수준은 최고의 수준이다. 아주 극소수의 사람들만이 이 수준에 오를 수 있다. 자신의 원하는 거의 모든 꿈을 성취한 상태다. 이들에게 있어 세속에서 말하는 물질적 · 경제적 성취는 그리 중요하지 않다. 이들은 모든 것을 뛰어넘어 초월해 있다. 그들이 있음으로 인해 주변 사람들이 변화하기 시작한다. 존재 그 자체만으로도 긍정적 영향을 미친다. 많은 사람들의 동기부여원이 된다. 이들은 비전을 달성했지만 여전히 자신의 비전을 추구한다. 생명력 있는 비전이 멈추지 않고 앞으로 나아가도록 만든다. 자신의 삶보다 타인의 삶을 헤아리고 그들의 아픔과 기쁨을 함께한다. 이 때문에 그들을 따르는 추종자들이 늘어난다. 그 역시 사람들을 진정으로 좋아한다. 하지만 자신을 뒤따르는 어떤 계파를 만드는 것에는 두려움을 느낀다. 이들은 사람들이 자신을 뛰어넘길 바란다. 자신에게 있는 것들을 아

12) 잘 되면 창밖을 보고 잘 되지 않으면 거울을 보라. 잘 되면 주위의 덕택이요, 잘 되지 않으면 자신의 책임이니 반성하라는 의미로 이해될 수 있다. 겸손한 리더는 자신을 과시하거나 자만하지 않기 때문에 세상에 잘 드러나지 않는다.

낌없이 모두에게 전해준다. 이들이 있어 세상은 더욱 빛난다. 이들은 죽어서도 사람들의 가슴 속에 오랫동안 함께한다. 그런데 이러한 최고 단계는 위대한 성현만 가능한 것이 아니다. 우리 주변의 평범해 보이는 사람들도 이를 수 있는 단계다. 만일 이런 사람들이 곁에 있다면 그 자체만으로도 큰 힘이 된다. 나를 둘러싼 사람들에게 긍정적 영향력을 끼쳐보려 노력하는 자세를 견지한다면 평범한 이들도 최고의 단계에 도달할 수 있다(http://careernote.co.kr/2195).

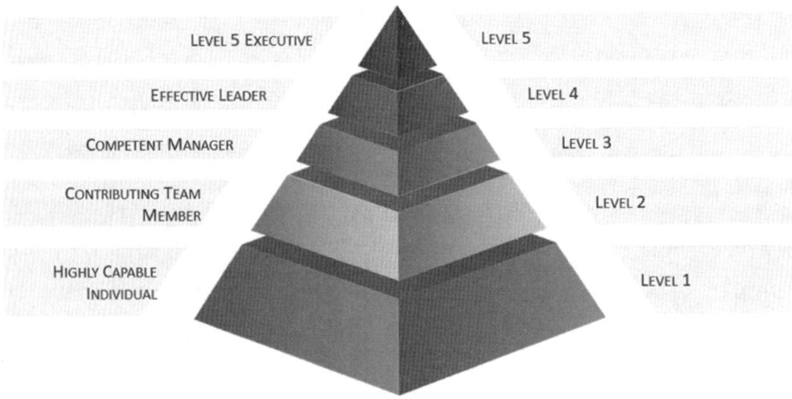

그림 5-20 제5수준 리더십 모형

자료 : https://www.learningapprentice.com/good-to-great-level-5-leadership/

2) 제5수준 리더십의 과정

리더는 올바른 인력을 고용하고, 직원들이 하고자 하는 일에 배치하여 활용하며, 장기적이고 원대한 목표를 세운다.

3) 제5수준 리더십의 강점과 단점

제5수준 리더십의 강점은 조직이 뛰어난 결과와 장기적이고 지속적인 결과를 달성할 수 있다. 그러나 단점으로는 많은 시간과 리더의 개인적인 투자를 필요로 하며, 리더는 개인적인 신뢰를 얻지 못할 수도 있다.

Collins(2007)가 언급하고 있는 것처럼 최고의 리더십 수준은 타고나는 것인지 길러지는 것인지 정확히 알 수는 없다. 그러나 그가 연구를 통해 제안하는 바는 5수준으로 도약할 수 있는 씨앗을 품은 사람들이 그 씨앗을 틔우고 성장시켜서 완전히 성숙한 5수준의 리더가 될 수 있도록 훈련하는 것은 도움이 될 것이라는 것이다. 따라서 조직은 조직 안에 5수준 리더의 씨앗을 심고 그것을 싹틔우고 완전히 성숙한 수준으로 키워내야 할 것이다.

제4절 프로젝트 관리 모형

1. 프로젝트 관리

1) 프로젝트

프로젝트(project)는 고유한 제품, 서비스, 또는 결과물(목표)을 창출하기 위해 한시적으로 투입하는 노력들을 의미한다. 이러한 노력들을 통해 최상의 상태를 유지하기 위해 관리하는 것을 프로젝트 관리라 볼 수 있다. 프로젝트 관리는 프로젝트 이해관계자들의 요구나 기대를 만족시키는 것이며, 프로젝트 요구사항을 충족시키기 위하여 프로젝트 활동 지식, 기술, 툴, 기법들을 적용하는 것이다. 예를 들면, 우리의 목표(인생의 목표, 대학생활의 목표, ○○○○년의 목표, 이번 달의 목표 등), 조직의 목표(사명-mission, 비전-vision, ○○○○년의 사업목표)를 들 수 있다.

비영리 및 사회복지 조직은 일하는 방식을 획기적으로 혁신하고 현 상황에 대한 공감대를 형성하여야 한다. 전문가와 프로젝트를 중심으로 성과를 창출하고 프로젝트 팀장에게는 상당한 책임과 권한을 부여하여야 한다. 무엇보다도 프로젝트를 통해 창출한 성과에는 보상으로 구성원 누구나 새로운 아이디어를 만든다는 의지를 갖고 프로젝트를 제안할 수 있는 환경을 구축하기 위해 노력해야 한다. 한편으로는 직원들이 승진할 수 있는 기회를 넓혀 동기부여를 강화하여야 한다. 특히 경쟁시장에서는 이용자의 욕구를 파악하여 기존의 서비스에 대한 경쟁력을 향상시킨 성공적인 프로젝트가 필요하다. 성공적인 프로젝트에는 시간과 코스트(비용), 성과를 들 수 있다.

훌륭한 프로젝트 관리자가 되기 위해서는 다음을 생각하여야 할 것이다.

- 일을 사랑하라
- 도전을 즐겨라

- 비전을 명확하게 하라
- 강한 팀을 구성하라
- 환경을 고려하여 방향을 설정하라
- 대인관계 기량을 향상하라
- 일을 정확하게 끝까지 완료하라
- 의사소통을 잘하라

프로젝트 관리의 지식체계로는 조직의 업무로 운영업무(specialist work/work)와 프로젝트(management work/ project) 업무의 교집합으로서 결과물이 창출된다. 조직을 운영함에는 이익창출이 있어야 하며, 이는 조지전략을 잘 세워 기회를 포착하고 프로젝트 환경하에서 타당성 분석이 이루어져 조직 내에서 실질적인 프로젝트를 실행하여 결과물을 도출하는 것이다(그림 5-21).

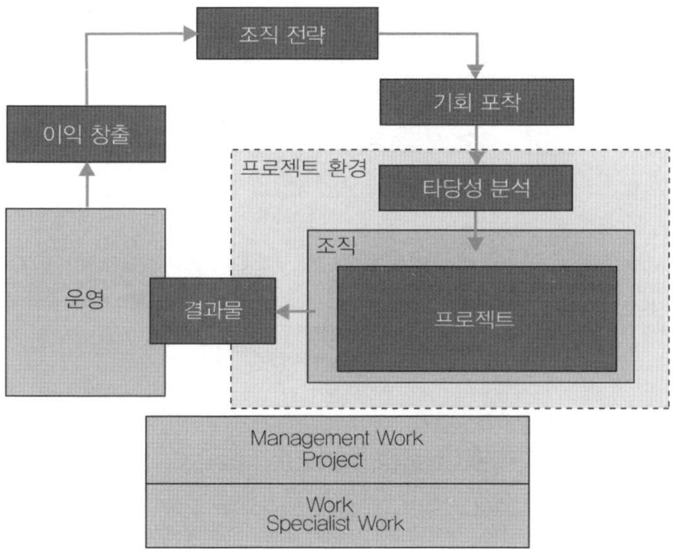

그림 5-21 조직의 운영업무와 프로젝트

자료 : 김정수(2018) 재구성.

비영리 및 사회복지 조직의 가장 중요한 성공의 열쇠는 고급인력 양성과 확보이다. 즉, 우리 조직만의 인력 양성이 필수적이다. 즉, 경쟁시장에서의 이용자 욕구를 파악하여 기존 서비스의 경쟁을 향상시킬 수 있는 성공적인 프로젝트가 요구된다.

2) 프로젝트의 특성과 프로그램

프로젝트는 시작과 종료가 명확히 존재하며, 유일한 상품이나 서비스로 목적이 있는 일을 하는 것이다. 또한 상호연관성이 있는 작업이나 순차적으로 연속되는 작업이다. 이렇게 서로 관련된 프로젝트들이 〈그림 5-22〉와 같이 유기적으로 관리되는 프로젝트들의 집합을 프로그램(A, B, C, D)이라 한다. 이는 유일성과 한정된 기간(시작-끝)이 있으며 목표지향적인 특성이 있다. 프로젝트 복주머니(project lucky bags)는 결과적으로 시간과 코스트와 그로 인한 성과로 대변될 수 있다.

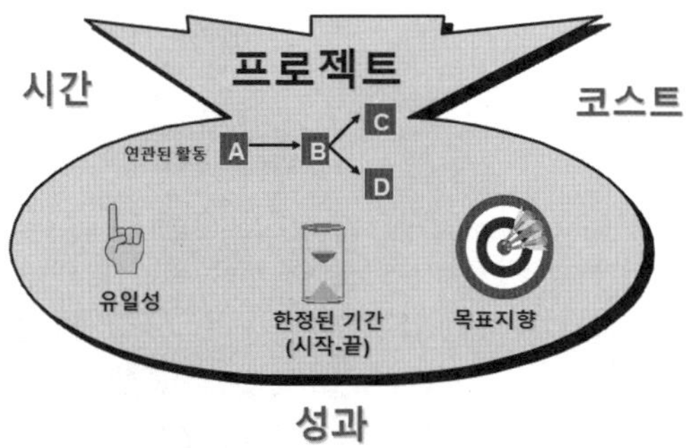

그림 5-22 Project Lucky Bag

〈표 5-12〉는 프로젝트 관리의 틀을 나타낸 것이다. 프로세스 단계로 프로젝트(management works/ project) 업무와 조직의 업무로 운영업무(specialist works/ work)를 살펴볼 수 있다.

먼저 프로젝트(management works/ project) 업무로

첫째, 착수단계로 사업의 타당성 분석이 이루어져야 한다.
둘째, 계획의 단계로 상세 서비스 계획 수립, 서비스 요구사항 수집, 일정계획 수립, 품질계획 등을 들 수 있다.
셋째, 실행단계로 서비스 지시, 부대물품 발주, 예산관리, 인력조달을 들 수 있다.
넷째, 모니터링 단계로 서비스 관리감독, 서비스 품질 확인, 마지막으로 프로젝트 종료로 틀을 짜볼 수 있다.

그리고 운영업무(specialist works/ work)로는

첫째, 착수단계로 사업의 공식화가 이루어져야 한다.
둘째, 실질적인 계획의 단계로 서비스 설계도 작성이 이루어져야 한다.
셋째, 실행단계로 서비스를 실시하면서 상세 서비스 실행, 의사소통 관리, 품질보증 수행, 프로젝트팀 관리를 들 수 있다.
넷째, 모니터링 단계로 이해관계자 참여관리, 리스크 통제, 일정 통제, 마지막으로 피드백을 틀로 구성해 볼 수 있다.

표 5-12 Project Management Framework

프로세스	착 수	계 획	실 행	모니터링	종 료
Management Works	사업타당성 분석	상세 서비스 계획 수립 서비스 요구사항 수집 일정계획 수립 예산 산정 품질계획	서비스 지시 부대물품 발주 예산관리 인력조달	서비스 관리감독 서비스 품질 확인	프로젝트 종료
Specialist Works	사업의 공식화	서비스설계도 작성	서비스 실시 상세 서비스 실행 의사소통 관리 품질보증 수행 프로젝트팀 관리	이해관계자 참여관리 리스크 통제 일정 통제	피드백

3) 프로젝트 이해관계자

프로젝트의 이해관계자는 프로젝트에 참여하는 사람이나 조직 그리고 프로젝트의 성과나 결과와 이해관계가 있는 사람이나 조직이다. 또한 프로젝트 매니저, 이용자 또는 사용자, 프로젝트 수행조직을 들수 있다.

프로젝트 관리 모형으로는 대표적으로 PMBOK(Project Management Body Of Knowledge) 모형, MSP(Managing Successful Programmes) 모형, PRINCE2(PRoject IN Controlled Environment) 모형, ISO 21500 모형, KSAIS 21500 모형 등을 들 수 있다. 이 중에서 PMBOK(Project Management Body Of Knowledge) 모형, MSP 모형과 PRINCE2에 대해 살펴보고자 한다.

2. PMBOK 모형[13)]

PMBOK 모형은 프로젝트의 요구사항을 충족시키기 위한 지식, 기술, 도구, 기법의 응용을 다루는 국제적으로 인정받은 표준이다.

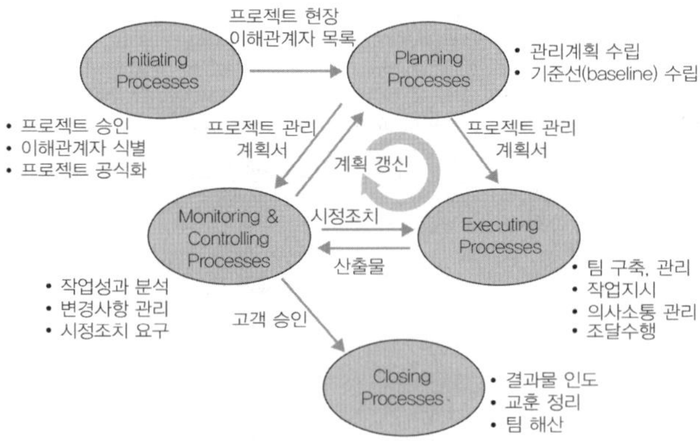

그림 5-23 PM 프로세스와 관계

자료 : PMI(2004). PMBOK 3th.

13) Project Management Institute(1987) 재구성.

3. MSP 모형

1) MSP 모형의 활용

오늘날 조직은 끊임없이 변화하는 환경에 있다. 역동적이고 모순적인 동력 변화로는 기술혁신, 실무(아웃소싱 및 파트너십 포함), 합병, 규제 및 공공부문에 대한 요구 증가, 정당 및 장관 변화로 인한 정책전달 등이 포함된다. 조직이 어디에 있든 그 조직이 구조화되어 있더라도 변화의 속도는 증가한다. 조직은 효과적인 리더십과 전략적인 조정을 통해 그들 자신이 생존할 수 있도록 변화될 수 있는 방법을 학습하여야 한다.

프로그램 관리자는 조직이 변화될 수 있는 도구를 인식하고 조직이 변화될 수 있는 방법을 증가시켜야 한다. 성공적인 프로그램 관리 모형(MSP : Managing Successful Programmes)은 민간 부분 조직의 경험에서 얻은 변형적인 변화를 성공적으로 전달하는 데 있어 입증된 우수 프로그램이다. 성공적인 프로그램 관리모형(Managing Successful Programmes)은 조직 및 개인이 자신의 프로젝트, 프로그램 및 서비스를 일관되고 효과적으로 관리할 수 있도록 하는 것이다.

조직은 생존하고 성장하기 위해 지속적인 변화에 대응해야 한다. MSP는 프로그램을 설계하고 실행하는 데 있어 검증된 모범 사례 접근방식을 제공하므로 조직에서 전략을 제공하고 변화로부터 측정 가능한 이점을 얻을 수 있다. 모든 규모의 공공 및 사회복지기관 내에서 프로그램 관리 책임이 있는 모든 전문가를 위한 프로그램 수준의 의사결정을 개선하는 데 도움이 된다.

이 모형은 사람들이 프로그램에서 Business Change Manager의 복잡한 역할을 수행할 수 있도록 돕는 데 전념한다. 새로운 역할을 맡은 사람들이나 훌륭한 BCM이 되는 방법에 대한 지침이 필요하고 MSP 프로그램 환경에서 탁월한 능력을 발휘할 수 있도록 다음과 같은 점에서 도와준다.

- 엄격한 품질과 특정 상황에 대응할 수 있는 유연성을 길러준다.
- 성공적인 프로그램을 설계하고 실행하기 위한 실질적인 단계별 접근방식을 제공한다.
- 핵심 원칙, 거버넌스 주제 및 변화를 전달하는 데 필요한 프로세스를 다룬다.
- 고품질 결과를 얻기 위해 MSP를 포함, 검토 및 적용하는 방법에 대해 자문한다.
- 모범 사례 프로그램 관리를 적용하는 방법에 대한 실례를 포함한다.

MSP 모형은 다음과 같은 가이드라인을 제시하고 있다(Great Britain, 2007).

첫째, 프로그램 관리를 위해 적응 가능한 지도로서 핵심원칙, 거버넌스 주제 및 일련의 상호작용 과정을 결합하여 업무변환의 흐름을 촉진한다.

둘째, 프로그램의 관리원칙, 주제 및 흐름, 업무변화로 인한 이익 등을 위해 프르그램을 어떻게 만들고, 적용하고, 적용할 수 있는지를 조언한다.

2) MSP 모형의 핵심

MSP 모형의 틀은 세 가지 핵심 개념(원)들에 기초를 두고 있다(그림 5-24).

(1) 주요 원칙들(Outer Ring)

MSP 모형의 주요 원칙들은 긍정적인 결과가 있는 프로그램들의 학습으로 파생되었다. 변혁적인 프로그램의 성공가능성을 뒷받침하는 공통적인 요인을 나타낸다.

(2) 거버넌스 주제(Second Ring)

MSP 모형의 거버넌스 주제는 프로그램 관리에 대한 조직의 접근방식을 관리자의 욕구를 정의하고 측정하고 통제하는 것이다. 거버넌스 주제를 통해 조직은 올바른 리더십을 제고하고 강력한 조직구조와 조직의 통제 및 통제정보

(예 청사진, 업무사례, 품질관리 전략)를 구축할 수 있다. 또한 계획된 성과를 달성하고 원하는 이익을 실현할 수 있는 최상의 기회를 제공할 수 있다.

(3) 변형된 흐름들(Inner Ring)

MSP 모형의 변형된 흐름들은 새로운 기능, 결과 및 이점을 프로그램의 종료까지 전달함으로써 개념에서부터 프로그램의 라이프 사이클까지의 경로를 제공한다. 이러한 가이드는 주로 프로그램의 지시, 관리, 지원 및 전달에 관여하는 사람들을 위한 것이다. 이는 주로 프로그램 관리자, 변경 관리자, 직원을 위한 설명서로 제공된다. 그리고 관리자들과 후원자들에게 지침을 제공한다.

3) MSP 모형 프로그램 선정기법의 단계 및 프로세스

(1) 프로그램 식별하기

프로그램 식별하기는 프로그램 후원, 프로그램 필수과정 확정, 책임 있는 고위급 오너 임명, 프로그램 개요 작성, 프로그램 정의를 위한 용어 정리, 검토 및 프로그램 진행 승인이 있다.

(2) 프로그램 정의하기

프로그램 정의하기는 프로그램을 정의할 팀의 구축, 비전사명서 개발, 청사진 개발, 혜택 프로파일 개발, 혜택의 타당성 정리, 이해관계자 확인, 프로젝트 포토폴리오 디자인, 프로그램 조직구조 설계, 프로그램 사업 개발, 프로그램 관리순서 개발, 의사소통 계획, 개발혜택 실현 및 계획개발, 프로그램 계획개발 및 프로그램 진행 승인이 있다.

(3) 프로그램 관리

프로그램 관리는 프로그램 조직 구축, 프로그램 오피스 구축, 관리요구상과 프로그램의 물리적 한경 구축, 리스크 관리 및 이수결정, 인력관리, 조달, 계약관리, 프로그램 커뮤니케이션, 보고, 모니터링, 통제, 잔고관리 등이 있다.

(4) 포토폴리오 관리

포토폴리오 관리는 프로젝트 개시, 혜택의 실현에 맞게 프로젝트의 조정, 프로그램의 목표에 맞게 프로젝트의 조정, 진척도 모니터링, 리스크 관리, 이슈해결, 프로젝트 종료 및 이해관계자 관리 등이 있다.

(5) 혜택관리

혜택관리는 혜택측정 방법 설정, 혜택 프로파일의 세부적 관리, 혜택 모니터링, 전환과정 관리, 문화와 직원에 대한 변화지원, 혜택실현 지원 및 혜택측정 등이 있다.

(6) 프로그램 종료

프로그램 종료는 프로그램 종료 확정, 프로그램 검토, 프로그램 정보 업데이트 및 마무리, 프로그램 관리팀 및 지원부서 해체 및 이해관계자 보고 등이 있다.

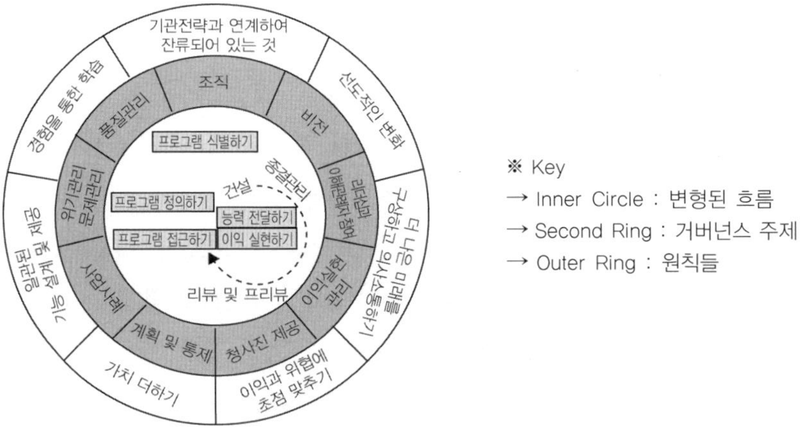

그림 5-24 MSP 모형과 개념들

자료 : Great Britain(2007) 재구성.

MSP 모형은 프로그램을 조직화하고, 관련 프로젝트와 활동의 집합을 보완하고 감독하고 조직화된 전략적 · 개관적 목표와 관련된 이익과 이익을 전달하기 위한 유연한 조직으로 정의될 수 있다. 프로젝트는 또한 일시적인 조직으로 대체로 짧은 기간 동안 존재한다. 특정 비즈니스 사례에 따라 하나 이상의 결과물을 제공한다.

4. PRINCE2 모형

1) 모형의 정의 및 특성

PRINCE(PRoject IN Controlled Environment)2 모형은 영국의 국가표준프로젝트 관리(Cabinet Office : 영국 정부 재무성 산하의 독립기관) 방법론이다. 통제된 환경에서의 프로젝트를 뜻한다. 사업의 타당성을 계속적으로 검토하도록 강조하고 있어 조직의 목표, 목적을 달성하는 데 실질적으로 기여할 수 있다. 조직구조에서 역할과 책임을 적절히 배분하고 있어 책임의 범위가 명확하고 권한 위임이 잘 되어 있다. 이용자와 협력업체 등의 이해관계자가 프로젝트 위원회에 참여하도록 하여 이해관계자의 의견이나 요구사항을 프로젝트 관리에 잘 반영할 수 있도록 조직구조가 만들어져 있다. 유연성이 높아 환경에 따라 적절하게 활용될 수 있다.

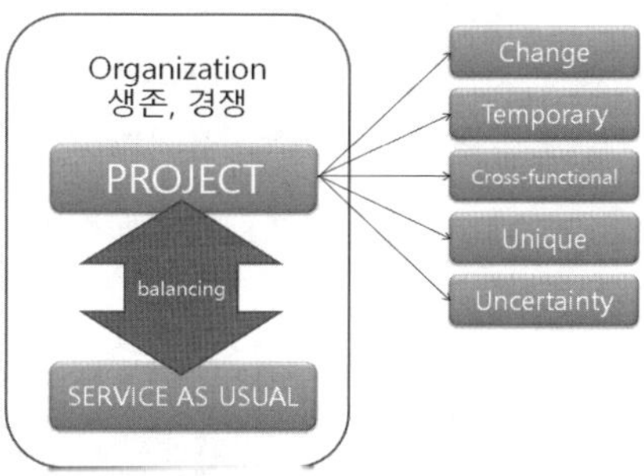

그림 5-25 프로젝트 관리 표준 모형

PRINCE2는 이용자-공급자(user-supplier)라는 이익이 되는 환경을 전제로 프로젝트 시작부터 종료까지 시간을 중심축으로 두고(명시를 하고 있진 않지만 이용자의 입장에서) 이용자와 공급자 양측이 통합적으로 어떠한 프로세스와 주제를 적용해야 하는지를 다루는 통합적인 프로젝트 관리방법론이다.

세부적으로 설명하면 PRINCE2는

- 무엇이
- 누구에 의해
- 언제 행해져야 하는지에 대한 체계를 제공하고 있다.

지식체계는 이러한 것들을 어떻게 이루어 낼 수 있는지에 대한 광범위한 기법들을 제공한다.

PRINCE2의 또 하나의 특징 중 하나는 〈표 5-13〉과 같이 결정을 내려주는 방식인데 단순하게 '프로젝트 규모와 환경에 맞게 알아서 하라'가 아니라 '규모가 작으면 이건 하지 말라', '이런 정보는 확대할 필요가 없다', '이 문서는 다른 문서로 대체하라'라고 구체적으로 말해준다. 즉, 조직에서 '알아서'라는 표현만큼 적용하는 사람 입장에서 곤혹스러운 것은 없기 때문에 프로젝트의 상황이라면 뭘 해야 하고 뭘 하지 않아도 되는지를 정해줄 필요가 있다. 다시 말해, 해도 되고 안 해도 되는 것은 당신 마음인데 우리가 설명하는 내용은 남들이 좋다고 다들 받아들이고 있다 보다는 '이거는 해, 이거는 하지 말아, 당신들은 이것까지 할 필요는 없다'라고 정해놓은 표준이 있다면 적용하는 사용자 입장에서는 훨씬 편안함을 느끼게 될 것이다.

표 5-13 PRINCE2의 특성

PRINCE2
시간적 흐름에 따른 프로젝트 관리방법
규범적(강제적)
일련의 프로세스와 주제의 통합(프로세스와 주제는 선택적으로 적용될 수 있는 독립적인 요소가 아님)
모든 참여자의 프로젝트 관리 역할을 다룬다.
리더십, 협상 등 대인관계와 관련된 기술은 다루지 않는다.
기법들을 참고하라고만 말한다(참고하라고만 얘기하지 구체적인 설명은 해주지 않음).

2) 모형의 구조

PRINCE2는 〈그림 5-26〉과 같이 일곱 가지 원칙과 일곱 가지 주제 및 일곱 가지 프로세스를 기반으로 한다(AXELOS, 2018).

일곱 가지 원칙으로는

첫째, 사업상의 타당성(continued business justification)
둘째, 경험을 통한 배움(learn from experience)
셋째, 부여된 역할 및 책임(defined roles and responsibilities)
넷째, 단계별 관리(manage by stages)
다섯째, 예외적 관리(manage by exception)
여섯째, 제품에 집중(focus on products)
일곱째, 프로젝트 환경에 맞추기(tailor to suit the project environment)

일곱 가지 주제로는

첫째, 비즈니스 사례(business case)
둘째, 프로젝트 조직(organization)

셋째, 품질(quality)

넷째, 계획(plans)

다섯째, 불확실성(risk)

여섯째, 프로젝트의 변경(change)

일곱째, 프로젝트의 진행(progress)

그리고 일곱 가지 과정을 구체적으로 살펴보면 다음과 같다.

(1) 프로젝트 착수하기(Initiating a Project)

프로젝트 착수하기는 프로젝트 시작단계에서 결정된 사항들에 대한 검토 및 분석을 하는 단계이다. 사업적 효과와 위험 및 사례가 있는지를 분석하고 프로젝트를 계획한다. 또한 진행하기에 안정적인 경영기반이 구축되어 있는지를 검토하며, 자원투입에 적절한지 검토한다. 프로젝트 문서들을 구성한다.

(2) 프로젝트 지시(Directing a Project)

프로젝트 위원회는 프로젝트가 시작하고 끝이 날 때까지 지속적으로 프로젝트를 제어한다. 각 단계별로 구성원들에게 권한을 부여하며, 프로젝트 단계별 승인을 한다. 예외상황에 대한 대처와 임시방향을 제공한다. 문제가 생길 시 프로젝트를 취소할 권한이 있다.

(3) 스테이지 경계관리(Managing Stage Boundaries)

각 단계별로 범위를 지정하고 위험 및 예외상황과 프로젝트에 필요한 비즈니스 케이스 등을 관리한다. 프로젝트를 단계별로 계획한다. 프로젝트의 비즈니스 케이스를 수정 보완한다. 프로젝트에 위험이 되는 요소들을 분석한다. 예외상황에 대한 계획을 수립한다.

(4) 스테이지 제어(Controlling a Stage)

프로젝트를 단계별로 분류하고 각 단계별 프로세스를 제어한다. 프로젝트 진행에 대해 모니터링하고 평가한다. 위원회는 이슈들을 보고받고 상태를 점검한다.

(5) 제품 배달 · 관리(Managing Product Delivery)

이 단계의 목적은 프로젝트 관리자 및 팀 관리자 간에 제품에 대한 이해와 의사소통을 관리하는 것이다. 위원회 및 프로젝트 관리자가 생각하는 시간, 비용 및 투입에 대비하여 서비스의 기대치를 팀 관리자에게 정확하게 전달하고, 진행정보 또한 정확하게 전달되어야 한다.

(6) 프로젝트 시작(Starting up a Project)

프로젝트 시작은 프로젝트 팀이 구성되고 프로젝트의 개요를 작성하는 단계이다. 여기에서는 프로젝트 위원회를 구성하고, 프로젝트 위원회는 전문가와 기관장 그리고 이용자 대표로 구성되어 있다. 이 단계에서는 임원 및 PM 임명, 프로젝트 팀 구성, 프로젝트 개요 작성, 이전 프로젝트 컨설팅의 단계이다.

(7) 프로젝트 닫기(Closing a Project)

프로젝트를 종료하기 위해 프로젝트 보드에 승인을 받는 단계이다. 위원회는 프로젝트 평가를 하여 해체를 승인할 수 있다. 해체 이후 후속적으로 해야 할 작업을 수립한다.

위의 프로젝트 원칙과 주제는 일곱 가지 과정과 상호작용한다.

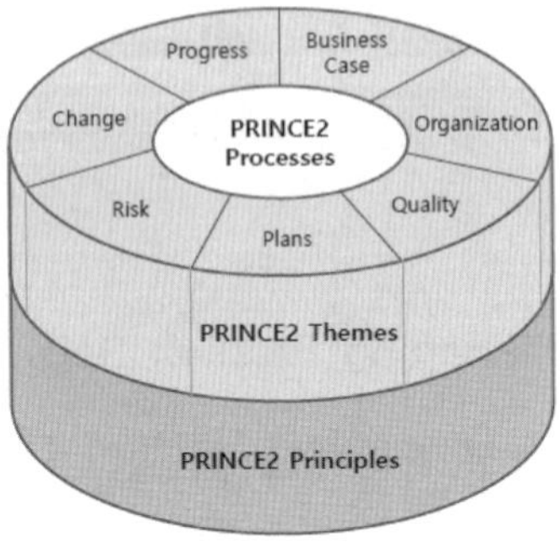

PRINCE2 7 Processes	PRINCE2 7 Themes	PRINCE2 7 Principles
1. Initiating a Project	1. Business Case	1. Continued business justification
2. Directing a Project	2. Organization	2. Learn from experience
3. Managing a Stage Boundary	3. Quality	3. Defined roles and responsibilities
4. Controlling a Stage	4. Plans	4. Manage by stages
5. Managing Product Delivery	5. Risk	5. Manage by exception
6. Starting up a Project	6. Change	6. Focus on products
7. Closing a Project	7. Progress	7. Tailor to suit the project environment

그림 5-26 PRINCE2의 구조

제5절 마케팅 모형

1. 7p's 마케팅믹스 모형

1) 마케팅믹스

7P는 마케팅 전략도구로서 기존 마케팅믹스 모형의 통제 가능한 변수의 수를 4개(Product, Price, Promotion, Place)에서 7개로 확장한 것이다. 사회복지조직의 기본적인 마케팅믹스는 이용자와 의사소통을 하거나 이용자를 만족시키기 위해 조직이 관리하는 주요 요소로서 Product(상품), Price(가격), Place(유통), Promotion(판매촉신)으로 구성되어 있다(표 5-14). 지금은 마케팅 4P의 시대에서 7P의 시대로 전환하고 있다. 7P라고 한다면 추가된 3P는 왜 필요하게 되었고, 어떤 변수일까?, 최적화된 4P 전략은 성공적인 서비스마케팅에 필수적이다. 그러나 서비스 적용 시에는 약간의 보완이 필요하다. 왜냐하면 서비스는 생산과 동시에 소비가 일어나고, 서비스를 생산하는 과정에 이용자가 관여하게 됨에 따라 원가측정 및 운영, 관리에 어려움이 있기 때문이다. 따라서 서비스마케터들은 이용자와 의사소통하고 그들을 만족시키기 위해 추가적 요소를 사용하게 된다. 확장된 마케팅믹스는 물리적 환경(Physical environment), 프로세스(Process), 사람(People)이다(그림 5-27).

표 5-14 마케팅믹스의 7P

마케팅믹스 7P			설 명
서비스 마케팅믹스	상품 마케팅믹스	상품(서비스)	이용실적을 증대시키고, 다른 경쟁기관과 구분될 수 있는 기관의 상품(서비스)을 의미한다. 이러한 서비스 마케팅믹스는 제품 고유의 장점이라고 생각하기보다는 당연히 제공해야 하는 핵심가치와 부가적으로 제공되는 보조가치로 구성된다. 보조가치에는 핵심서비스에 대한 이용을 촉진하며 반드시 필요한 서비스인 가치 지원 서비스와 서비스의 가치를 증대시키고 경쟁기관과의 차별을 갖는 가치 증대 서비스가 있다.
		가격	시장에서 교환가치 또는 이용자가 얻을 수 있는 효용에 부여된 가치를 의미한다. 가장 쉽게 변화시키고 가장 빠른 결과를 얻을 수 있다.

		유통	이용자에게 전달되는 가치 제공의 경로를 의미한다. 이용자가 원하는 장소에서 원하는 가치를 얻게 할 수 있다.
		판매촉진	상품(서비스) 판매활동을 보다 원활하게 하는 동시에 이익을 증가시키기 위해 행해지는 모든 마케팅 활동을 의미한다.
	물리적 환경		서비스가 전달되고 기관과 이용자 간의 상호작용이 이루어지는 모든 외적인 환경을 의미한다. 물리적 환경에는 시설물의 외형, 주차시설, 내부장식, 가구, 유니폼 등부터 냄새, 온도, 등 보이지 않는 외부환경까지 모두 포함된다.
	과정		서비스가 전달되는 절차나 메커니즘, 그리고 활동의 흐름에 대한 관리를 의미한다. 즉, 요양시설에 입소하는 경우 단순히 케어하는 행위만이 아니라 방문하기 전의 면담부터, 이용자 접점 후 입소비용까지 모든 과정에 대한 총체적인 관리를 뜻한다. 서비스 청사진(service bluepoint) 개념이 등장한다.
	사람		사람이 중요함을 나타내는 개념으로 기관과 이용자 간의 약속을 의미하는 관계 마케팅, 이용자와 직원 간의 약속을 의미하는 상호작용 마케팅, 기관과 기관 내부 이용자인 직원 간의 약속을 뜻하는 내부 마케팅으로 구성된다.

2) 확장된 마케팅믹스 7P 스키마

7P는 미국의 경영학자 Booms와 Bitne(1982)가 주장한 개념으로 기존의 4P에 사람, 물리적 환경, 과정의 3P를 추가하여 기존 마케팅믹스와 달리 콘텐츠 산업 및 문화산업과 같은 서비스마케팅을 새로이 설명할 수 있는 스키마가 필요하다는 논의에서 제안된 개념이다.

서비스를 이용자에게 매력적으로 제공하는 마케팅 방법으로는 4P's, 즉 제품(Product), 가격(Price), 유통(Place), 촉진(Promotion)하는 마케팅믹스 방법이다. 4P's를 통해 적절한 상품(서비스)을 적절한 가격에 가장 효과적인 방법으로 판매를 촉진하여 최적의 방법으로 유통시키는 방식에서 7P's는 3P's를 추가한 방법으로 서비스 마케팅의 믹스이다. 즉, 서비스가 제공되는 과정에서 프로세스(Process), 그리고 물리적 환경(Physical environment)이, 이용자의 입장에서 느낌이 좋고, 평판과 호감이 가는 사람(People) 관리로 대변될 수 있다.

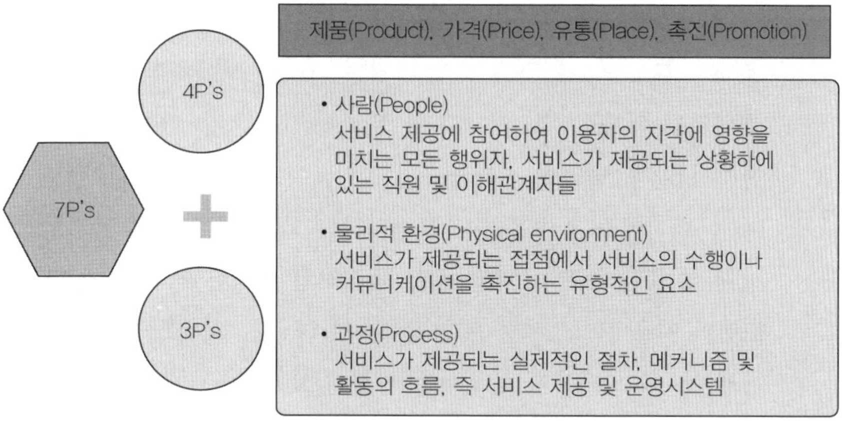

그림 5-27 확장된 마케팅믹스

3) 7P 전략[14)]

스키마에 대한 여러 제안에도 불구하고 문화 마케팅 및 콘텐츠 마케팅을 설명하는 이론이 부재하다. 문화상품 및 콘텐츠 상품은 서비스에 가깝기에, 〈표 5-15〉와 같이 7P 스키마가 가장 문화 마케팅 믹스를 잘 설명하는 서비스전략으로 다음과 같이 세 가지로 압축하여 볼 수 있다.

첫째, 사람(People)이다. 서비스 마케팅은 고도의 정서노동을 필요로 하며, 고도의 정서노동은 문화산업의 맥락과 닿아있어 사람이 중시될 수밖에 없는 구조를 내포하고 있다. 사람은 서비스 전달과정에서 일정한 역할을 함으로써 이용자의 지각에 영향을 준다. 즉, 컨설팅, 상담, 교육 등의 전문적인 관계에 기반을 둔 서비스에서는 제공자 자체가 서비스이다. 직원을 선발하고 교육하며, 계속적인 관리를 하는 일은 중요하고도 어려운 일이다. 예를 들어, 내부이용자 만족도 조사 및 직무만족도 조사를 통해 변화되는 직원의 니즈를 파악하고, 이에 맞는 다양한 제도 및 정책을 시행하여야 한다. 또한 직원들의 이용자와

14) http://moonmorning-study.tistory.com 재인용 및 재구성.

의 의사소통과 이용자의 문화이해 등에 가치를 두고 있다. 사회복지 조직은 7P's 믹스전략을 통해 한걸음 더 이용자에게 다가갈 수 있고, 효과적인 의사소통과 이용자 만족을 실현해 갈 수 있어야 할 것이다.

둘째, 물리적 환경(Physical environment)이다. 이는 시설(facilities)을 의미하며, 문화서비스를 이용자에게 전달하는 과정에서 필수불가결한 물리적 시설 등을 뜻하는 개념이다. 물리적인 환경은 서비스가 전달되고 조직과 이용자가 접촉하는 환경을 말한다. 즉, 서비스의 성과나 커뮤니케이션을 용이하게 해주는 유형적인 요소이다. 예를 들어, 기관의 간판 및 명함, 직원의 용모복장, 편리한 설비 등을 의미한다. 시설을 이용하게 되면 직원들의 태도 못지않게 외형적인 설비, 실내 디자인, 조명, Lay-out, 주차시설 등에 먼저 많은 점수를 주게 된다.

셋째, 과정(Process)이다. 서비스 제공이 접점흐름(service cascade : 연속과 단계 의미)으로 구성되듯, 문화상품도 이것이 제공되는 하나의 프로세스를 가진다. 예를 들면, 영화 관람을 위해 티켓을 구입, 극장을 방문, 영화를 관람하고, 즐거움을 느끼는 전 과정이 접점흐름으로 설명 가능하다. 서비스 전달이나 운영시스템, 즉 서비스가 실제로 수행되는 절차나 활동의 메커니즘과 흐름 등을 말한다. 사회복지기관의 이용자들은 서비스 전달과정에서 그 기관의 서비스를 경험하고, 평가하게 된다. 대부분의 기관에서는 서비스 전달단계를 줄이고 단순화하는 노력을 하고 있으나, 이용자의 입장에서는 생략된 절차 때문에 적절한 설명을 듣지 못하게 되는 경우도 종종 발생하게 있다. 서비스 프로세스도 이용자의 참여수준, 의사소통 범위, 문제해결 등에 따라 정해야 할 것이다.

표 5-15 영화 7P 마케팅믹스의 내용

마케팅믹스의 요소	내 용
Product	영화 자체, 배우, 감독, 브랜드, 장르
Price	관람료, 초대권, 할인, 회원제도, 쿠폰, 할인카드
Place	영화관 지리적 위치, 교통, 공간 구성 등
Promotion	예고편 노출, 광고, 홍보, 시사회 개최, 이벤트
Process	관람 및 행사진행, 서비스 활동흐름
People	관람객, 극장 전문요원
Physical environment	극장 자체, 휴게시설, 주차시설, 체험공간

(1) 서비스(제품) 관리

서비스는 〈그림 5-28〉과 같이 큰 틀에서 핵심 서비스와 보조 서비스로 구성이 된다. 핵심(core) 서비스란 그 서비스라면 당연히 제공해야 할 가치, 효용(편익)으로 서비스를 구매하는 이용자의 본원적인 욕구를 해소할 수 있어야 한다. 예를 들면, 노인요양시설의 경우 요양이 필요한 노인을 입소시킬 준비를 해야 한다. 보조 서비스에는 핵심 서비스의 이용을 촉진하는 가치지원서비스와 서비스의 가치를 증대시키고 경쟁시설과의 차별점을 갖도록 하는 가치증대서비스가 있다. 노인요양시설에서의 맞춤형 요양서비스 관리는 노인요양시설의 핵심 서비스인 입소이용을 촉진하며 반드시 필요한 서비스이기 때문에 가치지원서비스가 될 수 있고, 노인요양시설의 맞춤형 진단, 픽업서비스 등은 노인요양시설의 가치를 제고시키고 경쟁기관과의 차별성을 가질 수 있는 요소이기 때문에 가치증대서비스라고 볼 수 있다. 따라서 성공적인 마케팅 전략에 있어서 서비스의 구성은 가치지원서비스와 가치증대서비스를 통한 서비스 차별화가 경쟁에 있어서 매우 중요하다는 것을 알 수 있다.

그림 5-28 서비스의 구성

(2) 가격관리

가격의 정의는 제품 또는 서비스를 선택하는 이용자들이 특정 제품이나 서비스를 구매함으로써 얻게되는 효용(utility, 편익)에 부여된 가치를 의미한다. 즉, 시장에서의 교환가치를 나타내는 것이고 이는 제품이나 서비스의 종류에 따라서 다양한 용어로 불리울 수 있다. 예를 들면, 입장료, 수업료, 운임, 수수료, 입소비용 등이 있다.

마케팅 전략에 있어서 가격전략이 중요한 이유는 크게 두 가지로 볼 수 있다.

첫째, 가격전략은 다른 전략들에 비해 가장 빠르게 변화의 결과를 얻을 수 있다는 것이다. 가격이 오르면 당연히 소비자의 구매량이 감소할 것이고, 가격이 떨어진다면 소비자의 구매량이 증가하기 때문이고 이는 시장의 매커니즘과 일맥상통하기 때문에 가시적인 효과가 바로 나타난다는 것이다.

둘째, 가격전략은 가격조절에 의해 공급자가 적절한 수요량을 조절할 수 있다는 점이다. 이 경우에는 가격을 높임으로써 오히려 프리미엄이라는 가치를 부여하여 소수에게 특권을 제공한다는 고가마케팅의 개념을 들 수 있다.

상품가격에 있어서 제품의 가격도 있지만 서비스 가격의 경우에도 세 가지의 특성이 있다.

첫째, 서비스 가격은 무형적 서비스의 다양함, 상황에 따른 다른 가격, 다양한 이용자의 욕구, 정보탐색의 어려움 등으로 인한 서비스 준거가격에 대한 이용자 정보의 차이가 존재한다는 점이다. 즉, 다양한 이유로 인해 서비스에 대해서 이용자가 실제 가격을 평가하기 위해 기준으로 삼는 가격이 서로 다르다는 의미이다. 즉, 우리가 집 앞 편의점에서 콜라를 2천 원에 사먹으라면 사먹지 않더라도 여름휴가를 갔을 때나 해외여행을 갔을 때 고급 음식점을 들어갔더니 그곳에서 콜라가 2천 원이라고 하면 사먹을 수도 있다는 것처럼 다양한 변인에 의해 판단기준이 다를 수 있다는 점이다.

둘째, 서비스 가격은 서비스의 질을 표시하는 역할을 수행한다. 고가격의 서비스가 아무래도 낫겠다는 평가에 의해 더 많이 구매를 불러일으킨다는 의미이지만 서비스에 대한 정보를 이용자가 많이 취득하게 될수록 서비스 질에 대한 평가기준으로써 가격의 중요성은 상대적으로 떨어지게 될 것이다.

셋째, 서비스 가격은 시간, 물리적 노력, 감각적 원가, 심리적 원가 등 비금전적 가치(무형의 가치)에 대한 대가로써 금전적인 가격을 높일 수 있다. 서비스의 시간, 물리적 환경 등 눈에 보일 수도 있지만 보이지 않을 수도 있는 다양한 요인들을 금전적인 가치로 매기게 된다는 의미이다.

서비스업에서의 가격은 품질에 대한 메시지를 전달하는 기능을 한다. 가격은 저렴함보다는 유연성에 초점을 맞춰야 한다. 유연성이란 이용시간대의 조절, 이용품목 수를 조정, 다양한 패키지 가격을 준비하여 이용자에게 선택하게 하는 방법 등이다. 서비스의 가격은 다양한 가격의 세품만큼 확실한 품실의 가치를 느끼게 해주어야 된다. 결국 가격마케팅은 합리적인 가격범위를 결정하고 그것이 이용자 위주로 책정되었다는 점을 전달해야 한다.

(3) 촉진관리

촉진은 우리 기관의 상품과 서비스를 이용자에게 알리고 설득하여 선택을 유도하는 것이며 동시에 이를 위한 다양한 커뮤니케이션 활동을 말한다. 촉진의 방법으로는 판매촉진, 광고, 홍보, DM, 스폰서 마케팅이 주로 활용된다. 촉진이란 이용자들에게 우리의 제품(서비스)을 알리고 선택하게 하려는 마케팅 커뮤니케이션을 의미한다. 그리고 마케팅에 있어서 판매촉진은 정보를 제공하며, 호의적인 태도를 갖도록 설득하고, 결국에는 이용을 이끌어 내는 것을 목적으로 한다. 이러한 판매촉진이 중요해지는 이유는 최근 마케팅 환경이 변화하고 있음에 기인한다고 볼 수 있다. 단순한 광고뿐만 아니라 이벤트, DM, POP(Point Of Purchase) 광고 등 다양한 커뮤니케이션 도구가 발달하고 있고, 매체시장 또한 다양한 소비욕구를 지닌 세분화의 기조가 그 예이다. 이러한 마케팅 판매촉진 전략에는 광고, 판매촉진, 인적 판매, 홍보의 네 가지를 들 수 있다. 네 가지 활동의 특성은 다음과 같다.

① 광고

광고는 홍보(PR)와 다소 혼동될 수 있으나 PR은 '**Love me**'라고 이해한다면, 광고는 '**Buy me**'로 이해될 수 있다. 광고는 단기적인 커뮤니케이션의 속성을 가진 홍보(PR)와 달리 설득적이고 비대인적이며 광고주가 광고에 대해 통제가 가능하다는 특성을 가지고 있다. 따라서 이용시간, 가격, 제공서비스의 종류 등 정보를 제공하고 이용자를 설득하며 상품(서비스)을 기억시키는 상품(서비스)회상, 그리고 다른 판촉수단과 함께 사용하여 선택행동을 유도하는 역할을 가진다.

이러한 광고는 소구점(appeal point)을 사용하게 되는데 소구점은 이용자 소구의 속성과 이용자 관여도의 차이에 따라 〈그림 5-29〉와 같은 특성을 가진다.

	이성형	감성형
저관여도	단순한 기능에 대한 정보전달 호감 중요하지 않음 혜택의 극단적 표현 한두 번의 노출에서 승부	감성소구의 선택 브랜드 관련 독특한 감정 광고 호감의 중요성 혜택은 간접 연결 반복에 의해 가중/ 강화
고관여도	호감 중요하지 않음 정보적 소구가 사실적이고 과장되지 않음 경쟁사 대비 비교 가능	감정처리의 정통성 일체감 유발 요구 과장이 가능 반복에 의해 가중/ 강화

그림 5-29 이용자 Appeal point

② 판매촉진

판매촉진 활동은 단기 매출에 있어서 즉각적인 효과를 가져오고 광고의 역할을 감소시키는 효과가 있다. 더불어 촉진, 즉 프로모션 이벤트 등에 민감한 이용자들이 많이 증가하고 있기 때문에 더 중요하다고 볼 수 있다. 프로모션을 준비함에 있어서는 시장세분화, 즉 어느 표적시장을 대상으로 할지, 그리고 이 프로모션을 통해 제공할 혜택과 소모되는 비용, 진행시기와 함께 경쟁기관과의 차별성 등을 고려해야 한다. 프로모션의 유형에서는 가격할인 또는 적립 등의 가격지향형 판촉활동과 샘플 또는 쿠폰, 프리미엄 서비스, 경연대회와 경품 등의 비가격지향형 판촉활동을 들 수 있다.

판촉활동의 궁극적인 목적은 이용자에게 제품의 정보를 제공하고, 호의적인 태도를 갖도록 설득하며, 최종적으로 이용자 행동에 영향을 주어 선택을 이끌어 내는 것이라 할 수 있다.

③ 인적판매

인적판매는 직원이 이용자와 직접 대면하여 선택을 설득하는 행위이다. 따라서 판촉활동의 속도가 늦고 비용이 높다. 하지만 이용자에 대해서 선별적인 접근이 가능하고 특정 이용자의 욕구에 대해 유연하게 대응할 수 있으며 이용자와의 장기적인 관계를 유지하기가 용이하다는 장점이 있다.

④ 홍보(PR)

홍보(PR)는 개인과 조직이 공중 및 대중과 상호 간의 호의를 형성하기 위해 공중과의 관계와 커뮤니케이션에 초점을 두고 전략적으로 관리하는 것을 의미한다.

마케팅에 있어서 PR이 중요하게 된 것은

첫째, 이용자 중심 시대의 도래
둘째, 기관 이미지 중요성의 부각
셋째, 언론의 다양화
넷째, 위기관리의 중요성
다섯째, 통합적 마케팅의 대두 등으로 볼 수 있다.

PR에서 자주 활용되는 커뮤니케이션의 도구들로는 기관과 관련된 매체를 통해 기사화되는 퍼블리시티(publicity), 특정 기간 및 특정 장소에 특정 집단을 대상으로 메시지를 전달하기 위해 실시하는 이벤트(event), 기관에 대한 호의적인 이미지 형성과 비전, 철학 등을 전달하기 위한 기관광고, 매체 등의 특정 프로그램을 후원하는 스폰서십(sponsorship) 매체의 특정 프로그램에 제품이 삽입되어 등장하도록 유도하는 제품삽입(PPL)을 들 수 있다.

〈그림 5-30〉과 같이 이러한 판매촉진 전략은 많은 장점과 단점 그리고 비용 등의 고려가 필요하다. 세부적으로 살펴보면 다음과 같다.

첫째, 광고이다. 광고는 이용자의 욕구에 맞춰 가장 많이 그리고 자주 시행하는 촉진방법이다.

둘째, 즉각적인 판매유도이다. 이는 가격할인, 적립금 반환, 포인트제도, 샘플, 쿠폰, 우대제도 등이 있다.

셋째, 인적판매이다. 인적판매는 판매를 담당하는 직원이 직접 이용자와의 대화에서 설득력을 발휘하여 고정 이용자를 만드는 행위이다.

넷째, 홍보이다. 홍보 마케팅은 매력적인 인물이나 이벤트를 후원하여 기관이나 시설 이미지 등의 동반 상승을 꾀하는 것이다.

	도달범위	비용	장점	단점
광고	광범위	보통	신속, 메시지 통제 가능성	효과측정이 어려움, 정보의 양에 제한
판매촉진	광범위	비싼편	인지도 향상, 빠른 효과	경쟁사의 모방이 용이
인적판매	개별 고객	비싼편	정보 양과 질이 탁월, 즉각적인 피드백	높은 비용, 느린 속도
홍보	광범위	무료	신뢰성 높음	통제의 어려움, 간접효과

그림 5-30 마케팅 전략

⑤ 유통관리

유통관리는 이용자가 제품이나 서비스를 효율적으로 선택할 수 있도록 해 주는 것을 의미한다. 즉, 공급자로부터 이용자로까지 이전되는 과정을 유통이라고 할 수 있다. 유통은 공급자와 이용자 간에 격리되어 있는 시간 및 공간의 괴리(거리)를 메우는 역할을 한다고 볼 수 있다. 즉, 이용자가 쉽게 해당 서비스를 접할 수 있도록 하는 '**편의**'의 개념이 유통의 본질이기 때문이다. 유통의 기능은 크게 네 가지로 생각하여 볼 수 있다.

첫째, 정보(information)이다. 이는 마케팅 환경에서 서비스 상품의 정보를 전달하는 것이다.

둘째, 접촉(contact)이다. 이는 기대되는 이용자의 발견 및 의사소통이다.

셋째, 물적유통(physical distribution)이다. 이는 제품 또는 서비스 상품의 운송 및 전달이다.

넷째, 자금융통(financing)이다. 이는 유통상의 업무비용 충당 및 자금 확보(기부금 등)이다.

그러면 왜 유통전략을 Place라고 할까? 이는 어느 장소에서나 이용자가 쉽게 해당 서비스를 접할 수 있도록 하는 '편의'의 개념이 유통의 본질이기 때문에 Place를 대응시킨 것이다. 이러한 유통경로에는 직접유통경로와 간접유통경로가 있다.

직접 유통경로를 선택하는 상황에서는 이용자가 대규모이면서 특정 지역에 편중되어 있는 경우, 시장환경에 있어 불확실성이 거의 없는 경우, 직접경로에 대한 투자가 높은 이익으로 이어지는 경우, 이용자들이 제조업자와 직접거래를 선호하는 경우(예 높은 신선도 요구 등), 이용자 개별적 욕구를 맞추어야 하는 경우, 품질보증이 중요한 경우 등이 있다. 즉, 여러 곳으로 분산되기보다 특정집단에 있어서 상대적으로 집중된 채널을 구축하는 경우라고 볼 수 있다.

간접 유통경로를 선택하는 상황은 많은 제품을 일괄 구매하는 것이 중요한 경우, 선택의 용이성이 중요한 경우, 이용자가 여러 역으로 분산되어 있는 경우, 판매 후 서비스가 중요한 경우 등이 있다. 즉, 간접경로는 이용자 군이 넓게 퍼져 있거나, 넓은 지역에 퍼진 이용자에 있어서 선택 접근성 및 사후 관리가 중요한 경우라고 볼 수 있다. 이러한 직·간접 유통경로는 서비스를 제공하는 데 있어서 유통비용이 가장 적게 드는 경제적 기준에 따라, 서비스기관 입장에서 보다 수월하게 통제할 수 있는 통제적 기준에 따라, 시장상황 변화에 따라 신축성 있게 적응할 수 있는 적응적 기준에 따라 선택의 기준을 잡을 수 있다. 이처럼 이용자 욕구의 빠른 변화에 맞추어 그에 맞는 경로를 개발 또는 변경해야 한다. 인터넷과 같은 다양한 기술발전에 따라 새로운 유통경로를 개발해야 하며, 조직이 보유하고 있는 물적·인적 자원에 맞춰 적합한 유통채널을 선택해야 한다.

(4) 프로세스 관리

서비스는 이용자 선택의사 결정 및 선택 후 행동 등 이용자 행동에 대한 이해 그리고 이용자 만족을 위해 선택과정에 대한 관리, 즉 프로세스에 대한 관리가 필요하다. 프로세스의 중요성은 서비스의 특징 때문에 더욱 강조된다. 서비스는 동시성과 비분리성이라는 속성이 있다. 서비스가 만들어지고 제공되는 과정에 대부분 이용자가 참여하게 된다. 따라서 서비스는 과정이 곧 품질이 되며 이것이 다시 전체의 결과에 영향을 미친다. 과정 속에서 잘못된 경우 다시 회복하는 데 많은 시간과 비용이 들어간다. 회복되었다 하더라도 이용자에게 남긴 불쾌한 기억은 쉽게 없어지지 않는 경우가 많은데, 서비스 프로세서 관리의 세심한 관리가 필요하다. 이용자가 긴 시간 기다리는 동안 어떤 서비스를 제공할 것인가를 고민해야 한다. 서비스 프로세스의 관리에는 다양한 이론과 도구들이 있다. 대표적으로 제시되는 것은 서비스 청사진(service blueprint), 피쉬본 다이어그램(fishborn diagram), MOT(Moment Of Truth)이다. 내용을 간단히 살펴보기로 한다.

① 서비스 청사진(service blueprint)

서비스 청사진의 개념은 사회복지 이용자가 입소하는 순간부터 퇴소하는 순간까지의 일련의 순간들을 가시화해서 이용자와 직원 사이의 상호작용선을 통해 이용자 역할을 인식하게 하는 것이다. 이는 서비스 설계에 공헌하도록 하고 서비스 접점에 있는 일선 직원의 업무와 전체 서비스 관계, 그리고 가시선을 통하여 이용자가 볼 수 없는 영역, 즉 후방 직원의 후방 지원활동을 하는 것이다. 그리고 내부의 상호작용선을 통한 부서 간 상호 의존성 및 부서 간의 경계영역 명확화 등을 통해 서비스 품질의 전반적인 표준화 및 품질 개선을 가능하게 하는 기반이 된다. 가장 기본적으로 서비스 청사진은 직원이 해야 할 업무를 매뉴얼화할 수 있다는 장점이 있고, 서비스 설계 및 품질 관리, 그리고 각 요소에 투자된 원가와 이익, 자본 등에 대한 평가가 가능해지며 모든 요소에 대한 연결 알고리즘 생성과 전략적인 시사점 기반이 될 수 있다. 그리고 이 청사진에서 파생되었다고 볼 수 있는 개념이 진실의 순간, 즉 MOT이다.

② MOT(Moment Of Truth)

진실의 순간 또는 결정적 순간이라고 언급되는 MOT는 원래 스페인의 투우 용어인 '모메트 드 라 베르다드(moment de la verdad)'의 영문 moment of truth의 머리글자이다. 투우에서 투우사들이 순서대로 투우의 힘을 빼놓고 마지막 지친 투우의 급소에 칼을 꽂아 넣는 순간, 가장 중요한 순간이자 결정적인 순간이고 실수 한 번에 지금까지의 노력이 모두 허사가 되는 바로 그 순간을 의미한다. 최초로 마케팅에 MOT의 개념이 접목된 것은 스웨덴의 마케팅 전문가인 R. Norman이 처음 사용하였고, 스칸디나비아 항공(SAS)의 Jan Calzon이 서비스 산업현장에 적용한 직원이 이용자를 만나는 약 15초가량의 시간이 MOT, 즉 이용자 접점(그림 5-31)이라는 개념과 1987년 그의 저서 『진실의 순간(Moment Of Truth)』을 통해 널리 알려지게 되었다.

그림 5-31 이용자 접점

MOT에서 언급하는 가장 큰 특징은 '**곱셈의 법칙**'이다. 이용자가 여러 번에 걸쳐 최상의 서비스를 경험했더라도 단 한 번의 불만족으로 인해 전체 서비스에 대한 만족도가 zero(0)가 된다는 것이다. 따라서 전체 모든 서비스 제공의 일련의 과정에 있어 최상의 만족을 제공할 수 있도록 매 순간에 대한 지속적인 관리가 필요하다는 점이다.

100 − 1 = 99가 아닌 100 × 0 = 0

③ 피쉬본 다이어그램(fishborn diagram)

피쉬본 다이어그램은 〈그림 5-32〉와 같이 어떠한 종류의 이슈, 또는 문제에 대면했을 때 문제를 야기한 근본적인 원인과 잠재적인 해결방안을 찾기 위한 노구이다. 마지 생선뼈를 닮았다고 해서 붙여진 이름이다. 요인과 효과 다이어그램 또는 이시가와 다이어그램이라고도 불린다. 당면한 문제에 있어 문제요소 카테고리에는 주제가 적용되고 각 주제별로 하위주제(요인)를 도출해 나가는 방식이다. 따라서 피쉬본 다이어그램을 통해 최종적으로 해소해야 할 솔류션을 도출해 낼 수 있다.

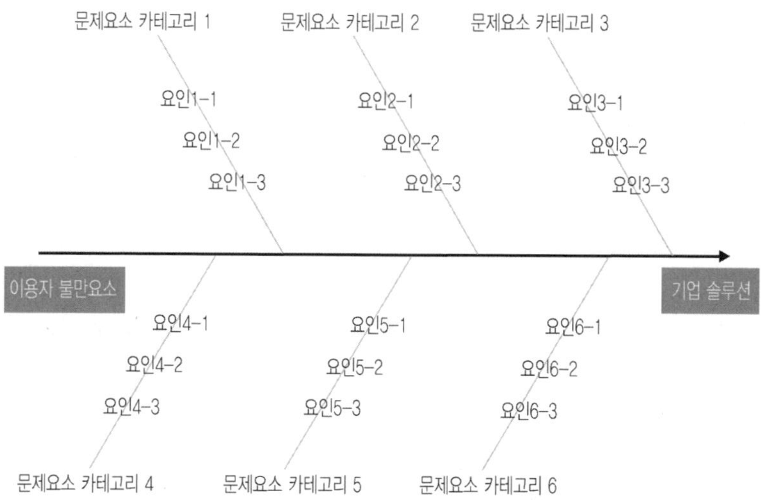

그림 5-32 피쉬본 다이어그램(fishborn diagram)

(5) 물리적 환경(증거) 관리

마케팅의 물리적 환경에 대해서는 이용자 의사결정 및 선택 후 만족 등의 행위에 비추어 볼 때 그 기준 및 준거가 된다고 하여 물리적 증거라고 표현하기도 한다. 이용자의 의사결정 및 선택행동에 대하여 많은 영향을 미치고 있는 물리적 환경에 대하여 학자들은 다양하게 정의하고 있다. 즉, 물리적 환경은 어느 특정한 부분이 눈에 보이는 요소를 의미하기보다는 눈에 보이지 않는 오감에 들어올 수 있는 모든 요소를 의미한다고 볼 수 있다. 따라서 실제 서비스 만족도에 있어서 핵심서비스보다 더 큰 영향을 줄 수 있음을 알아야 한다는 점이다. 물리적 환경에 대한 연구들을 살펴보면 〈표 5-16〉과 같다.

표 5-16 물리적 환경

학 자	내 용
Baker(1998)	• 주변 요소(온도, 색상, 음악, 조명, 향기) • 디자인 요소(건축미, 색상, 레이아웃, 안정성) • 사회적 요소(이용자와 직원의 특징과 행동)
Bitner(1992)	• 주변 환경(온도, 공기상태, 소음, 음악, 향기 등) • 공간의 배치 및 기능성(설비배치, 설비장치, 가구 등) • 사인, 심벌, 인공물(도형 및 기호, 개인적 조형물, 장식의 스타일 등)
이유재 · 김우철(1998)	• 공간의 접근성, 미적 매력성, 시설물의 청결성
이형룡 · 왕 상 · 김태구(2002)	• 오락성, 공간성, 쾌적성, 청결성, 편의성, 심미성
김성혁 · 최승만 · 권상미(2009)	• 청결성, 매력성, 편리성, 오락성
최영환 · 최화열 · 김성훈(2012)	• 디자인 환경, 인적 환경, 감각적 환경, 쾌적한 환경

물리적 환경에 대하여 조금 더 심도 있게 살펴보기 위하여 Bitner(1992)를 기준으로 물리적 환경이란 무엇을 의미하는지 접근해 보기로 하자.

Bitner(1992)는 물리적 환경을 주변 환경(온도, 공기상태, 소음, 음악, 향기 등), 공간의 배치 및 기능성(설비배치, 설비장치, 가구 등), 사인, 심벌, 인공물(도형 및 기호, 개인적 조형물, 장식의 스타일 등)로 보았다.

첫째, 주변 환경은 소음, 조명, 냄새, 색상의 정도 그리고 공기상태 등과 실내 · 외의 풍경 및 전망 등이 이용자의 구매행동, 패턴과 만족도 등에 영향을 준다는 사실이다. 예를 들면, 붉은색, 노란색, 오렌지색 계열의 높은 파장 색상은 강한 흥미, 집중, 각성을 유도해 음식이 맛있어 보이고 먹고 싶도록 충동적인 구매를 하도록 하며, 파란색, 초록색 계열의 저파장 색상은 차분한 분위기를 연상시켜 잔잔한 분위기의 카페, 레스토랑 등에 적용시키기 좋다. 또한 빠른 비트의 음악은 매장 내 체류시간을 줄여 빠른 회전을 가능하게 하고 조용하고 잔잔한 음악은 체류시간을 증가시키는 효과로 매출 상승에 영향을 준다는 연고도 있다.

둘째, 공간배치 및 기능성은 기관 내의 테이블 간격 같은 요소를 생각해 볼 수 있다. 많은 이용자를 수용하려면 많은 테이블과 의자를 넣고 싶겠지만 협소한 이용자의 공간은 역으로 이용자의 불만을 야기시킬 수 있기 때문이다. 공간배치는 장비 및 기기류, 가구 등의 크기와 모양 그리고 배열방법 및 그 공간적 관계를 의미하고, 기능성 부분은 장비 및 기기류, 가구 등이 기관의 성과와 목표를 달성하도록 촉진하는 능력을 의미한다. 예를 들면, 주방이 보이는 오픈 키친의 형태는 볼거리를 제공함과 동시에 위생, 청결 등의 자신감 및 신뢰도 향상의 효과를 불러올 수 있다.

셋째, 사인, 심벌, 인공물은 눈에 보이는 로고, 간판, 그림 등의 전시물과 게시물 그리고 바닥, 벽, 천장 등의 내부 인테리어와 기관을 장식하는 다양한 조형물들의 존재이다. 이런 것들을 통한 브랜드의 미적 이미지와 차별화된 상징성을 부각시킬 수 있다는 점이다. 더불어 직원들의 표준화된 유니폼 등은 이용자가 느끼는 서비스 품질에 있어서 영향을 줄 수 있는 부분이 된다.

이용자는 보이는 것만 믿는 경향이 강하다. 즉, 눈에 보이는 요소들을 많이 활용하여 이용자의 호감도를 높여야 한다. 왜냐하면 서비스를 받아보지 않은 다음에야 품질이 좋은지 어떠한지를 알 수 없기 때문이다. 여기에는 서비스 제공자의 복장, 건물의 시설 상태, 인테리어, 명함, 영수증처럼 작고 사소한 것들의 이미지를 만들어 내야 한다. 반면에 지저분한 유니폼에 산발한 머리 등은 마이너스의 영향을 줄 수도 있다. 이와 같이 마케팅 프로세스 중 물리적 환경은 주로 디자인 구성요소로 접근할 수 있다. 로고, 심벌, 유니폼, 간판 등의 시각디자인과 식기, 메뉴판, 테이블 같은 제품디자인, 그리고 시설 내·외부의 인테리어 및 소품, 액세서리 등 어느 하나 소홀히 할 수 없는 중요한 요소들이다.

(6) 인적 관계에 의한 서비스 삼각형

인적 관계에 대한 마케팅의 기본 개념은 기관과 직원, 이용자 상호 간의 인간적 교류를 통해 상호관계를 증진시키는 〈그림 5-35〉와 같이 인적관계관리의 기본이 된다.

① 관계마케팅(기관–이용자; relationship marketing)

관계마케팅은 이용자와의 유대관계를 형성하고 유지하며 발전시키는 마케팅 활동으로 장기간에 걸친 이익 확보를 위해 이용자와의 대화를 창조하여 더욱 좋은 서비스를 제공하려는 노력을 의미한다. 즉, 새로운 이용자를 찾아 헤매는 비용보다 기존의 이용자를 우리 기관의 팬으로 만드는 것이 비용면에서 저렴하고 수익성에 있어서 효율적이다. 결국 관계마케팅은 이용자를 기존의 상품이나 서비스를 사는 사람들이라는 개념에서 장기적인 관계를 통해 자연스럽게 수익이 창출될 수 있도록 하는 동반자의 개념으로 본다. 그로 인해 쌍방향 커뮤니케이션과 다양한 이용자 욕구를 반영한 범위의 경제 개념에 도달하는 것이다. 이로 인해 불만이용자 관리, 컴플레인, 긍정적 구전효과(word of mouth) 등을 중요하게 여긴다. 불만을 토로하지 않는 '**침묵하는 이용자**'보다 불만을 토로하는 불평행위가 감동을 줄 수 있는 좋은 기회라고 하는 것이다. 이용자 관리는 기본적으로 다음과 같은 점에 유의하면서 행해져야 한다.

첫째, 이용자 불만의 장려 및 제도화이다. 이용자 불평 채널을 운영하는 것이다.

둘째, 이용자 불만의 해결이다. 이는 이용자에 대한 보상 또는 환불 등이다.

셋째, 이용자 불만의 분석이다. 이는 근본적인 문제 개선을 위한 데이터베이스 분석, 만족도 조사 등이다.

넷째, 이용자 불만의 잠재력 활용이다. 이는 이용자 분석자료의 교육자료화와 이용자 만족 교육자료의 활용 등이다.

위와 같은 절차로 기본 전략을 잡고 이용자의 충성도를 높여야 할 것이다.

이용자의 침묵은 만족이 아니다. 이용자를 불평하게 하라!!

② 내부마케팅(기관–직원; internal marketing)

인적자원 관리의 기본은 〈그림 5-33〉과 같이 '**만족한 직원이 이용자를 만족시킨다**'라는 것이다. 즉, 외부가 아닌 조직 내부의 직원이 만족하고 그에 따라 제공되는 서비스의 품질이 올라가고 결국에는 이용자 만족으로 이루어진다는 개념이다. 따라서 직원을 내부에 있는 고객, 즉 내부이용자로 분류하여야 한다. 내부마케팅의 가장 근본적인 목표는 다음과 같다.

첫째, 직원에 대한 동기부여, 이용자 지향과 서비스 의식이 살아있는 직원의 개발이다.

둘째, 조직의 사명, 전략, 서비스 제품, 광고 캠페인 등을 직원에게 이해 및 수용시켜 직원의 참가를 촉진하고 그에 따라 우수한 업무를 수행하게 하는 것이다.

셋째, 유능한 직원을 모집하고 확보하는 것이다.

그에 따라 일선 직원에게 권한을 강화시키는 '임파워먼트(empowermemt)'가 내부마케팅의 대표적인 방법이다. 임파워먼트는 직원의 권한을 강화시킨다는 개념이지만 단순한 위임을 통해 이루어지는 것이 아니라 조직구성원이 지니고 있는 능력을 신뢰하는 일이다. 즉, 신뢰를 바탕으로 구성원의 능력과 잠재력을 키워주는 방법을 의미한다. 따라서 서비스 전달 시 이용자의 욕구에 따라 즉각적인 반응을 통해 유연하게 대처할 수 있고, 직원이 직무에 대한 만족과 자기만족의 상승으로 열의를 다해 이용자를 대하게 된다는 장점이 있다. 또한 그로 인해 능동적이고 적극적인 조직의 구성원은 이용자로부터 좋은 구전효과를 발생시키는 효과도 있다. 그러나 그러한 직원을 선발하고 훈련시키는 데 있어 많은 투자비용이 들어간다는 단점이 있다. 그리고 일관적이지 못한 서비스의 전달 가능성과 잘못된 의사결정의 가능을 배제할 수는 없다. 또한 내부마케팅에는 내부 고객시장을 세분화하여 유연한 근무방식을 적용시키는 연동 근무제나 감정노동으로 인한 직무 스트레스 완화를 위한 직무환경 설계 및 휴식 제공, 직무훈련과 같은 감정노동 관리 등이 있다.

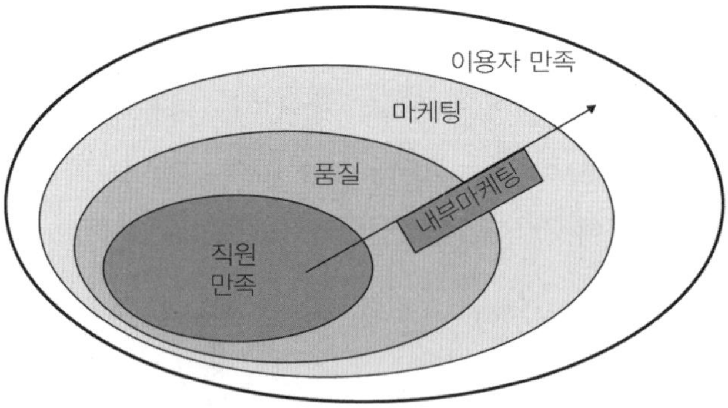

그림 5-33 내부마케팅 사고의 기초

기관의 장은 인력채용 과정에 대한 시간적 · 금전적 투자를 통해 서비스 실패 확률을 낮출 수도 있고, 구성원 간의 신뢰 재구축을 위해 이용자서비스 제공 담당자로 함께 활동하는 등 내부마케팅, 인적자원 관리 부분에 있어서 그 중요성을 인식하고 많은 노력을 들이고 〈그림 5-34〉와 같이 감정노동 관리를 하여야 한다.

그림 5-34 감정노동 관리

③ 상호작용마케팅

서비스는 생산과 소비가 동시에 이루어지기 때문에 이용자와 직원의 상호작용 관계가 중요하다. 직원의 태도와 능력을 계발하고, 서비스 과정에 이용자를 참여시켜야 하는 이유이다. 공급자와 이용자, 직원과 이용자의 역할이 강조되고 각각의 직원이 이용자와의 관계를 형성하고, 개발하고, 유지시키고, 발전시키는 것이 상호작용마케팅에서 중요하다. 이는 기관이 한 약속을 직원과 하청업자, 대리인이 제대로 지키는지 아니면 약속이 무산되는지가 판가름 나는 곳이다.

직원관리의 측면으로는 누가 하느냐에 따라 결과가 달라질 수 있다. 서비스에서 인적자원에 대한 관리는 이용자에게 제공하는 서비스의 특성에 적합한 사람을 채용하는 것과 업무의 특성을 잘 살리도록 효과적인 교육 및 동기를 유발하는 것이 중요하다. 어떤 사람이 해당 업무에 적합한지를 평가할 때 고려사항으로서 서비스 능력화, 서비스 성향을 들 수 있다.

첫째, 서비스 능력은 외모, 기술, 지식을 말한다. 예를 들면, 전시회에서는 외모가 더 중요하고, 투자상담가로서는 지식과 정보가 중요하고, 디자이너에게서는 기술이 우선이라고 할 수 있다.

둘째, 서비스 성향은 사교성, 재치, 유머, 상황판단력, 융통성을 말한다. 누가 서비스를 담당하느냐에 따라 서비스의 품질은 달라질 수 있다. 서비스의 목적을 잘 달성할 수 있는 사람이 필요하다. 직원의 능력과 성향을 잘 조합하여 서비스 제공 상황에 따라 최적의 인적자원을 배분하는 일은 매우 중요한 점이다.

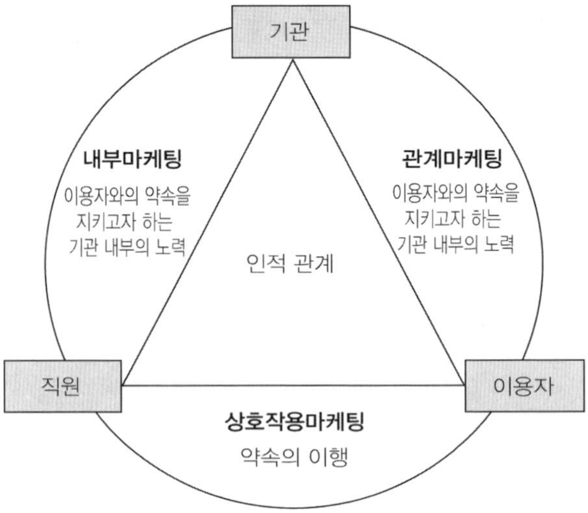

그림 5-35 인적 관계에 의한 서비스 삼각형 모형

제6절 지식관리와 지식경영 모형

1. 실천학습(Action Learning)[15] 모형

1) 실천학습의 등장배경

실천학습은 영국의 Revans 교수가 1945년에 영국 국가석탄위원회(National Coal Board)의 초대 교육훈련 담당관으로서 광부들을 대상으로 처음 시도하였다. 그는 관리자를 4~5명으로 소그룹을 조직하여 서로의 석탄갱을 방문하고 컨설턴트가 되어주었다. 이러한 학습조직 형성은 당시 다른 영국의 석탄갱들의 생산성이 제자리걸음하고 있었음에도 불구하고 30% 이상의 고생산성의 비결이 되었다. 이후 Revans는 1955년에 산업행정학과(Industrial Administration) 교수가 되어 맨체스터 대학 왕립병원의 숙련된 직원, 특히 간호사들의 이직률이 높다는 데 착안하여 연구한 결과, 간호사들의 질문이 배척됨에 따라 간호사들이 자신의 역할을 충분히 이해하지 못하는 문제가 발생함을 발견하였다. 이에 따라 의사, 간호사, 직원 등으로 구성된 소그룹 약 40여 개에 달하는 개별 프로젝트를 수행하였으며 획기적인 성과가 이 과정에서 나타나게 되었다. 몇 년 후 Revans는 벨기에의 5개 대학 및 23개 기업체가 참여하는 산학 프로젝트의 하나로 실천학습을 실시하였고, 그 결과 벨기에는 유럽의 최하위 국가에서 단시간 내에 유럽 최고의 국가가 되었다(Barker, 1998). 벨기에 정부는 이러한 Revans의 노고를 치하하여 기사작위를 수여하였다.

1970년대와 1980년대에 Revans는 실천학습의 개념을 오스트레일리아, 말레이시아, 홍콩, 인도, 사우디아라비아, 티벳, 싱가포르, 나이지리아, 이집트 등지에 전파하였다. 1982년에는 국제경영센터(International Management Center)의 소장이 되었으며, 이 센터는 실천학습에 기반한 MBA 프로그램이 가장 먼저 시작된 곳이다.

---

15) 지방혁신인력개발원(2006)을 참고로 재구성.

1995년에는 영국 런던에서 제1회 실천학습학회가 개최되어 세계 각지에서 100명이 넘는 대표들이 참석한 바 있다(봉현철, 2000). 실천학습이 기업교육에 도입된 것은 1975년에 Arnold Weinstock경이 GE사의 유럽지사에서 실천학습을 활용하여 큰 성과를 내면서부터였다. GE는 1987년부터 본격적으로 고급관리자 과정과 핵심 중간관리자 과정에 4주 실천학습을 도입하였고 이는 전 세계적으로 기업 실천학습 프로그램의 전형이 되었다(Marquardt, 2000). 현재는 GE, 모토롤라, 미 육군, British Air 등을 포함한 다양한 기업에서 조직의 문제 해결과 동시에 학습조직으로 거듭나기 위해 실천학습을 채택하고 있으며, 국내에서는 LG, CJ 등 대기업을 중심으로 적극적인 도입이 이루어져 운영되고 있다(유영만, 2003). 특히 기업들의 경영혁신 프로그램 해외 연수 프로그램 업무 프로세스 개선 프로그램 등에 적용되어 큰 성과를 보이고 있다.

2) 실천학습의 정의

실천학습은 다양한 기술과 경험을 갖춘 일련의 그룹을 통해 실제 업무상의 문제를 분석하고 실천계획을 개발하는 프로세스이다. 임시로 구성된 그룹멤버는 계획이 실행되는 동안 지속적인 미팅을 갖고, 실행과 중간 수정 등을 통해 학습을 하게 된다. 실천학습은 실천을 통한 학습의 한 형태이다.

실천학습은 개인 및 조직의 발전을 위한 접근점이다. 그룹작업을 하면서 사람들은 중요한 조직의 이슈 또는 문제들을 인식하고, 변화를 시도하는 과정에서 학습을 한다. 올바른 해답이 있는 도전 같은 어려움에 직면했을 경우에는 전통적인 지침 또는 프로그램화된 지식이 적절하다. 그러나 올바른 해답이 없는 도전인 문제에 직면했을 경우는 중요한 사고와 통찰력이 필요하다. 실천학습에서는 사람들로 하여금 도전을 통해서 자신 스스로 그리고 과정을 통해서 학습할 수 있도록 지원함으로써 깊이 있는 사고를 하게한다. 이러한 수준의 학습이 주는 이점은 지식이 다른 상황에 적용하기 더욱 쉬어지고 참가자들이 반복순환학습(double loop learning)을 하게 된다는 것이다. 즉, 자신들의 학습에 대한 피드백을 받고 자신이 세운 가정 및 기본 모형을 알게 된다.

실천학습은 학자마다 다양하게 정의하고 있다. 실천학습은 문제에 대한 해결책을 마련하기 위해 구성원이 함께 모여 개인과 조직의 개발을 함께 도모하는 과정(Inglis, 1994)으로, McGill과 Beaty(1995)는 목표의식을 가지고 동료 구성원의 지원을 토대로 이루어지는 학습과 성찰의 지속적인 과정이라고 정의하였다. 봉현철(2000)은 Marquardt(1996)의 정의를 빌어 소규모로 구성된 한 집단이 조직이 직면하고 있는 실질적인 문제를 해결하는 과정에서 학습이 이루어지며 그 학습을 통해 각 그룹 구성원은 물론 조직 전체에 혜택이 돌아가도록 하는 일련의 과정이자 효과적인 프로그램으로 정의하고 있다. 그리고 Burke(1997)는 조직 내 시시각각 발생하는 실무적 문제를 해결하는 데 있어서 개인학습의 원리를 동원하여 문제해결을 보다 효과적으로 협동작업을 통해 추진함으로써 조직의 학습과정을 획기적으로 학습을 학습하는 것으로 정의하였다. 이상의 정의들을 통하여 볼 때 실천학습이 가지는 중요한 가치는 이러한 실천학습을 통하여 개인과 팀 그리고 외부의 변화에 보다 효과적으로 대응할 수 있는 능력을 기를 수 있다는 점이다.

결과적으로 실천학습은 소규모로 구성된 한 집단이 실제 소속 조직이 안고 있는 현안문제에 대한 원인을 찾아 해결방안을 마련하여 현장에 적용하고 문제해결 과정에 대한 성찰을 통해 학습함으로써 개인과 조직의 역량을 동시에 향상시키는 행동지향적 학습기법이라는 것이다.

3) 실천학습의 필요성

실천학습은 팀 단위 실천학습, 행동학습(action learning)이라고 불린다. 그러면 우리에게 실천학습은 왜 필요한가? 사회복지조직은 전통적으로 수직적 구조와 경직적인 사고에 익숙해져 있어 변화의 대응에 유연하지 못하고 개인의 역량을 효과적으로 축척하지 못하고 있는 실정이다. 따라서 변화의 시대에 생존하고 이용자로부터 신뢰를 받기 위해서는 이용자들이 만족하는 성과를 창출하여야 하고 동시에 발전하는 기관이 되기 위해 조직원의 역량 또한 키워 나가야 한다.

우리에게 필요한 성과 창출과 핵심인재 육성의 두 마리 토끼를 잡기 위해서 탁상이 아닌 실제 업무현장에서 성과와 직결되는 이슈 과제를 정해진 시점까지 해결하고 이를 통해 개인과 조직의 역량을 동시에 향상시키는 행동지향적 학습기법을 도입하여야 한다.

4) 실천학습의 핵심원리

조직이 직면하고 있는 문제는 외부전문가보다는 내부의 구성원이 더 잘 알고 있으며, 해결하는 과정에 있어서도 효율적 주체라는 가정에 기반을 둔 것이다. 즉, '**일=학습**'이라는 등식으로 진정한 학습은 일상적인 업무활동과 함께 장기간에 걸쳐서 발생하게 된다. 실천학습의 핵심원리는 다음과 같다.

- 실제과제를 해결하는 과정에서 학습 발생
- 직면된 과제의 전문가는 직면된 사람
- 액션 없는 러닝이나 러닝 없는 액션은 필요 없음
- '일'과 '학습'은 통합되어 있는 하나의 활동
- 비교적 학습에 소요되는 기간이 김
- 밖에서 안을 들여다보는 관점이 필요

5) 실천학습의 특징

실천학습을 이해하기 위해 〈표 5-17〉과 같이 Task Force, Simulation, Action Learning을 구분하여 생각해 볼 필요가 있다.

표 5-17 실천학습의 특징

구 분	목 적	학습방법	특 징
Task Force	실제 상황에서의 특정 과업, 문제에 초점을 둠	우연적 학습	• 해결책을 실행할 권한이 상급자에게 있음
Simulation	가상의 사례를 다룸	의도적 학습	• 해결책에 대한 결과 및 책임이 따르지 않음 • 해결책의 타당성 검증할 기회 없음
Action Learning	실제 직면한 현안문제의 발견과 이의 해결을 통한 개인 및 조직의 개발	학습자 주도적 · 의도적 학습	• 해결책의 실제 적용을 통한 결과의 확인 및 이에 대한 성찰을 통해 학습이 이루어짐 • 개인 및 조직 개발에 초점을 둠

6) 실천학습의 구조

실천학습의 구조는 〈그림 5-36〉과 같이 문제를 중심으로 학습팀, 질의성찰, 실행의지, 학습의지, 촉진자로 구성되어 있다.

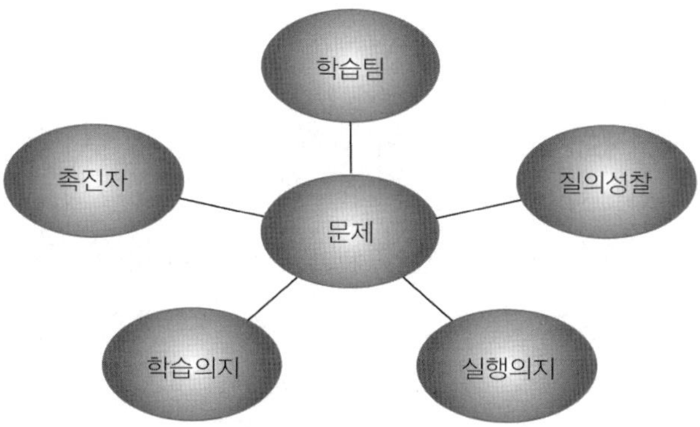

그림 5-36 실천학습의 구조모형

7) 실천학습 모형의 Key

(1) 중요성

실천학습의 과제를 해결하는 것이 개인이나 조직에게 특별히 중요한 일이어야 한다. 과제가 긴급하고 중요할수록 팀 멤버들은 그것을 해결하려고 더 많은 열정과 흥미를 나타내고 헌신한다. 과제가 중요하지 않거나 너무 단순하면 팀 멤버들은 과제 해결에 많은 노력과 열정을 쏟지 않게 되며, 자신이 속한 팀이 효율적인 과제 해결 팀이 될 만한 능력이 있는지 시험하지도 않을 것이다. 뿐만 아니라 팀 멤버들은 조직이나 개인이 그 팀을 별로 신뢰하지 않는다고 생각할 수 있다. 그러면 주어진 시간과 자원을 제대로 활용하지 못할 뿐더러 잠재력을 최대한 활용하지도 못하게 된다.

(2) 긴급성

실천학습의 과제는 어느 정도 긴급한 사항이어야 하며, 과제를 명확하게 정의하고 행동을 취해야 할 기한이 정해져 있어야 한다. 팀 멤버들은 그들이 내놓는 대안과 전략을 일정 기한 내에 실행할 것이라는 사실을 알아야 한다.

(3) 적합성

실천학습의 과제는 적합해야 한다. 과제가 조직의 영역이나 능력뿐만 아니라 팀 멤버가 상황과 맥락을 이해할 수 있는 능력 안에 존재해야 한다는 것이다. 가용 시간과 자원에 비춰볼 때 과제가 너무 복잡하거나 너무 많은 변수를 포함하고 있으면 팀은 도전의식을 느끼기보다는 과제에 압도되어 버릴 것이다.

(4) 친숙성

실천학습의 과제는 팀 멤버 가운데 적어도 한 명 이상은 그 과제와 그것이 제기된 맥락을 친숙하게 알고 있는 것이어야 한다. 하지만 모든 팀 멤버가 과제에 친숙한 것은 오히려 바람직하지 않다. 팀 전체가 과제를 전체적으로 알면 혁신적인 사고를 많이 할 수 없다. 아울러 과제에 대해 다시 생각해 보는 기회도 줄어들게 될 것이다.

(5) 유의미성

실천학습의 과제는 팀 멤버들에게 중요하고 큰 의미가 있어야 한다. 물론 복합 과제를 다루는 팀에서 이것은 논의의 여지가 없다. 그러나 단일 과제를 다루는 팀에서는 이러한 기준이 충족되지 않을 수도 있다.

(6) 학습기회

실천학습의 과제는 멤버들에게 학습기회를 주는 것이어야 한다. 실천학습의 과제를 잘 구성할 경우, 멤버들은 아주 중요한 학습기회, 특히 조직에게 중요한 이슈와 스킬을 학습할 기회를 갖게 된다.

(7) 팀의 권위

실천학습의 과제는 팀에게 그 해결안을 찾고 실행할 힘과 권위가 부여된 것이어야 한다. 팀 멤버들이 행동을 취할 수 없다면 자신의 아이디어와 전략과 학습이 정말로 효과가 있는지 알 길이 없다. 만일 멤버들은 제안만 하면 되고 그 제안이 실행될 수도 있고 아닐 수도 있다는 통보를 받았다면, 멤버들은 열정과 창의성을 잃고 귀찮음과 무관심, 회의불참, 합의한 과제를 회피하는 모습을 보이게 될 수 있다.

참고

■ **단일 과제와 복수 과제**

- 단일 과제
  - 일반적으로 조직이 과제를 택하고 실천학습 팀의 멤버들을 지명한다.
  - 가장 중요한 조직과제를 다룰 수 있다.
  - 조직에 큰 영향을 미친다.
  - 조직 내에 존재하는 장벽이 무너진다.
  - 멤버 각자의 잠재력을 끌어내고 발휘할 수 있다.
  - 소속팀 복귀 이후에도 적용될 수 있다.
  - 개인이 일을 하면서 끊임없이 성찰하고 학습하는 능력이 향상된다.
- 복수 과제 : 각 멤버들은 자신의 과제 또는 프로젝트를 팀에 제시한다. 그리고 각 개인은 과제를 제공하는 사람(의뢰인)인 동시에 다른 멤버에게 정보를 제공하는 사람(질문하는 사람)이다.

■ **과제 선정기준**

첫째 : 실질적이고 반드시 해결해야만 하는 과제
둘째 : 실현 가능한 과제로 참가자 집단의 능력과 권한 범위 내의 과제
셋째 : 참가자들이 진정으로 관심을 갖는 과제
넷째 : 실존의 문제로 참가자들이 다양한 아이디어 해결방안의 제시가 가능한 과제
다섯째 : 학습의 기회를 제공하여야 하며 조직의 다른 부문에도 적용 가능한 과제
여섯째 : 조직 내 여러 부서와 관련되어 있는 복잡한 과제
일곱째 : 외부 전문가의 표준화된 해결방식으로 해결되기 어려운 과제
여덟째 : 의사결정이 아직 내려지지 않은 과제
아홉째 : 본질에 있어서 기술적이기보다는 조직적인 과제

과제 제시자는…
아래 질문에 대한 답변을 준비하라고 한다.
1. 당신이 제시한 과제의 상황을 몇 문장으로 요약한다면?
2. 이 과제가 당신과 (또는) 조직에 중요한 이유는 무엇인가?
3. 당신은 어떤 방법으로 이 과제의 진척도를 파악할 것인가?
4. 과제를 해결하는 과정에서 어떤 어려움이 발생하리라고 생각하는가?
5. 이 과제의 해결이나 최소화로 얻게 되는 이득은 무엇인가?

질문과 성찰
질문(questioning) 및 성찰(reflection)하는 가운데 학습이 일어난다.

현명한 질문은…

- 우리 모두가 현재 가지고 있는 기본적인 가정을 흔들어 놓음으로써 새로운 연결관계를 형성해 준다.
- 우리가 사물의 존재와 바람직한 존재양식에 대한 새로운 사고모형을 개발하도록 도와줌으로써 창의적 사고를 촉진한다.

성찰을 통해 참가자들은…

- 통찰력을 얻게 된다.
- 다음에 해야 할 일을 모르는 상황에서, 신선한 질문을 던질 수 있는 능력이 개발된다.
- 서로가 일상의 과제와 생각의 굴레를 벗어 던져야만 사물에 대한 공통된 시각에 도달한다.
- 서로의 경험으로부터 학습하는 방법을 배우고 긴밀한 유대관계를 구축하게 된다.

■ **부록**

〈실천학습 과제의 선정과 제시를 위한 체크리스트〉

문 항	답 변
조직과 (또는) 개인에게 큰 의미가 있고 중요한가?	
긴급한가?	
실행기한이 정해져 있는가?	
팀 멤버 중 한 명 이상이 친숙하게 이해하고 있는 것인가?	
실행에 대한 책임자가 누구인지 멤버들은 아는가?	
과제를 통해 학습기회가 제공되는가?	
단일 과제를 다룰 것인가, 복수 과제를 다룰 것인가?	
간단히 제시되었는가?	
제시된 과제가 해결해야 할 실제적이고 가장 중요한 과제가 아닐 수도 있음을 인정하는가?	

〈실천학습 팀 구성을 위한 체크리스트〉

문 항	답 변
실천학습 팀의 멤버가 되기 위한 기준은 무엇인가?	
팀 멤버들의 배경은 다양한가?	
멤버들은 지원자인가, 선정된 사람들인가?	
팀 규모는 네 명에서 여덟 명인가?	

실행에 대한 책임자가 누구인지 멤버들은 아는가?	
팀은 풀타임으로 운영되는가, 파트타임으로 운영되는가?	
전문가와 비전문가 수가 적절히 균형을 이루는가? 과제와 맥락을 잘 아는 사람과 그렇지 못한 사람이 적절히 섞여 있는가?	
고객, 공급자, 판매업자, 다른 조직 등 조직 외부에서 온 멤버가 있는가?	
팀은 팀이 내놓는 결과에 대해 어느 정도 책임을 지는가?	
멤버들이 모든 미팅에 반드시 참여하려고 하는가?	
과제에 대한 주인의식이 있는가?	
외부 자원은 어느 정도 이용할 수 있는가?	
날짜와 시간을 정했는가?	
가상공간에서 만날 팀이 있는가?	

〈질문과 성찰을 위한 체크리스트〉

문 항	답 변
개방적이고, 성찰적이며, 탐색적인 질문을 하고 있는가?	
질문은 참신하고, 명료하고, 시기적절하며, 지원적인가?	
폐쇄형, 복합적, 유도질문은 피하고 있는가?	
질문에 모두 관여하는가?	
질문과 질문 사이에 충분한 시간을 제공하는가?	
질문을 통해 문제를 재구성하는 대신 해결안 도출로 비약하지 않았는가?	
질문의 목적이 문제를 해결하기 위해서인가, 주목을 끌기 위해서인가?	
질문과 대답 사이에 성찰할 시간이 있는가?	
멤버는 귀를 기울여 열린 마음으로 듣는가, 아니면 상대를 평가하며 무심히 듣는가?	
상대방이 하는 말을 여과해서 듣고 있는가?	
서로를 학습의 원천으로 보는가?	
질문에 정확한 대답을 하는 대신 그것을 해석하고 평가하고 있는가?	
상대의 말을 경청하는 데 얼마나 관심이 있는가?	

상대가 한 말에 숨어있는 가정을 파악하고 그것을 전달하고 있는가?	
새로운 행동방식에 개방적인가?	
새로운 통찰이 제시되고, 멤버들은 다양한 질문과 제시된 의견들을 이해하고 있는가?	

〈목표 재구성, 목표설정, 전략개발, 실행을 위한 체크리스크〉

문 항	
(문제의 재구성)	(전략개발)
문제 해결의 특성은 무엇인가?	방해요소를 정의했는가?
문제를 재구성했는가?	빠른 해결책보다 혁신적이고 질 높은 해결안과 전략을 개발하는 데 힘쓰는가?
기술적 문제인가, 적응적 문제인가?	권한과 지식을 혁신적이고 질 높은 해결안과 전략을 개발하는 데 힘쓰는가?
참신한 질문을 던졌는가?	(필요할 것 같은) 외부 정보와 그 수집방법을 정했는가?
제시된 문제는 실제 문제인가, 징후일 뿐인가?	전략이 야기할 영향과 결과를 신중히 고려했는가?
문제해결에 얼마나 전념하는가?	이것이 가장 신중하게 판단한 해결안인가?
(목표 설정)	(실행)
이 목적이나 목표를 이루면 실제로 문제가 해결될 것인가?	미팅 때마다 실행을 다루고 있는가?
이 목표가 문제 해결에 도움이 될 것인가?	'누가, 무엇을, 언제'를 명확히 정의했는가?
이 목표를 이루면 어떤 영향이 있을 것인가?	행동을 기록하고 다음 미팅에서 검토하는가?
이 목표로 개인, 팀 조직의 긴장이 증가할 것인가?	실행을 통해 조금이라도 학습하고 있는가?
이 목표는 조직의 다른 목표들을 보완하고 지원하는가?	전략을 실행하고 있는가?

〈학습을 위한 체크리스크〉

문 항	답 변
학습의 질은 어떤가?	
어떻게 학습을 최적화하고 있는가?	
회의는 우리들의 학습을 얼마나 효과적으로 돕는가?	

우리의 성찰과 학습을 유도하는 데 어떤 질문이 가장 효과적이었나? 그 이유는?	
우리는 개인적으로 성장하고 있는가? 그렇다면 어떻게 성장하는가?	
우리는 팀으로서 어떻게 학습하는가? 또 팀으로서 어떻게 우리를 개선할 수 있는가?	
우리는 일터에서 학습과 행동을 통합하고 있는가?	
지식을 조직에 전파하고 있는가? 그렇다면 그 이유는? 그렇지 못했다면 그 이유는?	
우리는 새로운 스킬을 업무에 적용하고 있는가?	
우리 그룹은 편안하게 위험부담을 감수할 수 있는 환경인가?	
우리는 실수를 통해 어떻게 배우고 있는가?	
팀 분위기는 협력하고 지원하며 학습에 관심을 두는 분위기인가?	
우리는 학습에 집중할 시간을 내는가?	
우리는 기본 가정에 의문을 던지는가?	
우리는 조직으로서 학습에 대해 책임을 지는가?	
우리는 조직 안에서 경험한 바를 성찰하고 조직 밖에서 행동을 하면서 학습하는가?	

8) 실천학습 모형의 공식

Revans(1982)는 실천학습을 L = P + Q라는 공식으로 표현하였다. 여기서 학습(Learning)은 프로그램화된 지식(Programed Knowledge) 및 통찰력이 있는 질문(Questioning)을 통해 일어난다.

$$L = P + Q$$

따라서 실천학습 모형의 활동은 〈그림 5-37〉과 같이 관련된 지식의 획득(knowledge acquisition), 경험적 학습(experiential learning), 창조적인 복잡한 문제해결(complex problem solving), 공동학습 그룹지원(co-learning in groups)으로 구성되어 있다.

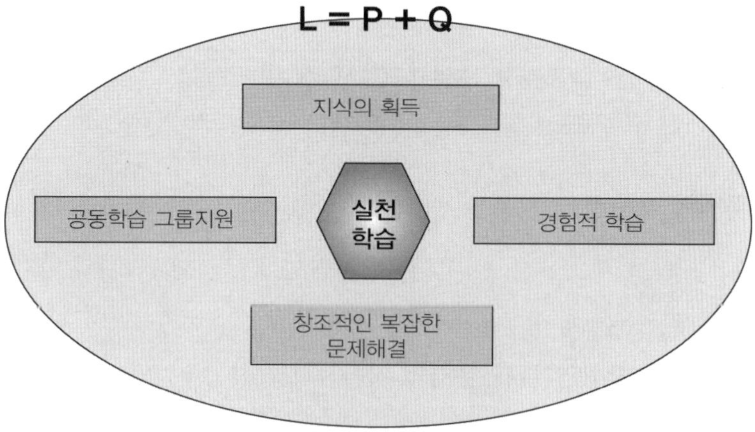

그림 5-37 실천학습 모형

9) 실천학습 모형의 프로세스

실천학습 모형의 프로세스는 다음과 같다.

(1) 학습그룹의 목표를 명백하게 하기

그룹에게 문제 또는 과제를 제시하는 것이다. 그룹은 1개 또는 많은 문제를 처리할 수도 모른다.

(2) 그룹 형성

그룹 형성은 지원자 또는 임명된 사람들로 구성할 수 있고, 조직의 한 가지 문제점이나 개별 부서의 문제점을 대상으로 할 수 있다. 상호보완적인 기술과 전문성을 갖춘 각층의 사람들을 실천학습그룹에 포함시킨다. 실천학습그룹은 1회 또는 수차례 미팅을 갖을 수 있다. 그것은 문제의 복잡성과 해결을 위한 시간의 가용성에 따른다.

(3) 이슈를 분석

이슈를 분석하고 해결을 위한 행동을 확인하는 것이다.

(4) 문제를 간략하게 발표

문제의 당사자는 그룹에게 문제를 간략하게 발표한다. 그는 그룹의 일원으로 남을 수 있거나 제외되어 그룹의 권고를 기다릴 수 있다.

(5) 문제의 재구성

일련의 질문 후에 그룹은 실천학습 컨설턴트의 안내에 따라서 그룹이 실행해야 할 중대한 문제에 공통된 의견을 모은다. 그룹은 문제의 핵심을 정립해야 하며 그것은 당초 언급된 문제와 다를 수도 있다.

(6) 목표 결정

핵심문제와 이슈가 확인되면, 그룹은 목표에 대한 공통된 의견을 모은다. 목표의 달성은 정립된 문제를 장기적으로 개인이나, 팀 또는 조직에 부정적이기보다는 긍정적으로 해결할 수 있다.

(7) 실행전략 개발

그룹은 많은 시간과 노력을 기울여 가능한 실행전략을 확인하고 검증을 한다. 실천학습의 선행단계와 같이 깊은 사고와 대화를 통해 전략을 개발한다.

(8) 행동하기

실천학습의 전체 과정을 행동으로 옮기는 것이다.

(9) 반복

문제가 해결되거나 새로운 방향이 설정될 때까지 실천과 학습의 주기를 반복한다.

(10) 학습

회의 중 또는 중간에 컨설턴트의 개입이 있을 수 있다. 컨설턴트는 그룹 멤버들에게 질문을 함으로써 다음과 같은 도움을 줄 수 있다.

- 문제를 명백히 할 수 있다.
- 그룹으로서 성과를 높일 수 있는 방법을 찾을 수 있다.
- 학습이 어떻게 개인 자신, 팀 그리고 조직의 발전에 응용될 수 있는지를 확인할 수 있다.

실천학습 모형의 프로세스는 일정 기간이 지난 뒤 진척사항과 교훈 그리고 다음 단계 등에 대해 토의할 수 있도록 모이게 한다. 향후 참고자료로 활용하기 위해 학습과정을 문서화할 수 있다. 각각의 학습단계가 끝난 뒤 교훈을 기록할 수 있다.

10) 실천학습 모형의 지식 형태

실천학습 모형의 지식 형태는 〈그림 5-38〉과 같다.

- Know What : 어떤 지식이 필요한지 정의하기
- Know How : 지식을 어떻게 처리해야 하는지 배우기
- Know Why : 특정 정보가 필요한 이유 알기
- Know When : 특정 정보가 언제 필요한지 정의하기
- Know Where : 필요 정보를 어디서 찾을 수 있는지 알기

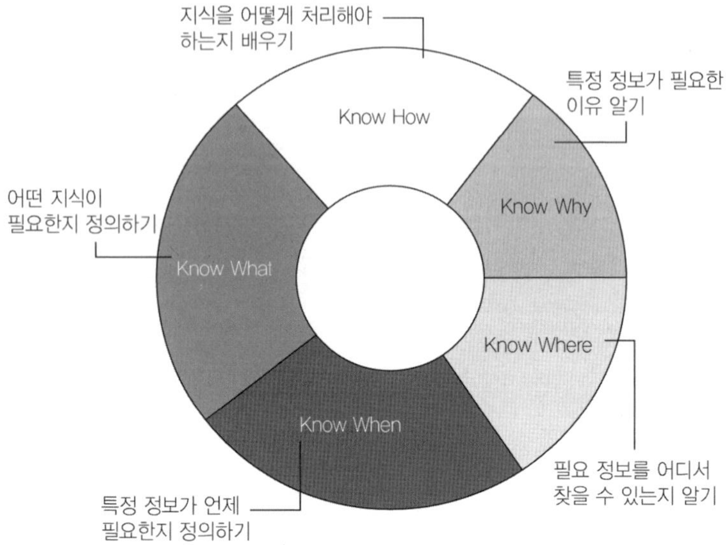

그림 5-38 실천학습 모형의 지식 형태

11) 실천학습 모형의 장점과 단점

실천학습 모형은 다음과 같은 장점이 있다.

첫째, 동시에 실행하고 배울 수 있는 지적이고 창조적인 방법을 제공할 수 있다. 예측할 수 없는 변화에 직면하고 급속히 변화하는 작업환경에서 필수적이다.

둘째, 복잡하고 긴급한 문제를 해결하는 것을 도울 수 있다.

셋째, 숙련된 리더 또는 팀을 개발하는 데 도구가 될 수 있다.

넷째, 조직문화를 변화시키고 학습조직을 구축하는 데 도움이 될 수 있다.

다섯째, 교육에 대한 투자수익으로서 가시적인 결과를 낼 수 있다.

여섯째, 성인은 학습이 그들의 생계와 직결될 때에 학습에 대한 충분한 동기가 부여된다. 참가자들은 가시적인 문제의 해결에 대한 기술과 접근법의 유용성을 검증할 수 있고, 어느 것이 효과적인지 아닌지 판단할 수 있게 된다.

실천학습 모형의 단점은 다음과 같다.

첫째, 효과적이기 위해서 많은 수의 학습모임을 준비해야 한다.
둘째, 학습 프로그램의 컨텐츠와 디자인이 성패에 중요하다.
셋째, 어느 한 과제나 프로젝트의 성공이 깊이 있는 학습 프로세스를 방해할 수 있다. 복습과 피드백이 없을 경우, 일상적인 일과가 되기 쉽다.
넷째, 어느 한 사람 또는 한 가지 기능적인 관점이 우세한 팀일 경우, 그룹은 혁신적이거나 통찰력 결과를 내기 어렵다(집단사고와 비교).
다섯째, 유능하고 객관적인 퍼실리테이터[16)]가 필요하다.
여섯째, 프로젝트 결과에 대한 빈약한 후속작업의 위험성이다.

2. 지식경영(Knowledge Management) 모형

1) 지식경영 방법의 유래와 역사

1998년 BP(British Petroleum)의 지식관리팀이 미 육군과 다른 학습조직의 좋은 사례를 통해 정리한 이 방법론은 2001년 간행된 Collison과 Parcell의 『Learning to Fly, lessons from one of the world's leading knowledge companies』란 책에서 소개되었다. 출간되자마자 이 방법론과 관련하여 공공부문과 사부문의 다양한 조직에서 현재 700개가 넘는 커뮤니티가 만들어졌다. 2005년에 10개의 다른 조직에 대한 응용사례를 포함하여 접근법의 양도가능성을 보여주는 개정판이 출간되었다. 응용범위는 UN부터 De Beers社와,

16) 개인이나 집단의 문제해결능력을 키워주고 조절함으로써 조직체의 문제와 비전에 대한 자신의 해결책을 개인이나 집단으로 하여금 개발하도록 자극하고 돕거나, 교육훈련 프로그램의 실행과정에서 중재 및 조정 역할을 담당하는 사람을 의미한다. 퍼실리테이터는 팀 구성원들에게 질문을 던지고, 팀 구성원들의 생각에 맞서며, 한편으로는 독려한다. 팀이 그들 자신의 행동에 대해 더 잘 알도록 해주는 것이 퍼실리테이터의 역할이다. 퍼실리테이터의 목적은 궁극적으로 학습을 가속화시키는 것으로 팀이 취하는 다양한 행동에 대한 피드백을 제공하고 성찰을 고무하며 학습자들이 문제를 어떻게 해결하고 있는지에 대해 성찰하고 학습을 촉진하는 데 도움을 준다.

BBC에서 뉴사우스 웨일스에 있는 초등학교에 이른다. 이러한 지식경영접근법의 구성요소를 오늘날 많은 조직과 경영대학원에서 볼 수 있다. Henley Cranfield 경영대학원도 포함된다.

2) 지식경영과 모형

지식사회 도래와 더불어 종전의 지식 개념과 지식인에 관한 정의들이 조금씩 바뀌고 있다. 이에 대한 정확한 이해를 위해서 지식 관련 용어들에 대해 살펴보기로 한다.

(1) 자료(Data)

자료는 현실 세계에서 일어나 단순한 사실을 의미한다.

(2) 정보(Information)

정보는 자료를 수집하고 정리하며 분석하는 가운데 단순한 사실에 인간이 의미를 부여한 것이라고 할 수 있다.

(3) 지혜(Wisdom)

지혜는 자료와 정보 및 지식을 거쳐 유사한 문제가 제기되었을 때, 즉각 해결방안을 제시할 수 있도록 개인의 몸에 자연스럽게 체화된 경우를 말한다.

(4) 지식(Knowledge)

우리가 지식사회라고 할 때의 지식은 정보 중에서 이용자의 목적에 맞을 뿐 아니라 유용하고 부가가치를 창출할 수 있는 것일 때의 지식이라고 할 수 있다. 즉, 지식의 생산은 이미 생산, 경쟁력, 경제적 목표 달성의 관건이 되었다. 동시에 경제적 가능성이나 경제력의 기초이고 수단이다.

지식경영은 지식과 경험 그리고 유용한 실무지식을 학습하고 이해하며 공유 및 활용하기 위해 사용할 수 있는 모형이다(Collison & Parcell, 2001). 지식 경영은 모순적인 어법(oxymoron)이다. 어느 누구도 직원들의 머릿속에 있는 자산을 관리할 수는 없으며, 주로 대화를 통하여 공유된다. 즉, 조직의 구성원들이 할 수 있는 것은 지식을 창출하고 발견하며 이해하고 공유, 추출, 유용, 전이, 채택, 적용, 응용할 수 있는 환경을 관리하는 것과 사업의 가치를 창출하는 것이다.

지식은 생각하고 행동할 수 있는 능력이며, 조직이 일하는 방법을 개선하고 개발하며 혁신하여 부가가치를 높이는 능력이라 할 수 있다. 조직의 운영목표를 달성하기 위해 적절한 때에 적절한 곳에 스킬과 정보를 선택하여 적용시키는 능력이다. 즉, 〈그림 5-39〉와 같이 조직이 **열린 눈**으로 세상을 보고, **열린 마음**으로 새로운 지식을 받아들이고 **열린 자세**로 사람을 보고, **열린 머리**로 업무를 처리하여 부가가치를 높이는 능력이 지식이다.

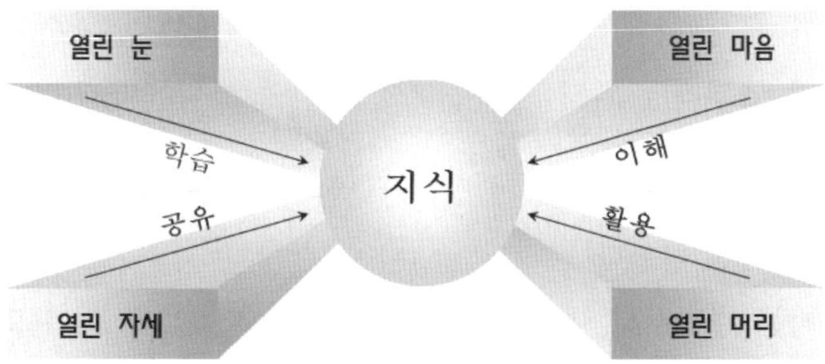

그림 5-39 지식 모형

조직은 프로세스 운영 그리고 제품 및 서비스의 적합성 달성을 위하여 필요한 지식을 정하여야 한다. 이 지식은 유지되고 필요한 정도까지 이용 가능하여야 한다. 또한 욕구 및 경향(trend)의 변경을 다룰 경우, 조직은 현재의 지식을 고려하여야 하고 추가로 필요한 모든 지식 및 요구되는 최신 정보의 입수 또는 접근방법을 정하여야 한다.

조직의 지식은 조직에게 특정한 지식으로 경험에 의해 얻어진다. 이는 조직의 목표를 달성하기 위하여 활용되고 공유되는 정보이다. 조직의 지식은 내부출처 지식과 외부출처 지식으로 나누어 이해해 볼 수 있다. 내부출처 지식은 지적 재산, 경험에서 얻은 지식, 실패 및 성공한 프로젝트로부터 얻은 교훈, 문서화되지 않은 지식 및 경험의 포착 및 공유, 프로세스, 제품 및 서비스에서 개선된 결과 등이다. 외부출처 지식은 표준, 학계, 컨퍼런스, 이용자 또는 외부 공급자로부터 지식 수집 등 이다.

3) 조직의 지식 도입 목적

조직의 지식 도입은 조직원의 이직, 정보 수집 및 공유의 실패 등 지식의 손실로부터 조직을 보호하고, 경험으로부터의 학습, 멘토링, 벤치마킹 등 조직의 지식 획득을 장려하기 위해 도입하고 있다.

4) 지식파급

지식파급은 효과적인 환경 창조를 위한 수단들로 다음과 같다.

첫째, 올바른 조건이다. 보통의 신뢰할만한 인적 구조와 기업가 정신이 있는 조직을 말한다.

둘째, 올바른 수단이다. 학습을 위한 보통의 모델, 도구 및 프로세스이다.

셋째, 올바른 행동이다. 사람들이 본능적으로 지식을 찾고 공유하며 활용하는 곳이다.

넷째, 올바른 리더십이다. 학습과 공유가 기대되고 역할모형이 되는 곳이다.

이 방법론은 조직이 활동 전, 활동 중, 활동 후에 학습하는 데 도움이 되는 많은 도구와 개입, 편리한 기술을 제공한다. 이러한 학습적인 개입의 이점은 인적 네트워크(커뮤니티)를 통하여 또는 정기적으로 업데이트되는 지식상품으로 이해되고 체계화되어 좋은 실무지식으로 널리 사용될 경우에 배가될 수 있다.

5) 지식의 습득 단계

지식 습득 단계는 〈그림 5-40〉과 같이(데이터 → 정보 → 지식) 피라미드 모형을 이룬다고 볼 수 있다. 데이터는 단순한 형식이나 사실(영하 10도)로 볼 수 있으며, 이러한 데이터는 가치와 의미가 있는 정보(날씨가 영하 10도 이하면 추운 날씨임)가 되며, 이러한 정보는 일정한 패턴과 규칙이 있는 지식(내일 날씨가 추우니까 파이프가 얼지 않도록 보일러를 틀어 놓고 퇴근함)이 되어 우리에게 체득된다.

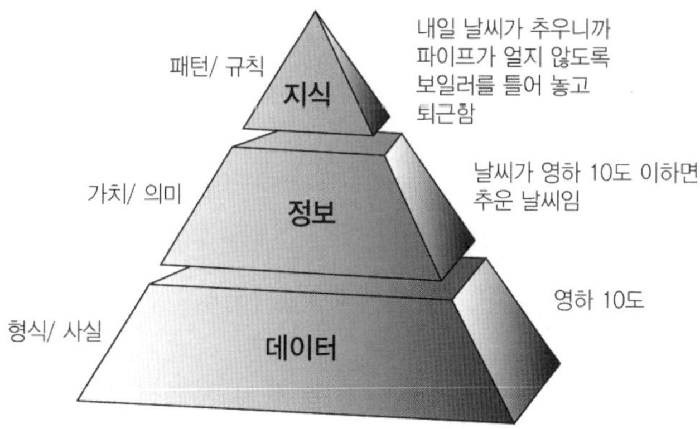

그림 5-40 지식 피라미드 모형

6) 지식경영의 분류

(1) 위계에 따른 분류

위계에 따라 지식을 분류하면 〈그림 5-41〉과 같다. 지식(knowledge)은 K1, K2, K3의 합으로 볼 수 있다.

K = K1 + K2 + K3

먼저 K1은 학문적 지식으로 기초과학이나 경제 및 경영의 영역이며, K2는 실용적 지식으로 기술특허나 데이터베이스 및 매뉴얼을 들 수 있다. 그리고

K3는 현장경험 지식으로 생산 노하우나 이용자 서비스 노하우 등의 일선경영 지식으로 위계 지울 수 있다.

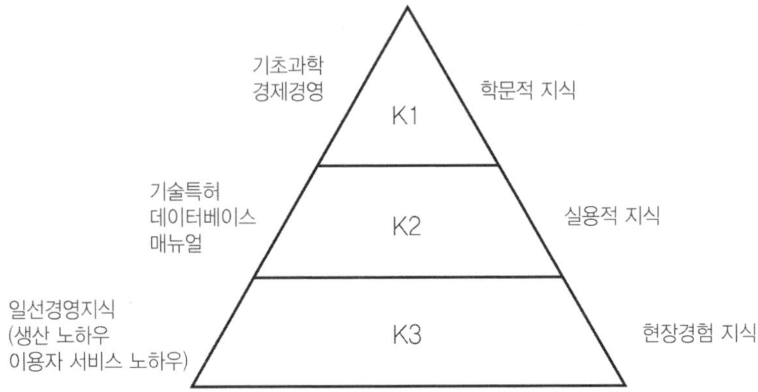

그림 5-41 지식위계 모형

(2) 형태에 따른 분류

Polanyi(1966)는 〈그림 5-42〉와 같이 암묵지와 형식지로 지식을 두 가지 차원에서 정의하였으며 가장 널리 활용되고 있다. 암묵지는 학습과 체험을 통하여 개인에게 습득되지만 겉으로는 드러내지 않는 상태의 지식을 말한다. 그리고 형식지는 암묵지가 문서나 매뉴얼처럼 외부로 표출되어서 여러 사람이 공유할 수 있는 지식이다. 형식지는 코드화할 수 있고 공유된 언어에 의해 전달할 수 있는 지식을 가리킨다. 반면에 암묵지는 코드화나 의사소통이 어려우며 행위나 참여를 통해 표현할 수 있는 지식을 가리킨다. 형식지는 책, 기술사양서, 설계도, 기계에 체화된 재료 등을 통해서 획득될 수 있는 지식이며, 암묵지는 관찰, 모방, 현장작업과 같은 경험을 통해 획득할 수 있는 지식을 가리킨다.

Nelson과 Sidney(1982)는 인간이 사용하는 지식의 많은 부분이 문맥에 구속되어 있고 조직 특유의 특성을 가지며, 본질적으로 암묵적이기 때문에 지식을 효율적으로 설명하고 이전하는 데는 많은 제약이 뒤따른다고 설명하고 있다.

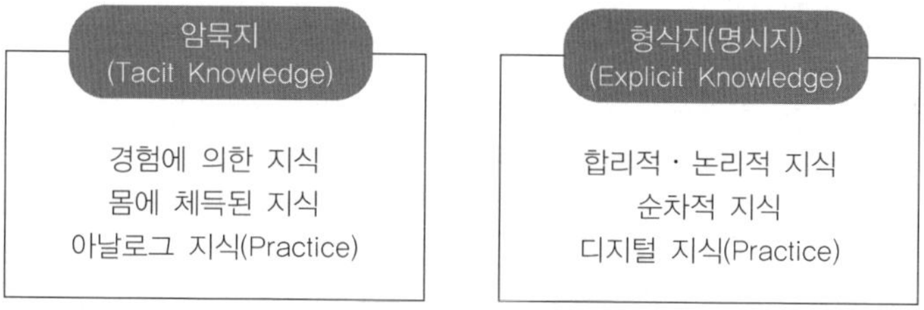

그림 5-42 암묵지와 형식지

노나카 이쿠지로 등(1998)은 암묵지와 형식지 개념을 기반으로 〈그림 5-43〉과 같이 지식전환 모형으로 설명하고 있다. 개인의 암묵지와 집단에서의 형식지가 나선형의 형태로 회선하면서 생성, 발전 그리고 전환되는 지식의 발전을 기반으로 한 조직의 경영을 지식경영으로 보았다.

이러한 지식경영의 환경을 조성하기 위해 조직이 갖추어야 할 요건으로 다섯 가지를 이야기하고 있다.

- 의지(intention)
- 자치(autonomy)
- 변동과 창조적 혼돈(fluctuation & creative chaos)
- 여유(redundancy)
- 다양성(variety)

이러한 환경에서

- 직원들은 개인의 암묵적 지식을 서로 공유하고
- 공유 속에서 지식의 개념을 도출하고
- 도출된 개념을 정당화(평가)하고
- 그것을 기반으로 지식의 형태를 갖추고
- 형태를 갖춘 지식을 전사적 또는 기관 외부로 널리 확산시키는 것

이것을 조직지식 창조의 과정이라 하였다.

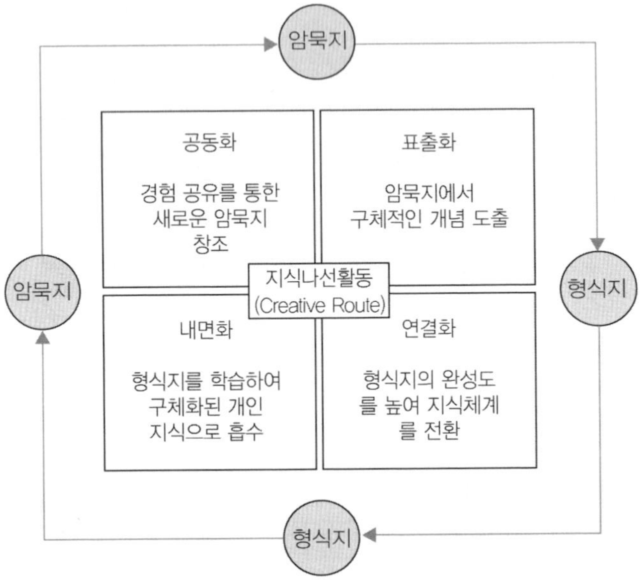

그림 5-43 지식전환 모형

자료 : 노나카 이쿠지로 외(1998) 재구성.

(3) 위치에 따른 분류

조직의 지식은 위치에 따라 〈그림 5-44〉와 같이 인적자본, 구조적 자본, 이용자 자본으로 구분될 수 있다. 인적자본은 조직구성원이 보유하고 있는 지식, 노하우나 스킬 및 재능 등이 있다. 그리고 구조적 자본은 인적자본을 확대 재생산하는 조직의 체계적 프로세스로 경쟁 및 시장정보, 유통채널에 대한 지식 등이다. 이용자 자본은 이용자와의 관계로부터 창출되는 가치나 서비스에 대한 이용자의 가치인식 그리고 이용자 욕구에 대한 지식 등으로 이해될 수 있다.

인적자본 (human capital)	조직구성원이 보유하고 있는 지식, 노하우, 스킬, 재능 등
구조적 자본 (structure capital)	인적자본을 확대 재생산하는 조직의 체계적 프로세스 예 경쟁 및 시장정보, 유통채널에 대한 지식 등
이용자 자본 (use capital)	이용자와의 관계로부터 창출되는 가치 서비스에 대한 이용자의 가치인식 이용자 욕구에 대한 지식 등

그림 5-44 지식의 위계

자료 : Stewart & Ruskdeschel(1989) 재구성.

7) 지식경영에 따른 지식의 일반적 분류

지식경영에 따른 지식의 일반적인 분류는 〈그림 5-45〉와 같이 형식지, 암묵지, 조직지, 개인지로 분류될 수 있다. 형식지는 표현 가능한 객관적인 지식과 언어를 통하여 전달되고 습득되며, 매뉴얼이나 법률 및 지침이 이에 해당된다. 암묵지는 언어로 표현되기 힘든 주관적 지식, 은유를 통해 전달되는 지식 그리고 경험을 통한 체험지식으로 대인술, 문서작성능력, 감(感)이 이에 해당된다. 개인지는 개인 차원의 지식과 개인에 체화된 지식, 두뇌에 담겨있는 개념적 지식이 해당된다. 조직지는 조직 차원의 지식, 언어로 형식화된 지식, 업무 프로세스로 조직의 문화, 시스템 및 제도 등이다.

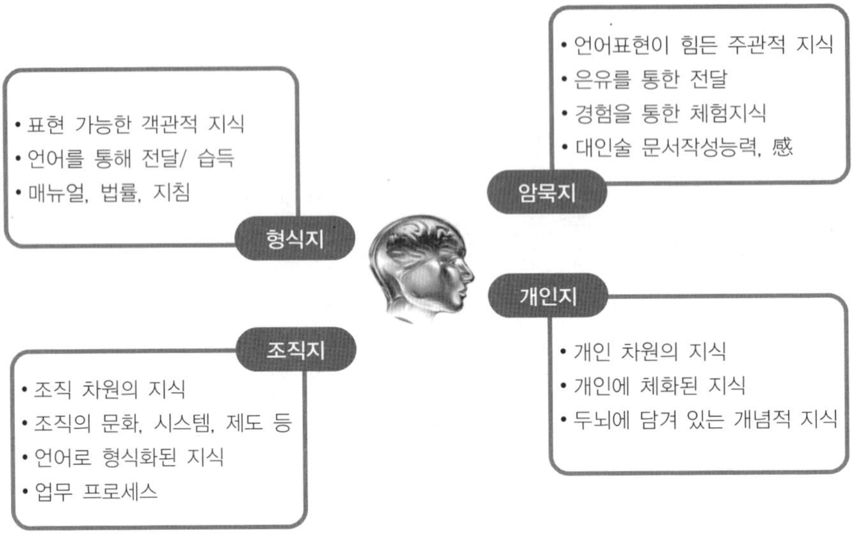

그림 5-45 일반적 조직지식

8) 지식경영 방법의 단계

다음은 지식경영의 간략한 방법에 대해 설명하고자 한다.

첫째, 지식경영을 위해 구성원들과 팀은 설정한 목표에 동의하여야 한다. 이는 궁극적으로 가치를 창조하는 목표를 이루기 위하여 지식을 활용하는 단계이다. 즉, 지식관리를 어디서부터 어떻게 개입하여야 하는지 물음을 통해 시작하는 단계이다.

둘째, 팀과 구성원은 지식 사이클을 활용하는 데 집중한다. 조직구성원들이 활동 전, 활동 중, 활동 후에 조직이 학습하도록 고무시킬 수 있도록 하려면 어떻게 하면 되겠는가에 대한 단계이다. 동료를 돕는 것과 같은 간단한 학습 프로세스, 회고(프로젝트 사후검토)와 행동 후 검토 등은 도움이 되며, 관련된 개인의 머리 속에 남아있는 새로운 지식을 이끌어 내는 데 도움이 된다.

셋째, 팀과 구성원의 모든 학습활동은 지식은행(knowledge bank)과 연결될 필요가 있다. 조직구성원들이 무언가를 하기 전에 배우고 싶다면, 조직구성원들은 지식을 인출(withdrawal)하고 싶을 것이다. 그리고 그들이 기여하고자 하는 교훈을 배우게 되면 그러한 지식을 팀과 구성원들은 보관할(deposit) 필요가 있을 것이다.

넷째, 팀과 구성원들은 핵심적인 지식과 통찰력을 가지고 있는 네트워크 및 사람들을 연결하는 것이 중요하다. 이것이 지식을 포착하고 추출하는 능력이 중요해지는 부분이다. 그러나 이것이 전부는 아니다. 모든 것을 포착하는 것은 불가능하다. 따라서 조직구성원들로 하여금 분명한 정보로 포착되는 지식을 소유하고 업데이트하도록 고무시키는 것이 중요하다.

다섯째, 팀과 조직구성원들은 지식공유를 시작하고 지속시키는 데 중요한 모델의 주변에 조직의 환경 또는 문화가 자리 잡고 있어야 하는 단계이다. 환경 또는 문화는 올바른 리더십에 반영되고 그리고 지식경영이 핵심 프로세스로 위치하고 궁극적으로 무의식적인 경쟁력이 되는 방식에 반영될 것이다.

9) 지식의 변환과정

근대 과학의 역사는 세상에 대한 지식을 더 효과적으로 이동하고 공유할 수 있는 형태로 만들어 왔던 역사다. 사람들은 수학을 사용하고, 자연적 분류법을 고안하고, 자연에 근거한 단위와 표준을 만들고, 계량화해서 측정하였다. 그들은 실험을 통해 통제된 환경을 만들고 측정계기를 만드는 과학자의 활동은 지식을 좀 더 쉽게 전파하고 또 공유하기 시작하였다. 이제 전 세계 과학자들은 거의 같은 표준과 기호를 사용하게 됐다. 이러한 소통은 정보의 폭발을 낳았고, 정보의 폭발 속에 새로운 지식을 만들어 내는 속도도 가속화되었다. 실험과학자들의 실험도 흡사한 과정을 겪었다. 실험에 필요한 단순한 숙련은 점차 자동 실험기기와 컴퓨터 프로그램으로 이전되기 시작하였다.

지식은 중요한 재화가 되었다. 지식이 중요한 경제적 재화가 되었다고 할 때, 그 지식은 인간의 머리와 몸에서 분리된 지식을 의미한다. 이른바 암묵적(tacit) 지식에서 고정된(codified) 지식으로 바뀐 지식이다. 지식기반사회가 가능해진 것은 컴퓨터와 인터넷과 같은 정보통신 기술의 발전 때문에 이 고정된 지식의 소통과 공유가 혁명적으로 용이해졌기 때문이다. 그러나 어떤 지식을 어떻게 인간의 몸과 머리에서 분리해서 고정된 지식으로 만드는가 라는 문제는 통상 기계나 컴퓨터가 아니라 더 고차원적인 인간의 지식노동을 필요로 한다. 그리고 여기에 어떤 지식이 어떻게 사용될 수 있는가에 대해서는 아직 수많은 불확실성이 존재한다. 당장 재화가 되는 지식만이 아니라 순수과학이나 인문학과 같은 다양한 지식이 고르게 발전하고 이것이 '지식 혁명'의 기반을 형성해야 하는 이유가 여기에 있다.

3. 지식경영의 SECI 모형

1) 지식경영 SECI 모형 구조

SECI(Socialization, Externalization, Combination, Internalization) 모형은 기본적으로 인간의 지적 창조활동을 암묵지와 형식지로 구분하고 암묵지와 형식지가 상호작용을 통하여 지적 창조활동이 이루어진다는 것을 기반으로 하고 있다(Nonaka, 2008). 암묵지의 개념은 헝가리의 사회과학자의 Porany가 제창한 개념이며 형식지는 노나카가 제창한 것이다. 노나카의 『지식 창조 방법론』에 의하면, 새로운 형식지가 나타나 그것을 형식지로 받아들이면 개인의 암묵지로 변화한다는 개념의 과정을 정립한 것이 SECI 모형이다. SECI 모형은 네 개의 과정으로 이루어져 있다.

〈그림 5-46〉에서 지식창조 과정은 나선형 프로세스(spiral process)라고 설명하고 있다. 즉, 암묵지와 형식지라는 두 종류의 지식이 공동화(암묵지가 또 다른 암묵지로 변하는 과정), 표출화(암묵지가 형식지로 변환하는 과정), 연결화(형식지가 또 다른 형식지로 변하는 과정), 내면화(형식지가 암묵지로 변환하는 과정)라는 네 가지 변환과정을 거쳐 지식이 창출된다는 이론을 제시하고 있다. 이러한 변환과정이 직선적으로 이루어지고 끝나는 것이 아니라 복합상승 작용이 나타나는 나선형 프로세스로 다이나믹하게 계속된다고 설명하고 있다.

노나카의 지식변환 프로세스는 다음과 같다.

지식변환은 조직에서 지식을 획득 · 공유 · 표현 · 결합 · 전달하는 창조 프로세스의 메커니즘을 나타내는 말이다. 지식변환은 암묵지와 형식지의 상호작용으로 원천이 되는 지(知)의 축(變煥元)과 변환되어 나온 결과물로서 지(知)의 축(變煥先)으로 이루어지는 매트릭스로 나타낼 수 있다.

지식 간의 변환에서 네 가지 기본적인 지식변환 유형을 도출할 수 있다.

- 암묵지에서 암묵지로 → 공동화(신체로 지를 얻는다)
- 암묵지에서 형식지로 → 외부화(생각이나 노하우를 말이나 형태로 표현한다)
- 형식지에서 형식지로 → 종합화(말이나 형태를 조합한다)
- 형식지에서 암묵지로 → 내면화(말이나 형태를 체득한다)

이러한 과정이 순차적으로 한 번만 일어나지는 않는다. 개인의 지식 창조에서 시작해서 집단, 조직의 차원으로 나선형으로 회전하면서 공유되고 발전해 나가는 창조 프로세스로 파악할 수 있다. 이처럼 개인 · 집단 · 조직 전체의 각 차원을 통해서 기관은 외부환경으로부터 배울 수 있는 이상의 지식을 새롭게 창조하는 것이다. 각각의 유형은 다음과 같은 특성을 가진다.

(1) 공동화(Socialization) : 암묵지 → 암묵지(암묵지에서 암묵지를 얻는다)

공동화는 경험이 있는 사람에게서 경험이 없는 사람에게, 공통 경험을 공유하는 것에 따라 말은 아니고 체험에 의해 지식을 전하는 과정이다. 이용자와의 공유체험도 포함된다. 따라서 서로가 경험을 통해 지식을 촉진할 수 있는 창출장이라는 공간에서 자유롭게 만나 교류가 이루어는 것이 특징이다. 또한 공동화는 경험을 공유하여 정신모델이나 기술 등의 암묵지를 창조하는 과정을 말한다. 여기서 암묵지란 문자나 이미지 등으로 형식화할 수 없는 개개인의 경험을 통해 축적된 지식을 말한다. 따라서 암묵지의 습득은 관찰과 모방, 연습 등을 통해서 이룰 수 있다. 이러한 특성을 지닌 공동화의 과정에서 대화는 필수 요소이다. 더불어 사회화를 위한 공간인 창출장이 필요하다는 것이다.

공동화의 최초 유형은 특정 개인 혹은 집단이 주로 경험을 공유함으로써 지식을 전수하고 창조한다. 이 암묵지에서 암묵지로 변환하는 과정을 사회화라고 부른다. 대표적인 예로는 숙련적 기능의 전수, 사제관계(師弟關係)가 그 예이다. 또는 영업인이라면 이용자와 접촉하여 욕구를 체감하는 일, 개발자라면 전문가의 노하우를 보고 흉내 내는 가운데 저절로 터득하는 일, 매니저라면 사내를 돌아다니면서 부서의 분위기나 구성원의 의식을 파악하고 OJT를 하는 일 등이다. 이 단계에서는 언어에 의존하지 않고 체험, 관찰, 모방 등의 신체적이고 감각적인 경험을 통하여 지식이 공유되고 변환된다. 여기서는 맨투맨 혹은 집단의 공유체험이 큰 역할을 담당한다. 행동을 함께 공유함으로써 신체적인 감각을 총동원하여 말로 표현할 수 없는 지(知)를 공유하는 것이다. 이노베이션의 원천은 여기에 있다. 중요하지만 조직 내부에서 공유할 때 시간이 걸리는 프로세스이고 동시에 개인의 공간으로 한정된다. 그러므로 이러한 시공간(時空間)의 제약을 뛰어넘는 것이 과제이다.

① 기관 밖을 걸어 다니는 동안 암묵지를 획득 : 공급자와 이용자와의 공동체험(직접경험)을 통해 자신의 몸으로 지식과 정보를 획득하는 과정
② 기관 안을 돌아보는 동안 암묵지를 획득 : 판매와 제조의 현장, 기관 각 부문에 파견되어 공동체험을 통해 지식과 정보를 획득하는 과정
③ 암묵지의 축적 : 획득한 지식과 정보를 자신의 생각에 관련시켜 두는 과정
④ 암묵지의 전수/ 이전 : 언어화되지 않은 자신의 아이디어와 이미지를 기관 내·외 사람에게 직접 이전하는 과정

참고

마츠시다의 경우는 암묵적인 기술이 공동화되는 방법을 보여주고 있다. 1980년대 후반 이 회사가 가정용 자동제빵기를 개발할 당시, 가장 큰 문제점으로 대두된 것은 숙련된 제빵공들이 가진 암묵지인 도넛반죽의 기계화였다. 숙련공과 기계가 반죽한 반죽덩어리를 각각 X-레이 투사로 관찰해 보았으나 이렇다 할 결과를 얻지는 못했다. 당시 소프트웨어 개발 부장이었던 이카쿠 다나카는 오사카 인터네셔널 호텔이 최고 품질의 빵을 만들고 있다는 사실을 알고는, 반죽기술을 알아내기 위해서 팀원 몇 사람과 함께 이 호텔의 1등 제빵기술자의 견습공 노릇을 자청하였다. 제빵기술자가 가진 암묵지를 터득한다는 것은 결코 쉬운 일이 아니다. 그러던 어느 날 이카쿠 다나카는 제빵기술자들이 밀가루 반죽을 만들 때 잡아당기는 동작뿐만 아니라 비트는 동작도 하는데, 그것이 바로 비결이었음을 발견하게 되었다. 결국 그들은 제빵기술자가 가지고 있던 암묵지를 관찰하고, 모방하며, 연습하는 가운데 공동화할 수 있게 되었다.

(2) 외부화(Externalization) : 암묵지 → 형식지(암묵지에서 형식지를 얻는다)

외부화(표출화)는 개인이 기억한 지식을 글이나 도표의 형태로 표현해 나가는 과정으로 글을 가다듬고 새로운 관점의 개념을 만들어 나가는 것을 말한다. 이것을 촉진하는 공간인 대화장에서 서로 간의 의견교환이 필요하다. 암묵지를 구체적인 개념으로 구성하는 과정을 외부화 과정이라고 한다. 이 과정은 지식창조의 필수적인 과정으로 이 과정을 통하여 암묵지가 구체화되고 은

유, 유추, 개념 등이 형태를 잡아가게 된다. 우리가 어떤 이미지의 개념을 잡으려고 할 때 대부분 그 내용을 언어로 표현한다. 글을 쓰는 것은 암묵지를 형식지로 전환하기 위한 동작에 해당한다. 그럼에도 불구하고 표현은 종종 부적절하고 불일치하다. 그러나 이미지와 이미지의 표현 사이의 이 같은 갭은 개인 사이의 상호작용과 사고를 증진시켜 주기도 한다. 지식 전환의 외부화 모드는 개념 창조 과정에서 주로 볼 수 있으며 매력적인 은유나 유추를 사용함으로써 창조과정에 효과적으로 기여할 수 있다. 이렇게 획득한 암묵지를 형식지로 변환하는 과정을 외부화라고 부른다. 개인이나 집단의 암묵지가 공유되거나 통합되어 그 위에 새로운 지(知)가 만들어지는 프로세스이다. 예를 들면, 서비스 개발 과정의 컨셉 창출, 최고 경영자의 생각을 언어화하는 일, 숙련 노하우의 언어화, 이용자의 암묵적인 욕구를 표출하고 현재화시키는 일 등이다. 여기서는 언어나 시각적 메시지 등 조직에서 공유와 전달이 용이한 형식지가 창조된다. 서비스를 개발할 때에도 충분한 암묵지가 없으면 빈곤한 아이디어밖에는 나오지 않는다. 방대한 암묵지를 뽑아내기 위해서는 특정한 기능, 즉 지(知)의 방법론이 요구된다. 이 외부 과정에서는 대화나 은유 등의 언어적 방법론이 중요한 기능을 담당한다.

⑤ 자신의 암묵지 표출 : 언어화되지 않은 자신의 아이디어와 이미지를 연역적, 귀납적 분석 혹은 발상법적 추론(메타퍼와 아날로지)과 대화를 통해서 언어, 개념, 도형, 형태화하는 과정

⑥ 암묵지로부터 형식지로 전환 및 번역 : 이용자와 전문가 등의 암묵지를 촉발시켜 이해하기 쉬운 형태로 번역하는 과정

(3) 종합화(Combination) : 형식지 → 형식지(형식지에서 형식지를 얻는다)

종합화(연결화)는 기존에 있는 형식지들을 연결하고 체계화시켜 새로운 형식지를 만들어 내는 과정이다. 즉, 표현된 개념을 분석 · 결합해 재구성을 해나가

는 과정이기도 하다. 이것을 촉진하는 공간이 시스템장에서 IT 기술이 활약하는 장소이다. 또 한 가지 지(知)의 변환유형은 개인이나 집단이 각각의 형식지를 조합시켜 새로운 지를 창조하는 프로세스이다. 예를 들면, 언어, 문서, 사양서, 설계도, 데이터베이스 또는 전자메일, 컴퓨터 등의 매개를 이용한 분류 · 가공 · 조합 · 편집에 의한 지식의 창조이다. 이것을 종합화(연결화)라 부른다. 여기에는 전략, 컨셉의 구체화 등의 작업, 부문 간 조정으로 경영수치를 만들고 제품 사양서를 작성하는 업무가 포함된다.

> ⑦ 새로운 형식지의 획득과 통합 : 형식지화된 지식 혹은 공표된 데이터 등을 기관 내 · 외로부터 수집, 결합시키는 과정
> ⑧ 형식지의 전달 및 보급 : 프리젠테이션과 회의 등의 형식지를 형식지 그 자체로 전달 및 보급하는 프로세스
> ⑨ 형식지의 편집 : 형식지를 이용 가능한 특정 형식(다큐멘트 등)으로 편집 및 가공하는 과정

(4) 내면화(Internalization) : 형식지 → 암묵지(형식지에서 암묵지를 얻는다)

내면화는 행동하고, 실천하는 것에 따라 얻어진 형식지를 자기 자신인 것으로서 자신의 생각이나 개념으로 정립하는 과정이다. 이것은 공동화 과정과 지속적으로 공유되어져 간다. 이것을 촉진하는 공간이 실천장에서 실천에 의해 지식에 연결할 수 있는 공간이다. 즉, 내면화는 형식지를 암묵지로 변환시키는 과정으로 표현할 수 있다. 새로운 서비스나 문서가 조직 내에서 공유되는 과정을 통해 암묵지가 확산된다. 이는 노하우, 매뉴얼 등을 롤플레잉(혹은 시뮬레이션)에 의해서 개개인의 내부에 체험적으로 이해시키는 일 등을 포함한다. 또한 조직 내에 성공사례가 전파되는 방식도 이 과정이라 할 수 있다. 그 과정에서는 시행적(試行的), 반성적(反省的) 실험이나 경험이 의미를 갖는다. 이 내면화는 이미 거론한 조직학습의 과정을 포함하고 있다. 사회복지 관련 서비스업은 내면화를 조직 창조 과정의 뿌리로 삼고 있다.

⑩ 행동 및 실천을 통한 형식지의 체화 : 전략, 전술, 혁신, 개선에 관한 개념과 기법을 구체적으로 실현하기 위해서 직무교육 등을 통해 개인에게 체득시키는 과정

⑪ 시뮬레이션과 실험에 의한 형식지의 체화 : 가상의 상태에서 새로운 개념과 기법을 실험적으로 의사체험 및 학습하는 과정

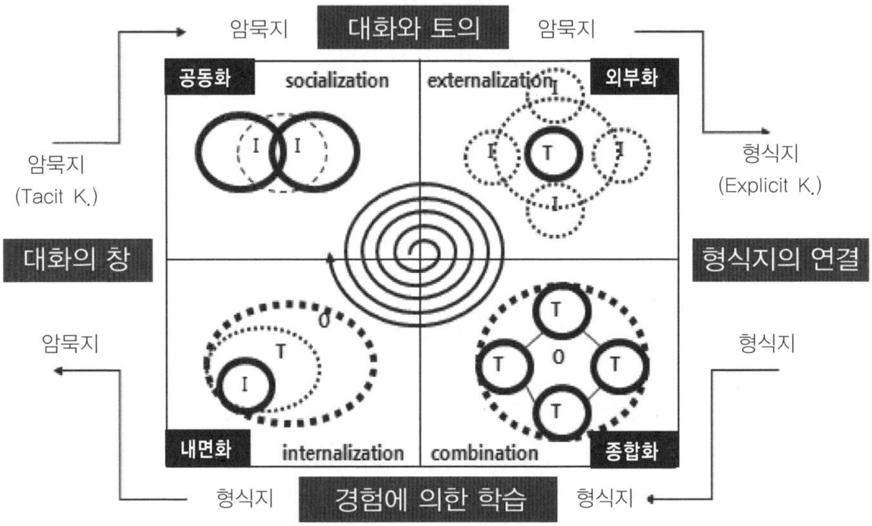

I : 개인, T : 팀, O : 조직

그림 5-46 지식변화의 네 가지 창

자료 : 노나카 이치구로 외(2009) 재구성.

참고

■ **우화를 통해 본 정보와 지식의 차이**

옛날 어느 성의 구석에 연못이 있었고 많은 물고기들이 살고 있었다. 어느 날 성에 불이 났고 이 소식이 연못의 물고기들에게 전해졌다. 이때 한 물고기는 다른 곳으로 피신하자고 주장했으나 나머지 물고기들은 "땅 위의 불과 물속에 사는 우리들과 무슨 상관이냐"며 비웃었다. 그 결과 다른 연못으로 피신한 물고기만 살아남고 나머지는 모두 죽음을 면치 못했다.

이 우화를 정보와 지식의 개념에 적용해 보면 '성에 불이 붙어 타고 있다는 것'은 물고기들에게 수동적으로 전해진 정보의 한 가지 형태라고 할 수 있다. 하지만 대다수 물고기들은 단순히 정보를 받아들였을 뿐 그 이상을 생각하지 못했다. 아니면 생각하지 않으려고 했을지도 모른다.

반면 피신을 주장한 현명한 물고기는 성에 불이 났다는 정보를 접하고 불을 진화하기 위해 사람들이 연못의 물을 퍼다 쓸 것으로 판단한 것이다. 그러한 판단을 내리고 행동에 옮길 수 있었던 물고기의 마인드와 사고체계 자체가 바로 지식이라고 할 수 있다(매일경제 지식프로젝트팀 지식혁명보고서).

2) SECI 모형의 강점과 이점

SECI 모형의 강점과 이점은 다음과 같다.

- 더 적은 것에서 더 많은 것을 얻게 해준다. 당연히 우리 모두에게 요구되는 것이다.
- 좋은 지식의 확인과 전이(transfer)를 개선시킨다.
- 더 빠른 서비스 개발 주기와 지속적인 개선으로 이끌어 주는 개선과 학습이다.
- 실수의 반복과 재발 방지이다.
- NIH 문화[17]를 확인하고 극복하게 해준다.
- 새로운 작업방식의 공유수준과 채택(take-up)수준을 개선시킨다.

17) Not Invented Here의 약자로 자신이 만들어 낸 것이 아니라면 그다지 큰 가치가 없다고 생각하는 사고방식

제 7 절 윤리와 책임 모형

1. 윤리와 책임

윤리와 책임은 조직 내부의 도덕적 붕괴를 너무 늦기 전에 발견하는 데 도움을 줄 수 있다. 특히 내부 고발자를 영웅시하는 문화는 상호관계의 윤리가 바닥으로 치달았을 때 나오는 현상이다. 내부 고발자를 의로운 사람인 것처럼 대접하는 사회는 신뢰가 붕괴된 사회다. 그런 곳에서 상호관계의 윤리가 자리 잡을 수는 없다. 부모가 자식을, 자식이 부모를, 스승이 제자를, 제자가 스승을 감시하고 고발하는 곳에서 상호관계 윤리는 존재할 수 없다. 최근에는 기술의 진보에 힘입어 소위 몰래 카메라 촬영까지 동원된다. 이는 결코 의로움도 윤리도 아니다. 사회가 붕괴되고 있다는 신호다. 그곳에서 쌍방으로 준수해야 할 의무가 사라지고 각자 일방적으로 자신의 권리만을 주장하게 된다.

올바른 경영이 자리 잡지 않은 조직에서는 언제나 동료 또는 상사를 향한 모함이 난무한다. 그 수단은 투서일 수도 있고 뒷담화일 수도 있다. 심지어 어떤 곳에서는 최고 경영자가 경쟁적으로 임직원들을 대상으로 흠집 내기를 조장하기까지 한다. 상호관계의 윤리가 완전히 파괴된 곳에서 그런 일이 일어난다.

2. 해를 끼치지 않을 윤리[18)]

해를 끼치지 않아야 한다는 윤리는 히포크라테스의 선서에서 유래한다. 이것은 비영리조직 및 사회복지전문가가 최우선으로 준수해야 할 윤리다. 사회복지전문가는 자율성을 지닌 존재다. 감독이나 통제대상이 아니다. 자신의 지식과 판단에 의사결정을 맡긴다는 의미에서 자율적이고 사적이다. 반면에 사

18) 송경모(2016). 피터 드러커로 본 경영의 착각과 함정들 참고함.

회복지전문가에게 이런 자율성이 부과된 근거는 공공의 이익으로부터 영향을 받는다는 사실에 있다. 전문가는 자신의 말과 행동 하나하나가 이용자, 더 나아가 사회에 해를 끼치지 않는지를 살피면서 일해야 한다.

다원화된 조직사회에서는 어느 조직이나 사회의 특수하고 개별적인 필요를 수행하기 위해 탄생했다고 볼 수 있다. 따라서 사회복지전문가에게는 공공선에 대한 책임이 존재한다. 즉, 윤리적인 면에서 사회복지전문가는 공적 상태를 유지해야 한다. 동시에 사회복지전문가는 그 어떤 지배구조하에 있다 하더라도 사적인 상태, 즉 자율적으로 의사결정을 할 수 있는 상태를 유지해야만 한다. 이러한 공적인 상태와 사적인 상태 사이의 긴장을 유지하기 위해 사회복지전문가가 준수할 최소한의 윤리는 바로 알면서 해를 끼치지 마라는 것이다.

3. 윤리적 붕괴 징후 모형과 대책

Jennings(2006)는 윤리적 붕괴의 일곱 가지 징후에 대해 언급하고 있다. 이러한 진단법은 이사회, 집행진, 종업원, 애널리스트, 그리고 투자자들이, 측정할 수는 없지만 재무재표의 내용을 통제하고 집행진이 부정행위를 저지르는 기관들의 특징을 평가하고 너무 늦기 전에 발견하는 데 도움을 줄 수 있다.

Jennings는 윤리적인 분쟁을 예측하는 일곱 가지 요인을 확인하고 다음과 같은 대책을 세울 수 있도록 하고 있다.

1) 그러한 수치를 유지하는 압력

모든 기관과 조직은 목표를 가지고 있으며 그러한 수치를 달성해야 하는 압력을 느낀다. 그러나 윤리적 문화가 빈약한 기관은 그러한 목표달성을 잘못된 영역으로 몰고 갔다. 이러한 조직의 직원들은 그러한 수치를 보고하고 싶어

한다. 결과적으로 역으로 작업을 하고 회계해석을 사용하여 최종적으로 사전에 설정한 수치에 모든 것을 맞춘다.

- 대책 1 : (수치로 표현된) 목표를 윤리적인 가치(경계)로 포위한다.
- 대책 2 : 사전에 설정한 경계를 넘는 사람은 해고한다.
- 대책 3 : 비언어적이고 뉘앙스가 있는 커뮤니케이션 및 신호를 감독한다.
- 대책 4 : 직원들에게 타임아웃제의 사용을 독려한다. 즉, 직원들이 자신들의 작업에서 곤란한 상황에 있는 것을 발견했을 때 일정한 시간을 부여한다.

2) 두려움과 침묵

두려움과 침묵은 직원들이 문제를 목격하고도 침묵하는 형태의 문화이다. 만약 직원들이 자신들의 관심사를 나눈다면 그들은 조직에서 해고되거나 매장된다고 생각하게 된다.

- 대책 1 : 직원들이 자신의 소리를 당당히 말하게 하고 그렇게 할 수 있는 수단을 제공한다(핫라인).
- 대책 2 : 자신의 입장을 밝힌 직원을 해고하거나 매장시키지 않으며, 전근, 재발령, 무시 또는 헐뜯지 않는다.
- 대책 3 : 윤리적이고 법적인 문제를 말하고 지적한 직원에 대해 보상한다.
- 대책 4 : 직원들에게 나쁜 뉴스가 일어난다는 것을 말한다.
- 대책 5 : 직원들을 신뢰하고 그들의 지혜로움을 믿는다고 말한다.

3) 젊은 친구들 및 태산 같은 CEO

조직은 아첨꾼, 예스맨 및 다른 어리석은 사람들로 둘러싸여 있다. 또한 조직에는 우상적이고 숭배받는 CEO가 있기 마련이다.

- 대책 1 : 우상적인 CEO를 조심한다.
- 대책 2 : 가장 특출난 성과를 낸 사람이 되더라도 항상 질문을 한다.
- 대책 3 : 누가 고용되고 누가 해고되었는지 그리고 누가 그들을 대체하고 얼마를 받는지를 모니터한다.
- 대책 4 : 개인적인 삶의 행동은 중요하다.
- 대책 5 : 젊은 친구들을 만들고 형성한다.

4) 약한 이사회

약한 이사회는 이사진이 경험이 부족하고 친구들로 구성되고 이해타산적이며 충분한 시간과 노력을 기울이지 않을 수 있다.

- 대책 1 : 스스로 강력한 이사가 된다. 갈등에 대해 더 깊이 파고들고 지배구조의 신화에 빠지지 않는다.
- 대책 2 : 직원들로부터 정보를 입수한다.
- 대책 3 : 이사진, 관리자 및 그들이 주장하는 결과에 이의를 제기한다.
- 대책 4 : 특전에 주의한다.
- 대책 5 : 주변을 살핀다.

5) 갈 등

조직은 간지러운 곳을 긁어주는 분위기가 분명히 존재한다. 편애주의와 족벌주의로 인한 갈등이 만연하다.

- 대책 1 : 이해관계의 충돌을 믿는다.
- 대책 2 : 분명한 이해관계 충돌에 대한 정책을 설정하고 규칙을 시행한다.
- 대책 3 : 무엇이 조직에 속하고 무엇이 이용자에 속하는지를 구분하고, 직원들이 이 둘을 충돌하지 않게 한다.
- 대책 4 : 분쟁에 대한 정책을 철회하지 않는다.

- 대책 5 : 소유와 상관관계를 검토한다.
- 대책 6 : 분쟁을 다루는 데는 단지 두 가지 방법만이 있다는 것을 명심한다. 그것을 제거하거나 폭로하는 것이다.

6) 어느 누구도 혁신을 좋아하지 않는다

조직구성원들은 너무 영리하고 혁신적이어서 세속적인 회계규칙, 조직의 지배구조, 심지어 기초적인 경제원리도 조직구성원들에게 적용되지 않는다는 믿음이 존재한다.

- 대책 1 : 진실을 관리할 수 없다는 것과 능력의 한계를 인식시킨다.
- 대책 2 : 기초적인 경제원리, 경기 사이클, 사업의 역사를 명심하게 한다.
- 대책 3 : 정직과 솔직함을 가진다.
- 대책 4 : 압력에 대한 복원력을 가진다.

7) 다른 부분의 악을 일부분의 선으로 속죄한다

관리자와 조직 자체에 대해 좋은 시민이라는 일관된 인식을 가지고 있는 경우이다. 박애적이고 환경 친화와 다양성에 몰입하는 이러한 조직은 그들의 선행 및 기여에 대한 인정을 받고 있다. 노블레스 오블리주를 통해 많은 혜택을 입고 있다.

- 대책 1 : 사업의 사회적 책임에 대한 태도 전환이 필요하다.
- 대책 2 : 당신의 기관 및 시설을 조사하고 사회적 책임 및 지역사회의 개입에 대한 깊이와 상호 연관성을 탐구한다.
- 대책 3 : 자선과 사회적 책임에 대해 (매우) 회의적인 태도를 갖는다.

4. 윤리적인 붕괴의 일곱 가지 징후의 활용

- 위험조직 예측
- 망하기 직전과 같은 조직에서 일하는 것을 예방
- 재앙이 되기 전에 자신의 조직에 존재하는 문제를 확인하고 해결
- 일곱 가지 징후는 정부기관이나 비영리조직에도 적용

5. 윤리적 붕괴 일곱 가지 징후의 강점과 한계

1) 윤리적인 붕괴의 일곱 가지 징후의 강점

- (잠재적인) 윤리적 문제점들을 탐지하기 위한 일곱 가지 분명한 신호를 제공
- 그러한 문제점을 해결하거나 발생하지 않도록 대책을 제공함
- 비윤리적인 행위의 근본적인 근원을 다룸 : 증상을 다루기보다는 기관의 문화를 다루거나 법률시스템의 수정 또는 처리비용 지급

2) 윤리적인 붕괴의 일곱 가지 징후의 한계

- 조직은 문화를 개혁하는 파트가 없다.
- 재무보고에 있어 거시적이고 윤리적인 문화의 변화가 필요할 수 있다.

제 8 절 조직의사결정 모형

인간은 합리적 판단을 기본 전제로 삼았던 전통 경제학을 부정하며 '제한된 합리성(bounded rationality)'을 주창했던 Herbert A. Simon은 노벨경제학상을 받기도 했다. 인지능력의 한계, 한정된 시간, 부정확하고 미흡한 정보 때문에 인간의 합리성에는 궁극적으로 제약이 따른다. 따라서 유일한 최선의 방법(the one best way)에 도달하기란 불가능하며 우리가 내리는 결정은 일정 수준에서 만족화(satisficing)가 이루어진 대안에 지나지 않는다.

1. 통제의 지렛대 모형

Simons(1994)는 대기업 매니저들이 (가치) 창출과 (가치관리와 측정) 통제 사이의 긴장을 관리하는 모형을 제공하는 통제의 지렛대(levers of control)를 소개하였다. 조직은 끊임없이 변화하는 환경 속에 놓여 있다. 이렇게 빠르게 변화하는 환경 속에서 조직은 통제라고 불리는 네 가지 수단을 효과적으로 활용하여야 한다.

1) 통제의 지렛대 정의

조직은 성과 및 결과를 예측하고 과정과 결과를 이어주는 인과관계를 분석할 수 있는 수준에 따라 조직의 유연성과 관리방식이 달라진다. Simons는 사업전략이 실현되는 관리체계를 네 가지의 통제 지렛대(levers of control)로 분류했다. 우리는 '통제'라고 하면 흔히 진단통제(diagnostic control)로 이해될 수 있지만 Simons(1994)의 통제의 지렛대는 신념통제체계, 진단통제체계, 경계통제체계, 상호작용통제체계로 구성되어져 있다.

(1) 신념통제체계

신념통제체계는 조직이 올바른 신념체계를 갖고 있어야 한다는 것이다. 조직은 이러한 신념체계를 가지고 있을 때 조직의 비전, 핵심가치, 미션, 사명진술서, 비전진술서, 사훈, 신조(credos), 목적진술서 등을 성실히 따르도록 통제할 수 있다. 즉, 조직이 바라는 가치와 방향을 제시하여 조직구성원의 몰입을 증진시키고, 구체적이고 인위적인 상징물을 활용하여 조직의 핵심가치를 전달할 수 있다.

(2) 진단통제체계

조직은 산출물을 최적화해 주고 업무를 마무리하게 해주는 진단통제체계를 반드시 설치해야 한다. 즉, 산출물 측정, 가치평가 기준, 인센티브 및 보상체계 등이다. 이는 목표와 실적을 비교, 평가함으로써 목표 달성에 매진하도록 견인한다. 효과적인 진단통제는 조직의 성과지표 및 평가기준을 명확하게 제시함으로써 조직구성원들의 행동을 일체화시킨다.

(3) 경계통제체계

경계통제체계는 각각의 참가자에 대해 영역을 표시할 수 있는 경계체계를 갖고 있어야 한다. 신념통제와 진단통제가 '**해야 할 일**'에 중점을 둔다면 경계통제(boundary control)는 '**하지 말아야 할 일**'을 강조한다. 얼핏 부정적인 방식으로 보이지만 폐기학습의 대상과 회피해야 할 위험을 미리 공표함으로써 필요 이상의 개입과 간섭을 최소화한다는 긍정적인 의미가 있다. 그래서 경계통제는 최소한의 필수제약(cold constraints)이라고 불리기도 한다. 이는 행동규범, 사전에 정의된 전략적 기획방법, 자산획득 규정, 운영지침 등에 해당된다.

(4) 상호작용통제체계

현명한 조직은 상호작용(쌍방향)통제체계를 활용하여 새로운 아이디어를 추적하고, 새로운 학습을 촉발시키며, 조직의 미래를 적절히 포지셔닝시킨다.

처리된 자료는 관리 상호작용, 직원들과의 대면미팅, 도전적인 자료, 부하의 가정(assumptions) 및 행동계획 등에 활용된다. 쌍방향통제체계는 조직구성원과 관리자가 의사결정에 함께 참여하여 수평적으로 소통하는 과정에서 불확실성을 낮춰가는 방식이다. 조직은 적극적이고 능동적인 몰입을 이끌어 낼 수만 있다면 조직 관행에 의문을 제기하거나 환경의 위협과 위험을 조기에 파악함으로써 불확실성에 기민하게 대처할 수 있다.

2) 통제의 지렛대를 통한 질문

통제의 지렛대 모형은 조직에 대한 더 나은 이해를 위하여 다음과 같은 질문을 제언한다(Simons, 1994).

첫째, 조직의 관리자들은 조직사업의 핵심가치를 이용자들이 이해하고 수용하는 방식으로 커뮤니케이션하고 있는가?

둘째, 당신의 조직에 있는 매니저는 허용되지 않는 행동 및 특정한 활동을 명확하게 확인했는가?

셋째, 진단통제체계는 중요한 성과변수를 모니터링하는 데 적절한가?

넷째, 통제체계는 상호작용적(쌍방향)인가? 그리고 학습을 자극하도록 설계되었는가?

다섯째, 전통적인 내부통제를 위해 충분히 투자하고 있는가?

조직통제는 어느 통제 방법이 가장 우수하다는 정답은 없다. 즉, 업무와 조직구성원의 특성에 따라 달라진다. Simons는 〈그림 5-47〉과 같이 진단통제, 신념통제, 경계통제, 상호작용통제 네 가지 통제에 균형을 맞춰야 조직의 창의와 혁신을 이룰 수 있다고 주장한다. 이런 관점에서 조직의 경영진과 관리자는 본인이 주로 사용하는 지렛대와 균형을 위해 강화할 지렛대를 반추해 볼 필요가 있다. 진단통제는 조직의 목표와 실적을 비교 평가하는 것으로 회피해야 할 위험요소를 찾아내는 것이다. 신념통제는 조직의 가치와 방향을 제시할 수 있는 것으로 조직의 핵심가치를 이룬다. 경계통제는 조직의 최소한 필수제약으로 핵심성과지표를 이룬다. 상호작용통제는 소통과정에서 성과에 역점을 두는 것으로 전략적 불확실성을 예방하는 것이다.

예를 들면, 조직은 네 가지 통제 중에 진단통제를 단순하거나 부정적인 관리행태로 오해하는 경향이 있다. 목표 대비 실적으로 스트레스를 조장하는 결과통제를 흔히 연상하기 때문이다. 따라서 과정은 격려하고 결과는 진단통제로 관리해야 한다. 진단통제에는 결과인 성과지표와 목표만을 관리하고 과정은 조직구성원에게 위임한다는 의미가 있다.

진단통제 – 목표와 실적을 비교 평가
신념통제 – 조직의 가치와 방향 제시
경계통제 – 최소한의 필수제약
상호작용통제 – 소통과정에서 성과에 역점

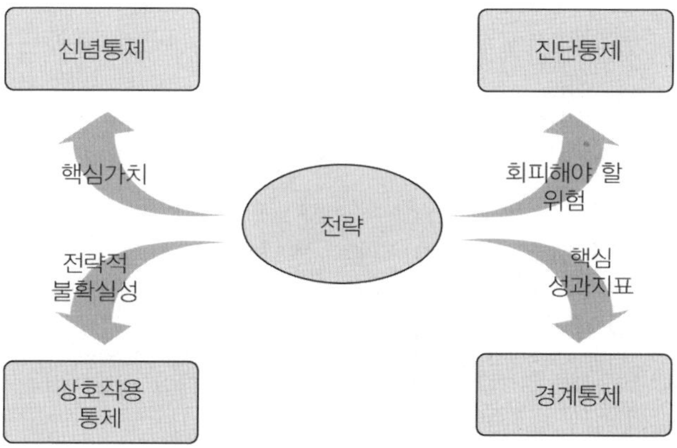

그림 5-47 네 가지 통제 지렛대 모형

자료 : Simons(1994) 재구성.

2. 스칸디아 네비게이터 모형

1) 스칸디아 네비게이터

스칸디아는 콘라드그룹의 IBS의 개념과 Kaplan과 Norton(2007)의 균형성과표의 아이디어를 결합하여 지식자산의 가치측정 모형을 개발하여 스칸디아 비즈니스 네비게이터(Skandia Business Navigator)라 명명하였다. 네비게이터는 무형자산 모니터와는 달리 지식자산 가치뿐만 아니라 전통적인 재무자산 가치와의 결합을 시도하였다. 네비게이터는 지식자산을 재무관점, 고객관점, 프로세스관점, 인간관점, 개선 및 발전관점에서 측정한다. 각 부문별 지표들은 직원 개인의 소유인 인적자본(human capital)이 기관의 소유인 구조적 자본(structural capital)으로 얼마나 효율적으로 전환되었는지를 측정하는 데 중점을 두고 있다.

1994년 초기 스칸디아는 〈표 5-18〉과 같이 재무관점(20), 이용자관점(18), 인간관점(13), 프로세스관점(31), 개선 및 발전관점(18) 등 많은 지식자산의 가치측정지표를 제시하였다. 스칸디아는 지적 자본 개발을 통한 조직가치 증대를 위해 사업계획, 집행, 평가의 전 경영과정에서 경영혁신의 노력을 하고 있다. 이를 위해 지적 자본에 대한 평가지표들을 개발, 네비게이터 모형으로 체계화했다.

표 5-18 스칸디아링크사의 측정지표

관 점	측정지표
재무관점(20)	• 수입료 • 영업성과 • 자산총계
이용자관점(18)	• 계약자 수 • 계약해지율

인간관점(13)	• 직원 수 • 이적 자산지수 • 중등 이상의 교육을 받은 직원의 비율 • 3년 이상 근무한 직원비율
프로세스관점(31)	• 운영경비/ 수입료 • IT비용/ 운영경비
개선 및 발전관점(18)	• 계약 수/ 직원 수

자료 : http://www.skandia-afs.com 재구성.

스칸디아는 이 모형을 활용하여 현재의 경영활동이 수익을 극대화하고 장기적인 경쟁력 확보의 방향으로 나아가고 있는지를 평가해 그 결과를 경영전략에 적극 반영하고 있다. 위에서 살펴본 바와 같이 네비게이터 모형은 부가가치가 창출되는 핵심활동들을 5개의 중심으로 분류한다(그림 5-48). 이를 바탕으로 성과측정관리지표들을 체계화해 장기경영전략 수립과 경영성과 평가에 활용한다. 네비게이터 모형(Edvinsson, 2002)의 다섯 가지 중심은 다음과 같다.

첫째, **재무관점**은 조직활동의 재무적인 활동들을 파악한다. 재무관점에서는 장기적인 목적과 다른 관점에 대한 전반적인 조건의 대부분을 구축한다. 이는 수익성과 성장이 될 수 있다. 재무관점의 지표들은 대차대조표에 포함된 과거 성과를 측정하는 것으로 자산규모, 영업규모, 투자금액, 이익 등을 포함한다. 재무자본을 대상으로 조직성과를 평가하는 것으로 영업수익, 투자수익률, 가치분석(EVA) 등을 측정한다.

둘째, **이용자관점**은 조직이 서비스와 제품을 통해 조직이 이용자의 욕구를 얼마나 잘 충족시키는지에 관한 지표를 제공한다. 예를 들면, 신규 이용자로부터의 판매량은 어느 정도인가? 기존의 이용자와 비교했을 때? 또는 이용자의 충성도는 어느 정도인가? 이용자 집중은 조직 내부에 대한 외부의 시각을 보여준다. 조직이 자신들의 이용자 욕구를 정의하는 것이 중요하다. 이용자관점의 지표들은 이용자 만족도, 조직과의 신뢰도, 구매성향 등 이용자와의 관계를 측정한다. 이용자 만족, 이용자 부가가치 등 이용자 관계와 시장점유율, 이용자 만족도 지수, 이용자 수익률 등을 지속적으로 평가, 측정한다.

셋째, **인간관점**은 조직의 심장이며 가치를 창출하는 조직에 필수불가결한 영역이다. 지식창출의 프로세스는 인간관점의 영역에서 시각화된다. 직원들이 그 자신들의 작업상황에 만족해하는 것이 가장 핵심적인 것이다. 왜냐하면 만족한 이용자는 기관의 이용자 모집과 결과를 개선시키며 이용자 만족을 이끌어 내기 때문이다. 인간관점에서는 직원의 훈련, 역량 등의 개발을 위한 투자의 가치를 측정한다. 스칸디아가 가장 역점을 두고 있는 부문으로 임직원의 능력, 권한 위양 정도, 리더십 수준을 평가하고 교육훈련 투자비, 시간, 연령, 임직원 능력 등을 측정한다.

넷째, **프로세스관점**은 이용자가 원하는 제품 및 서비스 창출의 실제 프로세스를 파악한다. 이는 조직이 이용자의 지원을 어떻게 다루는 것과 같은 질문들을 포함한다. 프로세스관점 영역은 내부 프로세스와도 연결된다. 우리는 효과적으로 일하고 있는가? 우리는 정확한 방법으로 일하고 있는가? 구조적 자본의 중요성 등이 이것과 연결될 수 있다. 프로세스의 효율성과 기반 인프라를 평가하며 단위 수익당 일반관리비, 계약처리 시간, 인당 계약처리 건수 등을 측정한다.

다섯째, **개선 및 발전관점**은 조직의 장기적인 재생과 부분적으로 조직의 지속가능성을 재확인하는 것을 목표로 한다. 조직이 장기적인 성과와 수익성을 확신하기 위해서 어떠한 조치와 활동을 취해야 하는가? 기관이 이용자의 니즈를 인식하고 만족시키기 위해 필요한 지식을 획득하고 개발할 수 있기 위해 필요한 것은 무엇인가? 개선 및 발전관점은 미래의 기회를 포착하기 위하여 지금 조직이 무엇을 준비하고 있는가를 측정한다. 서비스 혁신 및 사업기회 창출을 위한 투자 및 성과를 평가한다. 일반 관리비에 대한 연구개발비 비율, 신규 사업분야 순익도 여기에 해당된다.

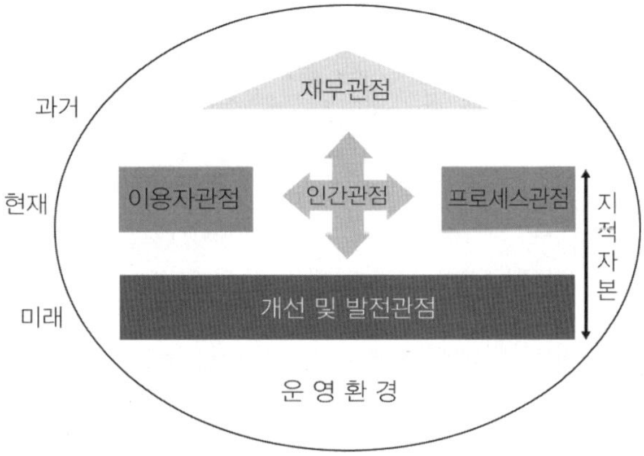

그림 5-48 스칸디아 네비게이터 모형

제 9 절 조직진단 모형[19)]

1. 공공부문과 조직진단

1) 조직진단

조직진단은 조직의 역량을 증진시키고 조직 구성요소의 역기능적 측면을 변화시켜 조직의 효과성을 증대하고 지속적인 개선을 도모하는 과정이다. Harrison(2004)은 조직진단에 대해 '조직의 현 상태를 평가하고 특정 문제의 해결 또는 조직의 효과성을 증진시키기 위한 방법을 모색하기 위해 사회과학 및 행동과학의 개념모형과 방법을 사용하는 과정'으로 정의하고 있다. 이러한 조직진단은 조직이 당면한 위기에 대처하거나 새로운 변화와 발전을 모색하는 데 있어서 필수적인 단계라 할 수 있다.

조직진단은 원래 조직발전(OD : Organizational Development)이나 조직설계(organizational design)를 위한 여러 하위 단계 중에서 첫 번째 단계로 여겨졌다. 그러나 점차 조직진단이 실용적으로 사용되기 시작하면서 그 범위가 넓어지게 되어, 최근에 이르러서는 조직의 사무적인 측면에서부터 환경적 측면까지 포함하는 광범위한 개념으로 사용되기에 이르렀다. 따라서 조직진단은 이제 단순히 조직의 구성만을 분석하는 것이 아니며 조직의 구조, 기능, 기술, 행태, 효율성 등 그 내용과 범위가 다양하게 활용된다. 이와 비슷하게 컨설팅(consulting)이라는 용어가 진단을 의미하는 것으로 쓰이기도 한다. 그러나 컨설팅을 적용하는 범위와 방법을 살펴보면, 조직진단을 위한 하위수준의 도구에 가깝다. 컨설팅은 조직을 진단하고 그에 필요한 처방과 해결책을 모색하는 일련의 활동을 컨설팅이라고 할 수 있다.

조직진단과 유사하면서도 조금 다르게 활용되는 또 하나의 예는 경영진단이다. 일반적으로 경영진단의 의미는 일정한 원칙에 따라 경영 또는 경영활동

---

19) 행정자치부(2006). 조직진단매뉴얼을 참고로 재구성.

을 분석하여 종합적으로 경영평가를 행함과 동시에 결함을 발견하고 재무상의 개선을 권고하며 경영관리 전반을 지도하는 기술이라고 할 수 있다. 즉, 종합적인 경영체계와 활동 전반에 대한 종합적인 평가를 통해 잘못된 점을 고치도록 도와주는 일이라고 할 수 있다. 경영진단은 원래 기업진단, 즉 민간부문의 기업을 주 대상으로 하여 이루어졌으나, 최근에는 정부 및 관공서, 병원 등 비기업 부문까지 확대 적용되고 있다. 그러나 전체적으로 볼 때 아직 우리나라에 있어서 비기업 부문의 경영진단은 초보적인 수준에 있다고 할 수 있다. 특히 지방자치단체를 비롯하여 공공부문의 경영진단은 더욱 그러하다.

조직진단은 조직을 분석의 대상으로 삼는다는 점에서 행정 또는 경영 전반을 대상으로 삼는 경영진단과 다르며, 경영평가는 평가 자체를 주요 목적으로 하는 활동으로 개선을 권고하고 지도하는 것이 주목적이 아니라는 점에서 경영진단과 차이점이 있다고 할 수 있다. 과거의 계층제적 전통조직 모형은 점차 사라지고 조직진단에 근거한 새로운 조직설계가 경쟁력이 있는 조직을 만들기 위하여 조직의 관리자가 맡아야 할 주요한 수단이 될 것이다. 조직의 진단은 조직설계를 위한 정보뿐이 아니고 조직개편이 과연 현재 조직이 가지고 있는 문제를 해결하는 방법인지에 대해서도 알 수 있게 해준다. 또한 조직개편이 이루어지더라도 현재 조직의 하부조직들 간의 상호 의존관계나 균형을 유지하려는 힘이 조직개편을 무의미하게 만들 수도 있는데 조직진단은 이러한 문제에 대해서도 사전에 판단할 수 있게 해준다.

2) 조직진단 모형의 필요성

대부분의 조직진단은 특정한 이론이나 모형에 의존하고 있다. 이론과 모형은 조직의 효과성을 결정하는 요인들이 무엇이며 이들 요인들이 어떻게 연결되어 있는지를 미리 제시하는 것이기 때문에 진단과 처방이라는 두 측면에서 비교적 확실한 대답을 제시할 수 있게 한다.

3) 건강한 조직의 특성

건강한 조직은 건강하지 않은 조직과는 구별되는 특성을 가지고 있다. 우선 조직문화의 측면에서도 그 특성을 찾아볼 수가 있는데, 이러한 조직의 문화와 환경은 조직 및 구성원의 행위에 대한 맥락을 제공하여 준다.

건강한 조직문화의 특성으로는

첫째, 환경의 변화에 민감하고 계획적 변화를 준비하는 문화를 지니고 있다.
둘째, 자신의 영역에 얽매이지 않는 팀 지향적인 문화를 지니고 있다.
셋째, 민주적이고 참여적인 문화를 지니고 있다.
넷째, 일관성 있는 원칙과 분명한 사명을 갖고 있다.
다섯째, 사명과 목표를 달성하기 위해서 민주성, 자율성, 창의정신, 권한위임, 정보 및 기술의 공유 등에 높은 가치를 둔다.
여섯째, 개방적 의사소통과 정보의 공유가 이루어진다.

이러한 조직문화는 조직구성원들의 행위에 영향을 미치는데, 조직의 문화는 조직의 리더에 의하여 강하게 영향을 받는다.

건강한 조직이 다른 조직과 구별되는 리더와 구성원의 측면으로는

첫째, 구성원들은 자신에게 기대되는 혹은 요구되는 것을 분명하게 인식하고 있다.
둘째, 자신이 조직목표의 달성에 기여할 수 있다는 확신을 가지고 있다.

조직구성원이 이러한 인식과 확신을 갖게 하기 위해서는 리더의 역할이 매우 중요하다. 민간기업조직과 행정조직은 그 특성이 분명히 다르다는 점을 인식하여야 한다. 그럼에도 불구하고 지금까지의 행정조직에 대한 진단은 그것이 경영진단이든 조직진단이든 그 개념상의 차이에 불문하고 공통적으로 민간기업조직에서 사용하는 진단의 방법을 차용하고 있다.

조직진단은 조직의 상태를 정확하게 파악하고 조직이 당면한 문제점들을 해결할 수 있는 방안을 제시할 수 있어야 한다. 구조와 기능 변화에 초점을 두는 조직진단만으로는 조직혁신에 도움을 주지 못하고, 오히려 관료들의 방어적 행태를 강화시켜 관료제의 문제점을 심화시킬 뿐이다. 행정조직이 고유한 특성을 유지하면서 또한 역량을 강화하도록 만들기 위한 독자적인 조직진단 모형과 측정지표를 개발하는 작업이 시급하다. 이는 다시 신뢰의 분위기와 구성원들의 창의성과 혁신을 촉진하는 요소가 된다.

4) 사회복지 부문 조직진단 과정의 개선

사회복지조직 조직진단의 가장 큰 문제는 적절한 모형과 기준의 부재와 더불어 진단과정의 문제에서 나타난다. 이 중에서도 조직진단을 수행하는 개인이나 기관이 피진단기관의 그것과 가치와 목표를 공유하지 않는 문제가 심각하다. 따라서 이러한 과정상의 문제를 해결하기 위한 대안적 과정과 방법이 필요하다(강정석, 2003).

첫째, 조직진단의 목적과 인식의 공유 강화가 요구된다. 조직진단의 성공을 이끌어 내기 위한 첫 번째 방안은 조직진단이 왜 필요하고 무엇을 하기 위한 것인지 조직 내의 모든 구성원들에게 명확하게 알리는 것이다. 조직 상하 간의 진단에 대한 인식의 격차는 진단의 효과성을 크게 저해하므로 관리자와 구성원들 사이에 조직발전을 위한 목적의식을 공유하고 이를 진단의 목적에 투영시킬 수 있도록 할 필요가 있기 때문이다. 만약 조직진단의 전 단계에서 진단의 필요성과 목적 등에 대한 충분한 인식 공유가 이루어지지 않는다면, 조직진단을 시행하기로 결정이 된 상태에서 조직진단의 목적이 정확히 무엇인지를 포함하여 가능한 상세한 내용을 설득과정을 통해 전달해야 한다. 또한 중요한 것은 진단자와 피진단자 간에 조직진단의 목적과 인식을 공유하는 것이다. 이를 위한 가장 손쉬운 방법은 진단의 초기 단계에서 조직구성원들과 진단팀이 워크숍 등을 통하여 목표에 합의하고, 문제를 도출하는 과정과 방향에 대하여도 합의를 하게끔 공식화하는 것이다.

둘째, 협동적 조직진단 체계의 형성이다. 조직진단을 하는 가장 근본적인 목적은 조직의 효과성을 강화하고 건강한 조직을 유지하기 위한 방도를 찾아내고자 하는 것이며, 동시에 조직의 기능수행 상태에 대하여 주기적인 점검을 해본다는 의미도 담겨 있게 된다. 이렇게 본다면 조직진단은 규범적인 상태와 대비를 통해 수동적으로 조직의 현상을 파악하고 문제를 기술해 주는 것에서부터 조직의 비전과 미래를 제시하고 처방하는 데까지 그 목적이 걸쳐있다 할 것이다. 조직진단에 있어서 중요한 것은 기관의 목적과 기능에 관한 전문성을 지닌 내부 구성원들과 진단의 수단에 관한 전문성을 지닌 외부의 컨설턴트들이 협동하여 시너지 효과를 거둘 수 있도록 하는 것이다. 이를 위해 가장 의미 있는 것은 내부 구성원과 외부 전문가를 동시에 포함하는 과업팀 등을 설치하거나 운영위원회 등을 설치하여 협동적 노력이 구체화될 수 있는 환경과 수단을 제공해 주는 것이다.

셋째, 목적에 적합한 모형과 방법론의 선택이다. 조직진단을 수행하는 기초작업으로 대상기관의 문제를 파악하고 가능한 대안들을 검토해 보기 위하여 진단모형을 설정하는 것은 필수적이다. 어떠한 모형을 통하여 문제를 확인하고 진단하며 대안을 도출할 것인지를 분명하게 밝혀야 하고, 실질적으로는 어떠한 변수가 필요하고 어떠한 자료가 획득되어야 하는지를 미리 예측할 수 있도록 하기 때문이다. 그러나 아직은 공공부문의 조직을 진단하기 위한 독자적이고 유용한 모형이 없기 때문에 진단을 할 때마다 기관의 특성에 부합하는 모형을 새로 만들어 내기도 쉬운 것이 아니다. 따라서 진단팀은 진단이 시작될 때 이 조직의 문제를 설명하는 적합한 기존의 모형이 있는지, 어떠한 수정이 필요한지를 밝히는 과정을 거칠 필요가 있다. 적어도 모형이라는 관점은 아니라 하더라도 진단팀원들과 전문가 등이 모여 이 조직의 문제점들을 밝히고 변수를 활용하여 구조화하는 작업을 수행해야 한다.

넷째, 양적인 자료와 질적인 자료의 복합적 활용이다. 조직진단의 시작 단계에서 진단에 따르는 편견을 줄이는 것은 가장 중요한 작업이다. 이를 위해서는 검증된 모형을 사용하는 것과 함께, 질적인 자료와 양적인 자료를 모두 다 활용하는 것이 중요하다. 하나의 방법에만 의존하게 된다면 그 연구는 대부분 불완전한 견해에 집착하게 될 가능성이 크기 때문에 양적인 방법과 질적인 방법을 병행해야만 하는 것이다.

2. 조직진단의 이론적 틀

조직진단은 변수의 선정에 따라 구체적으로 수집되는 정보가 달라진다. 따라서 무엇을 구체적으로 진단할 것인지를 결정하는 단계가 중요하다. 조직진단의 대상은 조직이론에서 소개되는 수많은 변수들을 전부 망라하는 것이라고 해도 과언이 아니다. 그러나 실제로 모든 변수들을 망라적으로 진단하는 것은 불가능하기 때문에, 이를 보다 적은 수의 중요한 변수군으로 제한할 필요가 있다. 이론적 틀은 바로 이와 같이 변수들을 제한하고 이들 간의 관계를 설정한 것이라고 할 수 있다. 각각의 중요 변수군을 어떤 하위 변수들이 구성하며 또 이들 간의 관계는 어떻게 되어 있는지를 살펴보는 것은 하위 수준의 분석 틀이라 할 수 있다. 처음부터 분석의 틀을 설정하여 조직진단을 할 경우는 진단의 범위가 한정된다는 문제가 없는 것은 아니나 때로는 정말 분석하여야 할 중요한 면을 놓치는 수도 있다. 그러나 조직진단 분야에서는 최근 다양한 포괄적 분석 틀들을 제시하고 있으며, 조직진단의 목적에 따라 이 분석 틀들을 잘 활용한다면 충분히 포괄적인 진단이 될 수 있다. 조직진단을 위한 분석 틀은 조직진단의 전문가나 전문기관에 따라 조금씩 다른 형태를 취하고 있다. 조직 자체는 매우 다양한 측면을 가지고 있으며, 따라서 어떤 측면을 강조해서 보는가에 따라 분석의 틀이 달라질 수밖에 없다.

1) 비영리조직의 운영목적

사회복지조직의 일은 민간기업의 이윤과 같은 가치에 따라 주요 결정이 이루어지는 것이 아니기 때문에 조직의 목적과 미션 설정이 대단히 중요하다. 그리고 대외적 고객인 이해관계자와 대내적 고객인 이용자에 대해서 어떤 산출물을 제공할 것인지를 분명히 하는 것이 필요하다. 단순히 조직 내부의 기계적 능률성 제고가 조직혁신의 목적이 아니라 '이해관계자 및 이용자들이 원하는 바'를 보다 능률적이고도 감동적으로 서비스하는 것이 주 목적이다.

비영리조직은 조직목표와 목표설정 과정에서 관련 조직 또는 집단의 영향을 받을 수밖에 없으며, 환경변화에 대해서 관리자가 자율적으로 전략적 선택을 할 수 있는 것이 아니라 법적 · 정치적 · 국제적 영향 속에서 선택을 제약받고 있다. 따라서 사회복지조직은 미션과 산출, 환경분석 등에 더 많은 투입을 하여 조직의 합리화를 도모할 필요가 있다. 아울러 상이한 해석을 제시하는 이해관계자들 간의 담론과 협상의 장을 마련할 수 있어야 한다.

2) 변수의 선정

진단변수의 선정은 전체 조직진단에서 중요한 과정이므로 선정에 많은 노력을 기울일 필요가 있다. 특히 사회복지조직 전체에 대한 진단을 지속적으로 하여 사회복지기관 운영의 과학화를 이룩하기 위해서는 처음부터 하위 변수를 잘 선정할 필요가 있다.

3. 조직진단 모형의 핵심 카테고리

1) 환경분석

환경은 사회복지조직의 모든 부분에 영향을 미치는 변수임에는 틀림이 없다. 따라서 어떤 부분을 연구하는가에 따라 관련된 구체적 환경도 달라진다. 예를 들면, 직원의 이직률은 조직 내적인 문제와 직접적 연관성을 가지며, 고령화 사회와 낮은 출산율은 모든 부처의 인력관리와 연관성을 지닌다. 즉, 조직환경의 초점을 구체화하지 않는 경우 환경의 범위는 너무 폭이 넓어 전부를 분석할 수 없기 때문이다.

사회복지조직은 환경 등 모든 정부 기관에 영향을 미치는 일반적 환경과 민원인, 공급자, 경쟁기관, 대체기관, 이해관계자, 기타 압력단체 등 특정 조직에 직접적 영향을 미치는 구체적 환경으로 대별하고 있다. 그리고 이들 변수들은 다시 보다 더 구체적인 하위변수, 가령 사회적 환경의 경우 인구, 성별, 연령별 등으로 분류할 수 있다.

2) 미션분석

미션은 사회복지조직의 존재목적이나 이유이기 때문에 환경변화에 따라 새로운 수요가 발생한다고 하여 만들어지는 것은 아니다. 왜냐하면 환경변화나 시대의 흐름은 자주 변화하는 것이 아니고 부분적으로 변화되는 것이기 때문이다. 또 부분적 수정의 경우에도 내부의 반발(비중 축소 또는 폐지 부서의)과 이해관계자의 반발(경쟁관계 등)이 발생할 수 있기 때문이다. 미션 설정 시에는 관련 부처의 미션과 비교, 검토함으로써 기관 기능상 중복되거나 공백의 발생 가능성이 있는지를 검토하여 미션 설정 시 이를 반영할 필요가 있다. 따라서 미션의 설정 또는 수정 시에는 이용자의 욕구 분석과 이해관계자의 욕구 분석을 하여야 한다. 이용자와 이해관계자의 분석에서 중요한 것은 조직이 서비스를 받고 있는 이용자들과 직·간접적으로 영향을 주고받는 이해관계자는 누구인지를 설정하는 것이다. 이용자와 이해관계자의 정의가 잘못될 경우 욕구 분석은 의미를 상실하게 된다. 특히 이해가 상충되는 집단의 경우에는 이들 그룹이 빠지지 않도록 유의해야 한다. 더불어 이해관계자들로만 구성할 경우 일반 지역민들의 이익이 무시될 가능성이 있기 때문에 나머지 지역민들의 의사를 어떻게 반영할 것인지 고려하여야 한다.

3) 기능진단

기능진단의 목적은 미션분석에서 파악된 조직의 미션과 전략을 효율적으로 수행할 수 있도록 현 수행기능 체계를 진단하고 기능 조정 및 재설계하는 데 있다. 기능 재설계는 부처 내 특정 기능의 폐지, 축소, 통합, 보강과 신규 기능의 신설 등으로 내부 기능을 재조정하는 기능 내부 효율화 설계로 볼 수 있다. 따라서 기능설계의 과제는 다음과 같다.

첫째, 기능진단은 조직의 미션에 적합한 기능인지를 평가하는 미션적합성 평가로서, 적합하지 않는 것으로 평가될 경우 외부로 기능을 조정하는 것이 필요하다.

둘째, 기능진단의 적합성 평가를 위해서 이용자 및 이해관계자 욕구 분석, 유사기관 및 선진 사례 벤치마킹 등을 하게 되는데 이 조사는 미션분석과 함께 실시하는 것이 바람직하다.

셋째, 조직의 목표 또는 미션 설정에서 조직이 '**해야 할 일**'과 '**버려야 할 일**'을 엄격하게 구분하고, 상위체계가 해야 할 일과 하위체계가 해야 할 일을 구별하는 일이 중요하다. 그런데 이러한 판단은 기계적으로 이루어지는 것이 아니라 주변 조직과 이해관계자와의 관계, 지방자치의 권한 정도 등 다양한 변수들을 고려하여 판단해야 한다. 따라서 주변 유사조직과의 사례분석이 중요하며 그러면서도 동시에 잘못된 벤치마킹의 위험성도 상존하는 것을 잊지 말아야 한다.

넷째, 기능이 특정 부처의 미션에 적합한 것이라고 하더라도 그 기능의 배치가 적절한 지를 평가하는 기능효율성 평가이다. 기능효율성 평가에서는 먼저 현재 수행하고 있는 기능을 체계적으로 분류하는 기능분류를 한 다음 기능이 중복되어 있는지 유사기능끼리 잘 연결되어 있는지 등을 분석하여야 한다.

다섯째, 기능중복과 관련하여 조직 전체에 대한 기능진단이 요망된다.

이와 같은 분석결과를 토대로 하여 조직 내부의 기능을 재설계하여야 한다.

4) 구조진단

조직의 구조진단은 설정된 기능이 어떻게 배열되어 있는지 또 어떻게 하는 것이 미션달성에 효율적인지를 진단하는 것이다. 특정 부서 조직의 고유한 기능이라고 하더라도 수직적으로 상위-중간-하위 기능으로 배열된 상태와 그리고 또 수평적으로 부서 간에 배열된 상태에 따라서 조직효과성이 달라질 수 있기 때문에 이를 진단하고 개선방안을 모색할 필요성이 있다. 즉, 분화와 통합의 정도와 방법에 대한 진단과 처방이 주가 된다.

조직구조와 관련하여 주의 깊게 살펴보아야 할 주요 하위변수로서 먼저 개인과 업무와의 관계가 있다. 이것은 한 사람이 수행하기에 적절한 정도로 업무가 배분되어 있는가에 관한 것이다.

적절성의 기준으로는

첫째, 업무가 해볼 만하다고 느낄 정도로 어렵고(난이도), 많으며(과다), 다양한가?

둘째, 업무가 전문성을 축적할 수 있을 정도로 적절한 세분화, 표준화가 이루어져 있는가?

셋째, 업무가 책임을 느낄 수 있을 정도로 또 평가할 수 있을 정도로 완결성을 가지고 있으며 또 권한이 부여되어 있는가?

조직구조와 관련하여 주의 깊게 보아야 할 또 다른 주요 하위변수는 수평적 관계에 관한 것이다. 개인과 개인 간, 부서와 부서 간 업무의 중복성에 대한 분석이 중요한 과제이다. 그러나 중복성 못지않게 분석해야 할 사항은 부처 간, 부서 간, 개인 간 갈등의 주요 원인이 되고 있는 영역의 모호성, 자기완결성의 부족이다. 따라서 업무의 자기완결성, 자기정체성을 분석하는 것이 중요하다. 하지만 업무의 연계는 불가피하다. 특히 제4차 산업혁명 시대인, 네트워크 사회에서 연계가 불가피하므로 연계를 표준화하고 연계시간을 단축하는 일이 중요하다. 그리고 조직구조와 관련하여 주의 깊게 보아야 할 또 다른 주요 하위변수는 수직적 관계에 관한 것이다. 여기에서는 통솔범위와 계층의 수를 어떻게 조화할 것인지가 핵심이다. 계층의 수가 많아지게 되면 의사결정의 신속성을 기할 수 없게 되고 이것과 관련된 시간 및 노력의 낭비 등을 감안할 때 업무별, 기안자별 결재단계와 그 수에 대한 진단이 필요하다. 이와 관련하여 보고, 감사, 회의, 출장 등과 관련된 소위 부가가치가 낮은 업무에 투입되는 시간을 줄일 수 있을지에 대한 자료가 수집 분석되어야 한다. 이러한 변수들에 대한 진단을 통해서 조직구조의 재설계를 하여야 한다. 그런데 이러한 자료가 바로 적절한 조직구조를 시사해 주는 것이 아니기 때문에 조직구조 재설계를 할 경우에는 이들 자료 이외에 조직구조의 변천사에 대한 분석과 유사기관 및 선진사례를 벤치마킹하여야 한다.

구조진단은 범위가 넓기 때문에 이것을 모두 망라적으로 볼 수 없다. 따라서 구조 및 기능진단에서 가장 널리 활용되는 조직개편과 관련하여 수집해야 할 정보와 분석기법을 소개하고자 한다.

기존 조직진단 모형에서 제시된 주요 변수들을 본 연구의 틀에서 재구성하면 〈표 5-20〉과 같이 제시할 수 있다. 〈표 5-19〉에서 보는 바와 같이 조직진단 모형에 관계없이 핵심 카테고리는 구조, 프로세스, 인력, 행태 및 문화 등으로 비슷하나 그 강조점은 조금씩 다르게 나타나고 있다. 즉, 어떤 모형은 행태에, 또 어떤 모형은 구조에, 또 어떤 모형은 프로세스에 더 많은 비중을 두고 있다. 그리고 진단의 목적과 예산, 시간 등에 따라서 분석의 범위가 달라지며 그렇게 되면 분석변수의 숫자나 강조점도 달라진다. 본 연구에서 중심으로 삼고 있는 사회복지조직 진단은 미션과 산출이 중요하고 이를 달성하기 위한 네 가지 변수들도 공히 중요하기 때문에 이들 변수들을 모두 포괄하는 것으로 설정할 수 있다.

각 카테고리별 분석변수는 다시 구체적 하위변수로 들어가면 더욱 다양해지고 이것은 다시 진단모형별 차이를 더욱 커지게 한다. 이 단계에서 어떤 하위 진단변수가 선정되는가에 따라 수집되는 정보도 달라지고 진단방법 또한 달라지게 된다. 따라서 하위 진단변수의 선정은 전체 조직진단에서 대단히 중요한 과정이므로 이의 선정에 많은 노력을 기울일 필요가 있다. 특히 조직 전체에 대한 진단을 지속적으로 하여 조직운영의 과학화를 이룩하기 위해서는 처음부터 하위변수를 잘 선정할 필요가 있다. 정답이 있는 것은 아니지만 Top-down과 Bottom-up 방식을 동시에 적용하는 것이 요망된다. 즉, 이념적 틀에서 시작해서 진단변수를 선정하는 한편 실무를 담당하는 직원이나 관련 연구에서 해결되어야 할 문제로 지적된 것을 변수로 선정하는 노력이 필요하다.

표 5-19 주요 조직진단 모형

진단 모형의 명칭	환 경	미 션	기능 및 구조	프로세스	인 력	행태 및 문화	산 출
Leavitt의 다이아몬드 모형		과업	구조	기술		구성원	
Weisbord의 여섯 상자 모형		목표	구조	관계, 지원 메커니즘	관계	관계, 보상, 리더십	
Nadler의 적합 모형	환경, 자원, 전통	업무	공식조직		인력	비공식조직	산출
Tichy의 TPC 모형	외부환경	미션, 전략	과업, 조직과정	네트워크	사람		
Burke-Litwin의 모형	외부 환경	미션, 전략	구조	시스템	과업요건/ 기술능력 일치	리더십, 문화, 경영관행, 분위기, 동기부여, 가치	성과
McKinsey의 7S 모형		전략	구조, 운영체제	기술	인적자원	스타일, 공유가치	
Harrison의 모형	환경, 투입, 체제행태	목적	구조	기술		행태 및 과정, 문화	산출
OAI의 조직평가지표			업무설계성격, 부서구조성격, 조직구조배치	부서 내 관계, 부서 간 관계	업무내용, 개인차이	업무설계	부서 성과
Porras와 Robertson의 모형	환경	목표, 전략	공식구조, 소유구조	기술적 요인, 관리정책, 관리체계		사회적 요인, 보상체계	

자료 : 행정자치부(2006) 재인용.

5) 인력진단

조직의 경쟁력을 향상시키기 위해서는 인적자원의 활용도를 극대화하는 것이 중요하다. 인적자원 관리의 핵심은 각 업무별 적정인원의 배치, 각 업무별 적합한 인재의 배치 및 관리, 직원의 능력 개발과 동기유발이라고 할 수 있으며 다음과 같은 과제가 요구된다.

첫째, 업무별로 적정인원을 배치하는 것이다. 이를 위해 업무별 중요도, 우선순위 비중과 현재 투입되고 있는 업무별 인력 비중을 비교 평가하여 격차를 분석하여야 한다.

둘째, 업무별 중요도(또는 수요)에 대한 평가는 거시 차원에서의 기능별 업무 우선순위 평가와 미시 차원에서의 업무량 조사 등 두 가시로 이루어져야 한다.

셋째, 업무별 인력수요에 대한 거시적 평가는 전술한 미션 및 전략 분석과 기능 분석을 통해서 이루어진다. 이것을 통해서 규범적 · 하향식으로 업무별 중요도와 인력수요를 평가하여야 한다.

넷째, 업무별 인력수요에 대한 평가는 유사기관의 벤치마킹을 통해서 이루어진다. 이 경우 선진복지 사례를 벤치마킹하는 것이 바람직할 것이다. 다만, 이 경우에도 국내와 유사한 복지시스템을 가진 국가에 대한 벤치마킹이 더욱 효과적일 것이다.

다섯째, 업무별로 적합한 인력을 배치하기 위한 방안을 모색하는 것이다. 업무별 인재를 파악하기 위해서는 각 업무를 수행하기 위해서 소요되는 능력과 자질을 파악하는 것이 필요하고 이를 파악하기 위해서 직무조사가 이루어져야 한다.

결국 인력진단에서 미시적 접근으로 생산되는 정보는 현재 인력 대비 필요인력에 관한 것이고, 그 주요 업무는 현 인력 대비 인력 증감 규모와 비중을 산정하는 것이 된다. 미시적 평가는 현재의 업무량 조사, 신규 업무량 조사, 강화 또는 축소, 필요 업무량 조사로 이루어진다. 이들 업무량을 종합하여 과 단위에서 담당하여야 하는 모든 업무의 인력량을 산정하게 된다. 그래서 최종적으로 총투입 필요 인력량과 현재 인력량은 차이가 날 수밖에 없기 때문에 이 부분에 대한 차이분석(GAP 분석)이 이루어질 것이고, 그 차이를 조정하게 된다.

인력구조 분석에서는 직종별, 직급별, 부서별 인력구조 현황을 검토하여 부처의 인력구조 문제점을 도출하여 개선방안을 제시하여야 한다. 인력구조의 분포가 상층부에 몰려 있는 역피라미드형인지 아니면 중간에 모여 있는 마름모꼴인지를 평가하여 이를 인력구조 개편에 활용하여야 한다.

6) 프로세스 진단

조직은 구성원과 구성원 간 또는 부서와 부서 간 업무 협조와 의사소통의 효율성에 따라 조직의 생산성이 결정된다. 직원들은 열심히 일을 하고 있다고 주장하는 반면, 조직의 리더들은 직원이 게으르고, 비효율적이라고 느낄 수 있는 이유는 업무의 수행과정에서 지연, 병목현상 및 업무중복 등이 발생되기 때문일 것이다. 따라서 프로세스 진단은 특정 부처의 임무에서 산출에 이르는 전 과정에서 비용, 시간, 품질, 이용자 만족 관점에서 비효율적 요인들을 진단 · 분석하고, 이들 요인들에 대한 혁신적인 개선을 기하는 데 그 목적이 있다. 그러나 프로세스는 업무를 수행하는 전 과정에 해당하기 때문에 이들을 모두 분석하기는 어렵다. 따라서 어떤 업무를 분석대상으로 선정할 것인지가 중요하다.

비전과 전략 달성이라는 관점에서 주목하게 되는 대상 프로세스는 비전달성에 장애가 되는 프로세스, 전략적으로 중요한 프로세스가 되며, 이용자 관점에서는 이용자에게 가장 영향이 큰 프로세스, 동일한 이용자(공급자)에 대해 여러 사람이 접촉하는 프로세스, 긴 직렬활동을 가진 프로세스 등이 된다. 자원 관점에서는 현업의 고충이 큰 프로세스, 자원(돈, 인력)이 많이 소요되는 프로세스, 업무가 중복되는 프로세스, 특정 기간에 업무가 편중되는 프로세스라고 할 수 있다. 특히 과도하게 얽혀있는 각종 관료적 형식주의가 어떻게 업무처리 프로세스를 왜곡시키고 있는지에 대해서도 분석할 필요가 있다. 외부 규제뿐만 아니라 내부규제의 경우에도 이들을 철폐하고 통제할 수 있는 메커니즘을 통해 새로운 시스템을 확보하여야 할 필요가 있다. 그리고 갈등조정이라는 명목으로 과도하게 진행되고 있는 회의, 보고, 감사 등과 같이 업무와 직접 관련되지 않으나 시간과 노력이 많이 투입되고 있는 일들을 프로세스 진단 과정에서 분석을 해야 한다.

7) 행태 및 문화 진단

조직개혁이 성공하기 위해서는 제도 도입을 넘어서 궁극적으로 조직구성원들이 이를 체화(體化)하는 것이 중요하다. 행태로서 삶의 만족도나 삶의 질은 조직개혁의 궁극적인 목표가 되는 경우가 많다. 그러나 조직구성원의 행태 변화나 문화변동은 조직구조 개편과 달리 오랜 시간과 많은 비용을 요하거나 조직구조가 행태변화를 촉진하는 선행변수로 인식되어 상대적으로 진단의 대상에서 주목을 받지 못해왔다. 따라서 지금은 문화·행태변수를 고려한 조직진단이 이루어져야 한다. 이를 토대로 조직효과성을 제고하기 위한 바람직한 조직행태와 문화 구축 전략이 시도될 필요가 있다.

조직행태 및 문화 진단은 진단에 사용될 수 있는 하위변수들이 너무 많기 때문에 진단의 목적에 따라서 선택적 변수로 개인수준, 집단수준, 조직수준으로 나누어 주요 변수를 설정하는 것이 일반적이다. 개인수준의 진단변수로는 만족도와 스트레스가 있다. 이 두 변수는 생산성 제고를 위한 독립변수로서의 역할도 수행하지만 그 자체로 직원의 삶의 질을 측정하는 변수이다. 생산성과 관련된 것으로 평가되고 있는 동기유발, 조직몰입도, 직무몰입도, 결근율, 이직률 등을 진단할 수 있다. 개인의 효과성을 진작시키기 위한 조직개발 기법으로는 감수성 훈련, 직무재설계 등이 있으며, 이들 기법을 도입하고 그 효과를 평가하는 것은 중요한 조직진단 과제의 하나이다. 집단수준의 진단변수에는 의사전달과 리더십 등이 있다. 집단 간에 발생하는 문제를 이해의 부족 또는 의사전달의 장애 또는 왜곡으로 진단하고 집단 간 이해의 폭을 확대하기 위해 여러 가지 조직개발 기법을 도입할 수 있다. 이들 기법으로는 팀 빌딩, Grid 조직 개발, 장점탐구(appreciative inquiry), 과정자문(process consultation),

역할 협상, 역할분석 기법, 팀 목표 관리, 분임조(QC) 등이 있다. 예를 들어, 조직이 필요자원을 확보하고서도 성과를 내지 못하는 것은 대개 리더십 부족 때문일 수 있다. 따라서 리더십의 특성을 진단하는 기법인 관리유형도(managerial grid)와 교환적 및 변혁적 리더십 분석을 사용하고 진단결과 나아가야 할 방향을 제시하여야 한다.

조직수준의 진단변수는 조직 전체의 생산성이나 조직문화, 조직풍토와 관련되어 있다. 조직 전체의 문화나 행태를 변화시켜 생산성을 제고시키기 위한 조직개발 기법으로 많이 활용되는 것을 살펴보면, 사회기술적 시스템(STS), 목표관리(MBO), 문화분석, 대면 미팅(confrontation meeting), 전략계획 또는 전략경영, 서베이피드백(survey feedback), 직장 생활의 질(QWL), 전사적 품질관리(TQM) 등이 있다.

이상의 기법들은 암묵적으로 인본주의적 가정하에서 인간의 가치를 존중하고 이를 살리는 것이 조직의 발전이라는 관점에서 처방하고 진단하고 있다. 그러나 어떤 상태의 문화가 더욱 바람직한지를 컨설턴트가 설정하는 것이 아니라 직원들이 스스로 이상적 이념적인 문화를 설정하고 그리고 난 다음 현재의 상태를 진단하게 하여, 이 이상과 현실 간의 격차를 토대로 문화혁신의 방향을 설정할 수도 있도록 전략을 세워야 한다.

4. DiaBall 모형

1) DiaBall 모형의 구조

DiaBall 모형의 구조는 〈그림 5-49〉에서 보는 바와 같이 다이아몬드(diamond) 전체는 조직을, 각 꼭지점은 주요 변수들을, 그리고 볼[ball(구형)]은 조직을 둘러싸고 있는 환경을 의미한다. 이 다이아몬드(diamond)와 볼(ball)이 하나의 조직진단 단위를 구성하기 때문에 DiaBall로 통합해서 명명한다(행정자치부,

2006). 다이아몬드와 볼의 관계는 조직이 외부 환경과 불가분의 관계를 지님을 제시하고 있다. 그런 의미에서 환경을 제시하고 있지 않는 일부 분석 틀과 차이가 있다.

다이아몬드에서 꼭지점은 미션으로 그리고 바닥점은 산출물로 하여, 조직의 경우 미션과 산출이 중요하게 고려되어야 할 변수임을 강조하고 있다. 중간에 위치한 각 점들은 조직 미션과 산출 달성에 있어 중요한 변수들로서 각각 기능 및 구조, 프로세스(기능의 연계구조), 인력, 행태 및 문화로 설정하고 있다.

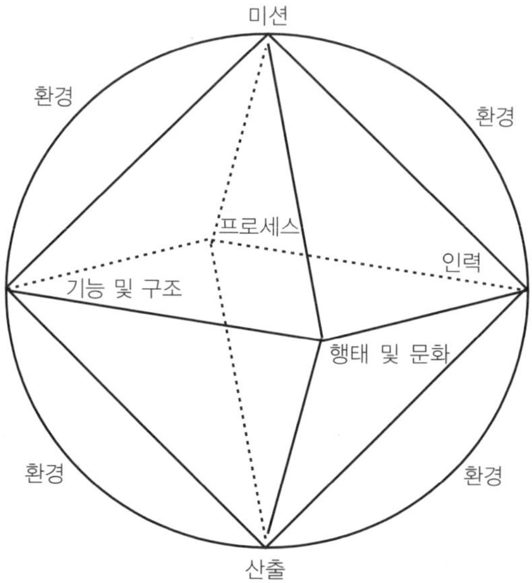

그림 5-49 DiaBall 모형

2) 모듈 간의 상호관계

DiaBall 모형의 핵심변수인 환경, 미션, 기능과 구조, 인력, 프로세스, 행태와 문화를 연결지어 보았다. 각 변수들을 각각 별개로 살펴보았지만 조직에서 이들 변수들은 상호 밀접하게 연관되어 있다. 따라서 각 변수별 진단과 그 결과도 상호 밀접하게 연관될 수밖에 없다. 즉, 환경분석과 미션분석은 기능 진단에 직접적 영향을 미치며, 도출된 기능 재조정 방안은 조직구조, 인력규모, 업무 프로세스 등 조직효율화 방안의 중요한 영향요인이다. 그리고 기능 분석은 조직 내 구성원의 행태 또는 문화 분석에 영향을 받고 반대로 상하 간 권력거리가 줄어들면 MBO 등의 도입이 용이하게 된다.

5. 조직체계 다이아몬드 모형

우리가 근무하는 직장은 변화주도의 출발점이다. 그러한 조직 속에는 재구조되고 재조정되는 변화를 통해 지속적인 조직으로 살아남는 것이다. 즉, 변화하지 않는 조직은 실패한다는 것이다. 그러면 변화를 보는 방식은 무엇인지, 어떠한 부분에 집중하여야 하는 것인가? 조직변화가 모든 부분과 상호 연결되어 성공할 가능성이 있는 변수는 무엇인지를 Leavitt(1965)의 모형을 통해 살펴보고자 한다.

조직진단은 조직 그 자체에 대한 이해를 필요로 한다. 조직체계에 대한 개념화를 제시한 Leavitt(1965)에 의하면, 조직은 4개의 구성요소로 구성되어 있는 것으로 본다. 즉, 조직은 과업(tasks), 사람(people), 구조(structure), 기술(technology)로 구성된다. 이들 요소들은 상호 의존적 관계에 있다는 것이다. 하나의 구성요소 변경 및 재설계가 다른 구성요소에 영향을 준다. 여기서 구조는 조직 내 의사소통 체계, 권한 및 업무흐름 체계 등이며, 과업은 조직의 경우 상품, 용역을 생산하는 것을 의미하고, 기술은 문제해결을 위해 사용되는 것들로서 컴퓨터, 교육훈련 방법 등을 포함하며, 사람은 조직변화에 행동하는 조직구성원을 일컫는다. Leavitt의 이 이론은 주로 조직변화 전략을 구상하는 데 있어서 조직의 분석 틀로서 널리 활용되어 왔으며 이를 다음 〈그림 5-50〉과 같이 제시하고 있다.

이 접근방식에 따르면 네 가지 구성요소 중 하나를 변경하기 전에 다른 세 가지 구성요소에 미치는 영향을 평가해야 한다. 변경사항을 성공적으로 구현하려면 모두의 올바른 균형을 찾아야 한다. 예를 들면, 새로운 기술을 도입할 경우, 기술의 변화는 그 기술을 상용하기 위하여 조직구성원에게 교육이 필요하다. 또한 더 높은 임금과 새로운 직책이 요구되기 때문에 조직구조가 변화된다. 그리고 변경된 기술로 인해 기존의 프로세스가 자동화되면서 수행하는 작업이 다를 것이다. 이와 같이 Leavitt 모형은 조직변경 분석에 유용한 틀로서 조직이 계획하는 간단한 프로세스의 재설계 또는 완벽한 조직 재구성의 시작점이 될 수 있다. Leavitt의 다이아몬드 모형은 두 단계를 따라 실행할 수 있다.

1) 1단계 : 각 구성요소 정의

(1) 과업(Tasks)

과업은 서비스 제공과 같은 조직의 존재이유가 된다. 따라서 일상적인 업무와 주요 업무를 포함하여 업무단위를 구분하여야 한다. 예를 들면, 작업단위는 식당이고, 일상적인 작업은 정리, 테이블 설정 등이며, 주요 업무는 주문을 받고, 식사준비를 하고, 봉사하는 일이다. 따라서 과업에 도움이 될려면 다음의 질문을 고려하여야 한다.

첫째, 직원이 해야 할 일은 무엇인가?
둘째, 직원들은 어떻게 일을 마칠 수 있는가?
셋째, 작업단위가 존재하는 이유는 무엇인가?

(2) 사람(People)

사람은 조직변화에 있어 핵심적인 고려사항이다. 왜냐하면 직원의 태도가 변화의 성공에 크게 영향을 미치기 때문이다. 따라서 사람을 구성하는 요소를 정의하는 데 도움이 될 수 있도록 다음을 고려하여야 한다.

첫째, 조직구성원의 신념, 태도 및 행동은 무엇인가?
둘째, 제안된 변화에 대한 응답은 무엇인가?
셋째, 그들의 기술수준은 무엇인가?
넷째, 그들은 어떻게 훈련받았나?
다섯째, 그들에게 동기부여와 보상은 무엇인가?
여섯째, 그들의 일에 대한 문화는 무엇인가?

(3) 구조(Structure)

구조는 직원들이 작업단위 내에서 그룹화되는 방식을 결정하여야 한다. 즉, 당신은 조직에서의 어떤 위치의 사람인가라는 물음으로 대변될 수 있다. 예를 들면, 조직구조에서의 슈퍼바이저, 생활복지사, 조리사, 물리치료사 등의 측면으로 볼 때 다음과 같은 질문을 할 수 있다.

첫째, 작업단위의 계층구조는 무엇인가?
둘째, 작업단위는 중앙집중식 구조인가 또는 분산식 구조인가?
셋째, 각 단계에서 통제는 어디서 하는가?
넷째, 작업단위는 어떻게 나누어지는가?
다섯째, 모든 것이 자기 위치에서 있지 않다면 그렇게 혼란하게 된 원인은 무엇인가?
여섯째, 작업의 흐름은 무엇인가?
일곱째, 커뮤니케이션 흐름은 무엇인가?

(4) 기술(Technology)

기술은 작업단위에서 다음의 두 가지 목록을 작성하여 식별할 수 있다.

첫째, 당신의 업무를 기능하게 하고 지원하는 핵심 장비 및 프로세스(컴퓨터 시스템, 필수 소프트웨어, 통신 및 작업 흐름을 가능하게 하는 모든 것)이다.
둘째, 변경된 사항들을 구현할 수 있는 세미나 및 교육자료의 활용이다.

〈그림 5-50〉은 조직체계 다이아몬드 모형을 나타낸 것이다.

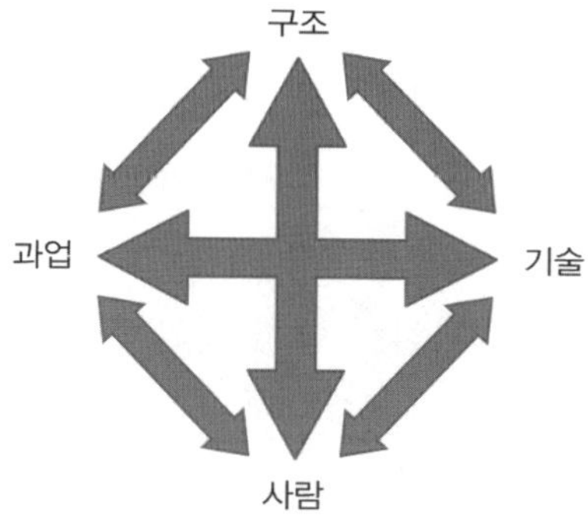

그림 5-50 Leavitt's Diamond

2) Leavitt 모형의 한계

Leavitt 모형은 조직의 본질을 잘 설명하고 있음에도 외부 환경적 요소를 배제함으로써 조직을 개방체계로 보는 근래의 시각과는 거리가 있다. 따라서 조직진단 모형은 외부 간섭과 같은 환경적 요인을 포함하는 등 **다양한 차원**[20]에서 조직을 파악하는 것이 중요하다. 결국 오늘날의 조직은 다양한 구성요소를 가지며, 특히 개방체계로서의 조직은 외부환경과 역동적인 관계를 가진다고 보는 것이 바람직하므로 사회복지 조직진단에서도 이와 같은 다양성을 확보할 필요가 있다고 할 수 있다.

20) Leavitt의 조직체계 제한점은 Tichy의 조직변화관리 모형을 통해서 보완적으로 이해될 수 있다. Tichy는 ① 외부간섭, ② 임무, ③ 전략, ④ 임무 및 전략과정의 관리(예 적절한 이익단체의 관여), ⑤ 과업, ⑥ 조직의 공식적 구조의 네트워크(즉, 처방된 네트워크를 말함), ⑦ 조직의 과정(의사소통, 문제해결, 의사결정), ⑧ 인간(조직구성원), ⑨ (비공식조직의) 신생 네트워크의 아홉 가지 조직변화 요인과 TPC(Technical, Political, and Cultural), 즉 ① 기술적 관점(technical view : 경험주의와 과학적 방법에 의한 합리적 관점), ② 정치적 관점(political view : 조직에는 지배적 집단이 있으며, 협상이 주된 방식이라는 관점), ③ 문화적 관점(cultural view : 상징, 가치, 인식적 계획이 인간을 결합하고 조직문화를 형성한다는 관점)의 세 가지 관점을 결합하여 조직변화를 보았다(임도빈 외, 2002 재인용).

6. Weisbord의 여섯 상자(Six Box) 모형

1) 의 의

Weisbord(1976)의 모형은 조직활동을 진단하고 평가하기 위해서 개발한 모형이다. 이 모형은 조직발전 분야의 기술과 이론 등을 기초로 한 일반모형으로 광범위하게 사용하는 것을 목적으로 개발되었다. Weisbord는 조직진단을 위한 모형으로 〈그림 5-51〉과 같이 여섯 개의 구성요소로 형성된 모형을 제시하고 있다. Weisbord는 여섯 상자 모형을 레이더 스크린에 비유하고 있다. 비행기 관제사들은 레이더를 비행기의 고도, 속도, 거리 등의 상호관계를 관리하기 위해서 사용한다. 레이더에서 장애물이 생기게 되면 '삐'라고 하는 신호음을 내게 된다. 이를 바탕으로 Weisbord는 여섯 가지 요소와 관련하여 공식적인 것과 비공식적인 것을 함께 진단할 것을 요구하고 있다. 바람직한 조직은 각 요소의 공식적인 것과 비공식적인 것의 조화를 요구하고 있다.

Weisbord는 조직을 진단하는 모형을 레이더 스크린으로 묘사하고 있다. 레이더가 좋고 나쁜 현상을 신호음으로 표현하듯이, 조직진단의 각 요인들은 조직의 문제점을 나타내 준다는 것이다. 또한 레이더가 어느 한 측면에만 초점을 두고 반응하지 않듯이 조직진단의 모형에 있어서도 이 모형의 여섯 가지 요인 중에 어느 한 면에만 중점을 두어서는 안된다고 하였다. Weisbord의 레이더형 여섯 상자 모형은 〈그림 5-51〉에 잘 나타나 있다. Weisbord는 여섯 상자 모형의 각 요인들에 대한 중요한 평가초점을 여섯 가지 요소에서 초점을 두고 분석하고 있으며 분석하여야 할 주요한 내용을 보면 다음과 같다.

2) 조직의 목적

조직의 목적(목표)은 적합성, 명확성, 합의성에 대한 의견일치가 있어야 한다. 따라서 다음과 같은 점을 확인하여야 한다.

첫째, 목표의 적합성으로, 조직의 목적(목표)가 환경에 얼마나 적합성을 가지는가?

둘째, 목표의 명확성으로, 조직의 목적(목표)가 구성원에게 지침이 될 만큼 충분히 명확한가?

셋째, 목표의 합의성으로, 조직의 목적(목표)에 구성원들이 얼마나 합의를 하고 있는가?

3) 조직의 구조

조직의 구조는 조직도표를 그려서 주된 설계의 원형(기능, 산출, 세부사업, 프로그램 등)을 결정하며, 환경, 기술 및 부처의 변화 정도를 평가하고 공식적·비공식적인 시스템의 이슈를 목록화하는 것이다. 따라서 다음과 같은 점을 확인해야 한다.

첫째, 조직의 업무를 어떻게 구분할 것인가?

둘째, 조직구조가 목표에 맞게 잘 조화를 이루고 있는가?

4) 조직의 관계

조직의 관계는 조직구성원(동료와 관리자 등), 서로 다른 과업을 수행하는 부서, 사람과 그들이 가지고 있는 기술, 시스템, 장비 및 업무 수행 방법 간의 관계의 질을 평가하는 것이다. 따라서 그들과 상호의존의 수준과 관계에서 갈등의 수준을 고려하여 진단하여야 하며 다음과 같은 점을 확인해야 한다.

첫째, 개인과 개인, 개인과 부서, 개인과 업무, 개인과 기술이 잘 조화되고 있는가?

둘째, 그들은 협조와 갈등 문제를 잘 해결하고 있는가?

5) 조직의 보상

Weisbord는 보상시스템과 인지된 보상시스템 간의 적합성을 진단하기 위하여 Maslow의 욕구이론과 Herzberg의 위생동기이론을 사용하고 있다. 조직은 무엇에 대하여 보상을 줄 필요가 있으며, 조직은 금전이나 심리적으로 어떠한 것을 보상으로 주며, 어떠한 상황이 조직구성원에게 보상이나 처벌을 받을 것으로 생각하게 하는지를 알아야 하기에 다음과 같은 점을 확인해야 한다.

첫째, 조직의 모든 필요한 임무들은 적합한 보상체계를 갖추고 있는가?
둘째, 조직의 공식적 보상과 조직구성원의 보상에 대한 기대가 조화를 이루고 있는가?

6) 조직의 리더십

조직의 관리자가 효과적으로 행동하기 위해서는 리더십 스타일이 비공식적인 조직의 행태와 적합성을 가져야 한다. 리더십의 주요 과업은 환경을 주시하고, 목표를 설정하며, 목표를 달성할 수 있도록 내부 조직을 조정하는 것이다. 따라서 다음과 같은 점을 확인해야 한다.

첫째, 누군가 조직의 균형을 잡아주면서 환경에 적응하는 노력을 기울이고 있는가?
둘째, 목표설정을 명확히 해주는가?
셋째, 목표와 각 프로그램이 조화를 이루도록 하는가?
넷째, 조직 내 통합이 잘 되도록 노력하는가?
다섯째, 갈등을 잘 해결하여 조직의 질서를 유지하는가?

7) 조직의 지원장치

지원장치는 업무의 조정과 통합, 과업에 대한 모니터링, 진단에 의해서 밝혀진 이슈의 관리 등에 도움을 제공하게 된다. 지원장치는 다른 다섯 가지와 관련을 가지면서 공식적으로 비공식적으로 도움을 주거나 방해를 하기도 한다. 지원장치에는 정책, 절차, 의제, 회의, 그리고 비공식적 장치, 공식구조를 지원하는 임시적인 문제해결 방법과 기획, 예산, 통제와 조치 등이 있다. 따라서 다음과 같은 점을 확인해야 한다(만일 지원장치가 형식과 절차에만 얽매이는 제도들이라면 과감히 정리할 수 있어야 함).

첫째, 기획, 예산, 통제 등의 통합을 위한 메커니즘이 적합한가?

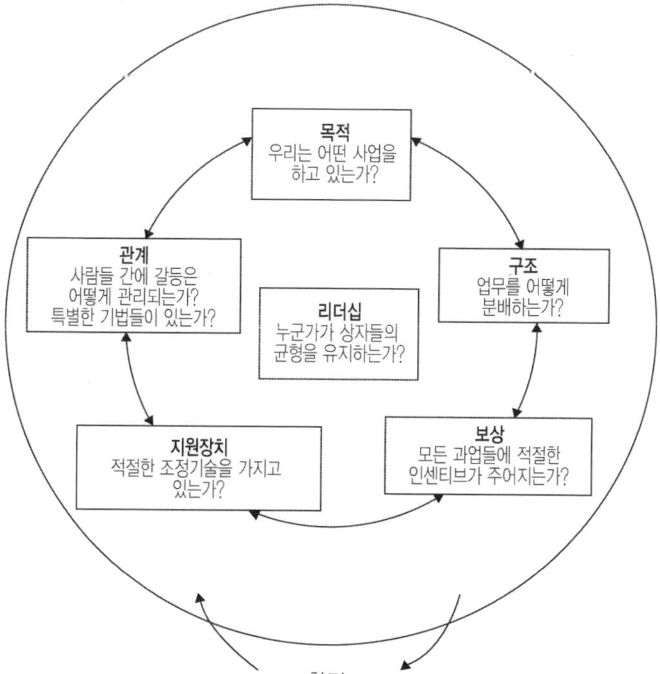

그림 5-51 Weisbord의 여섯 상자 모형

자료 : Weisbord(1976) 재구성.

Weisbord는 여섯 가지 요인들에 대해서 공식조직뿐만 아니라 비공식조직에 대해서도 진단을 하여 이 두 차원의 조직들이 서로 잘 융합을 이루고 있는지 또는 두 조직 간의 괴리가 큰지에 대해서도 평가를 한다. 위에서 정리한 여섯 요인에 대한 분석 틀과 각 요인들에 있어서 공식조직과 비공식조직의 차이에 대한 평가의 초점은 다음의 〈표 5-20〉과 같다.

표 5-20 Weisbord 모형의 진단 변수와 지표

요 소	공식적 체계	비공식적 체계
목적	• 목표의 명확성	• 목표에 대한 공감대
구조	• 기능적 조직구조	• 사실상의 업무수행 구조
관계	• 대인 및 부서 간의 공식적 관계 • 의사전달의 방법	• 얼마나 효과적으로 실행되고 있는가?
보상	• 공식적인 보상체계	• 암묵적 · 심리적으로 어떤 효과가 있나?
리더십	• 목표의 설정 • 목표에 따른 계획설계 • 조직통합 • 내부적 갈등의 조정	• 관리자가 어떤 방법으로 얼마만큼 주어진 역할을 잘 수행하고 있는가?
지원 장치	• 예산제도 • 정보체계 • 계획 및 조정	• 이러한 지원장치들이 무엇을 위해 사용되는가? • 실제로 어떤 역할을 하고 있나? • 이러한 지원장치가 조직의 효과성을 저해하고 있지는 않는가?

8) Weisbord의 여섯 상자(Six Box) 모형 장점과 단점

모형의 장점으로는 여섯 상자 모형은 다양한 관리이론, 조직설계, 행태적 이론 등을 종합하고자 노력하여 어느 정도 조직진단에 있어서 포괄성을 가진다. 또한 여섯 상자 모형은 이해하기 용이하고 상대적으로 덜 복잡하다. 그리고 여섯 상자 모형은 조직의 핵심적 활동과 요소를 반영하고 있고, 조직변화 프로그램에 활용될 수 있다. 더불어 여섯 상자 모형은 조직의 설계에 있어서 갈등과 같은 조직의 정치적인 요소를 고려할 수 있도록 한다. 모형의 단점으

로는 여섯 상자 모형의 구성요소가 경험적인 증거보다는 논리적으로 추출되어 타당성 문제가 나타날 수 있다. 그리고 공식적 차원과 비공식적 차원을 너무 인위적으로 구분하여 분석하고자 하는 단점이 있다.

7. Porras와 Robertson의 모형

1) 의 의

조직개발은 행동과학에 바탕을 두고 있으며 조직구성원의 실제 업무행동을 변화시킴으로써 개인의 사기계발을 강화하고 조직성과를 개선할 목적으로 조직상황을 계획적으로 변화시키는 일련의 이론, 가치, 전략 및 기법으로 표현된다(Porras & Robertson, 1992).

업무장면을 구성하는 구체적 요인들로 〈그림 5-50〉과 같이 네 가지의 기본 범주로 분류하고 있다(Porras & Robertson, 1992; Robertson, Roberts & Porras, 1993).

첫째, 조직편성
둘째, 사회적 요인
셋째, 기술
넷째, 물리적 요인

그 주요 내용들을 살펴보면 다음과 같다.

(1) 조직편성(organizational arrangements)

조직은 특정 목표를 달성하기 위하여 많은 개인 및 여러 집단에 전문 · 분화된 역할을 부여하고, 그 활동을 통합 · 조정하도록 구성한 집단 또는 그러한 집단을 구성하는 일이다. 그리고 편성이란 단어에는 '어디에 놓다', '잘 배열하다'라는 의미로 '조직을 편성하다', '예산을 편성하다'라고 할 때와 동일한 의미이다. 따라서 조직편성은 조직 내 다양한 부문들의 기능과 각 구성원들의 행동을 상호 조정하기 위한 조직의 공식적 요소들을 나타낸 것이다. 이것은 공식적 기제로서 대개 문서형태로 존재하고 조직이 의도하는 업무 수행 방식에 대한 기술이다. 조직변화에서 가장 중요시하는 요인이기도 하다. 일반적으로 조직 변화의 대상으로 가장 많이 다루어지는 요소들로서 다음과 같은 것들이 포함된다.

자료 : https://www.slideshare.net/manumelwin/porras-and-robertson-model

① 목표

목표는 조직이 달성하고자 하는 결과로 의사결정의 전제가 된다. 또한 달성하고자 하는 계획된 결과나 의사결정 시 입력(input)의 전제 요인이며 행동의 직접적인 조절 요인이다. 다양한 가능한 행위들 중에서 어떤 것을 선택하고 행할지 결정하는 데 있어서 도구적인 요소이다. 목표는 조직 내 모든 수준에서 존재할 수 있으며, 공식적 목표와 작동적 목표가 구분될 수 있으며 후자가 행동에 더 큰 영향을 미친다. 바람직한 목표는 공식적 목표와 실제 추구하는 목표가 일치되어야 한다.

② 전략

전략은 목표에 긴밀히 연관된 것이다. 전략은 목표를 달성하기 위한 수단을 구체화한 것으로 조직이 가용할 수 있는 자원으로 표현되고 주로 환경과의 상호작용을 표현한다. 조직의 전략은 체계의 목표가 달성되는 수단을 구체화하는 것이며, 조직에서 가용한 자원들의 전개 형태를 나타내며, 조직이 목적을 어떻게 달성할지를 알려주는 환경과의 상호작용이다.

③ 공식구조

공식구조는 조직편성 가운데에서 가장 명확하게 드러나는 요소로서 조직 구성요소들의 역할을 공식적으로 배분하고 이를 통제하는 기제를 보여준다. 그리고 과제 할당, 권한 행사 및 기능 조정과 같은 활동들의 규칙성을 부여한다. 조직구조는 위계를 정의하고 조직 내 의사소통의 공식적 라인을 구체화한다.

④ 관리정책 및 절차

관리정책 및 절차는 조직 내 업무를 수행하는 적절한 방법을 정의하는 공식적 규칙으로 구성된다. 또한 다양한 조직 내 활동들을 수행하는 적절한 방법을 정의하는 공식적 규칙으로 구성된다. 이것은 공식적 구조가 의도된 설계대로 작동하도록 한다.

⑤ 관리체계

관리체계는 조직 내 상호 조정에 초점을 맞춘 공식적으로 설계되고 확립된 모든 체계들이다. 이것은 재무회계, 통제체계, 정보체계, 그리고 인사관리체계 등을 포함한다.

⑥ 보상체계

보상체계는 관리체계의 한 종류라고도 볼 수 있지만 공식적 보상체계는 그 자체의 중요성과 구성원들의 행동에 미치는 직접적인 영향 때문에 별도로 분리된다. 이것에는 임금이나 복리후생과 같은 보상체계와 수행평가체계를 포함한다.

⑦ 소유구조

소유구조는 주주들의 분포형태와 관련된 것이다. 1인 대주주가 있는 조직도 있고, 다수의 소액 주주들로 구성된 조직도 있을 수 있다.

2) 사회적 요인(Social Factors)

조직은 사람들의 관계로 형성된다. 사회적 요인은 조직 내 사람들의 특성, 구성원 간의 상호작용과 과정 및 기타 집단적 특성과 관련된 요인이다. 많은 경우 사회적 요인은 무형의 특성을 가지고 있어서 파악하기 어려우며 변화하기 쉬운 요인들로 다음과 같은 것들이 포함된다.

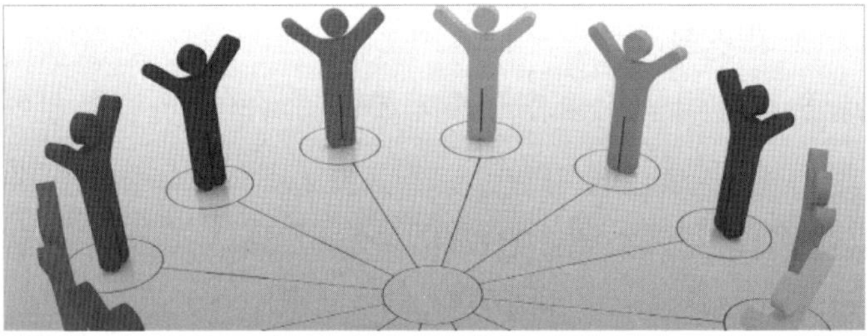

자료 : http://www.sewf2014.org/kr/?p=1439

① 문화

조직의 문화는 최근에 조직변화의 주요한 영역이 되고 있다. 그러나 문화를 정확하게 이해하고 파악하는 것은 어려운 일이다. 조직의 문화는 조직구성원들이 공유하고 있는 가치나 규범으로 구성원의 행동에 영향을 미치게 된다. 다차원적으로 구성되어 있는 문화체계는 상징, 의식, 이야기, 신화 등으로 표현되는 가공물에 의하여 전달되게 된다.

② 경영스타일

경영스타일은 조직 최고 관리자의 가치관, 기본 가정 및 관리 스타일은 조직의 의사결정, 조직문화 및 구성원의 행태에 주요한 영향을 미친다.

③ 상호작용 과정

조직은 분업체계로 구성되어 있고, 구성원과 이들 체계는 상호작용을 하면서 활동하고 조직의 목표를 달성하고자 한다. 이러한 상호작용은 의사소통 과정, 갈등해결 과정, 문제해결 과정, 의사결정 과정과 같은 다양한 과정으로 표현된다.

④ 비공식적 패턴과 네트워크

구성원 간의 의사소통, 의사결정, 권한 등을 공식화한 것이 공식적인 조직의 구조이다. 이러한 공식적인 구조 이외에 조직에는 비공식적인 상호작용의 행태가 존재하게 된다. 이들 비공식적인 상호작용 활동은 조직에 긍정적 또는 부정적 영향을 미치게 된다.

⑤ 개인적 속성

개인적 속성은 조직구성원의 개인적 특성 · 신념 · 태도 및 감정 등이다. 이러한 속성들은 업무 수행 방식 및 상호작용 과정에 영향을 준다.

3) 기술(Technology)

기술은 조직의 투입요소를 산출로 전환시키는 기능을 한다. 조직설계 분야의 핵심요소로 기술은 구성원의 행동에 직접적인 영향을 미치는 요소로서 다음과 같은 것들이 포함된다.

자료 : http://bizforumkr.tistory.com/entry

① 도구 · 장비 · 기계

도구 · 장비 · 기계는 제품이나 서비스를 산출하는 데 이용되는 물리적인 실체를 모두 포괄한다. 메인 프레임 컴퓨터, 대규모 기계에서부터 필기도구에 이르기까지 다양하다.

② 직무설계

직무설계는 제품이나 서비스를 생산함에 있어서 구성원들이 수행해야 할 과업을 조합하는 것이다. 직무는 조직구성원들이 수행할 책임이 있는 일련의 과업들을 조합함으로써 설계된다. 직무의 다양한 속성들, 예를 들면 과업의 의미, 작업과정에 대한 통제력, 다양한 기술의 사용 정도, 피드백 유무, 학습 기회, 타인들과의 상호작용 등의 직무설계는 직무를 수행하게 될 구성원의 동기와 성과에 영향을 미친다.

③ 작업흐름 설계

작업흐름 설계는 제품이나 서비스를 생산하는 과정에서 발생하는 상호작용을 체계화한 것이다. 여러 직무들은 작업 흐름을 만들어 내기 위해 통합될 수 있다. 작업흐름의 설계는 제품이나 서비스를 만들어 내는 과정에서의 직무들 간의 상호의존성의 유형에 따라 달라진다. 예를 들어, Thompson(1967)은 세 가지 유형의 상호의존성을 제안하였다.

- 합산적(pooled) 상호의존성
  → 각 부분은 전체에 독립적인 기여를 하고 각 부분을 합하면 전체가 된다.
- 연속적(sequential) 상호의존성
  → 한 부분의 산출(output)이 그 다음 부분의 투입(input)이 된다. 따라서 앞부분이 완료되지 않으면 뒷부분이 작동되지 않는다.
- 호혜적(reciprocal) 상호의존성
  → 각 부분들이 서로에게 산출(output), 투입(input)된다.

④ 기술적 전문성

기술적 전문성은 구성원들이 주어진 직무를 수행하는 데 필요한 지식과 기술의 수준을 의미한다. 기술적 전문성은 직무나 직무 흐름 설계가 제대로 작동하도록 하는 데 핵심을 구성한다. 이것은 구성원들이 주어진 직무를 수행하기 위해 필요한 지식과 기술의 수준을 나타낸다. 직무나 작업 흐름이 아무리 잘 설계되어도 구성원이 적절한 지식과 기술을 갖고 있지 못하다면 테크놀로지는 효과적으로 작동하지 않는다.

⑤ 기술적 절차

기술적 절차는 투입을 산출로 전환함에 있어서 수행되어야 할 것을 사전에 설정하여 놓은 것이다. 대부분의 기술적인 절차는 객관적인 사실을 바탕으로 형성되어 조직의 속성과는 연계가 적다. 이것은 투입(input)을 산출(output)로 변형하는 과제를 수행하기 위해 미리 규정해 놓은 방법들을 말한다. 앞서 설명한 관리절차와는 달리, 이것은 변형과정과 직접적으로 관련되어 있고, 조직의 속성과는 무관하다. 관리절차와 유사하게, 미규정된 방법을 얼마나 따르는가는 규범이나 기타 비공식적 요소에 의해 영향을 받는다.

⑥ 기술체계

기술체계는 투입에서 산출로의 변형과정 상태(또는 변형과정의 다양한 측면들을 통제하는 것)에 대한 정보를 제공한다. 이에는 공급체계, 일정관리체계, 유지보수체계 등이 있다.

4) 물리적 요인(Physical Settings)

물리적 요인은 근무환경 가운데 비사회적 · 비기술적 측면을 의미한다. 이들은 실무현장에서 구성원이 일하는 방식에 영향을 미친다. 이들 요인들은 상호작용의 효과를 가지기 때문에 이를 고려하여야 한다. 다음과 같은 네 가지 요소가 포함된다. 특히 공간형태가 구성원들의 행동에 매우 큰 영향을 미친다.

자료 : http://story.pxd.co.kr/1129

① 공간형태

공간형태는 실무현장의 크기, 모양 등으로 구성원의 상호작용 및 작업의 효과성 등에 영향을 미친다. 특히 사무실 설계와 사무실 또는 근무영역의 상대적 위치가 가장 중요한 두 요인이다. 접촉의 용이함(사무실이 개방적인가 폐쇄적인가, 사람들이 어디에 위치하는가 등)이 상호작용의 패턴을 결정할 것이기에 결국 근무현장의 효과성에도 영향을 미칠 것이다.

② 물리적 분위기

분위기는 조명, 냉난방 상태, 소음 및 공기 상태, 작업장의 청결 정도 등으로 직무에 대한 태도나 작업활동에 영향을 미친다.

③ 내부설계

내부설계는 가구, 장식, 창, 바닥, 벽, 천장 등의 특성을 의미한다.

④ 건축설계

건축설계는 작업이 이뤄지는 건물의 구조적 특성을 의미한다.

위 네 가지 범주들 간에는 밀접하게 상호 연결되어 있으므로 한 범주는 다른 범주에 영향을 미칠 수 있다. 따라서 네 범주들 간에는 일관성이 있어야 한다. 이것이 조직변화에 대해 주는 중요한 시사점은 어떤 한 범주의 변화노력은 그것과 긴밀히 연관된 다른 범주들과 같이 변화되지 않으면 저항이 매우 강해지고 실패하기 쉽다는 것이다. 예를 들어, 조직구조를 변화시킬 경우, 그것과 연관된 사회적 요인들에 대한 고려도 동시에 하지 않으면 구조 변화가 성공적으로 안착하기 어렵다.

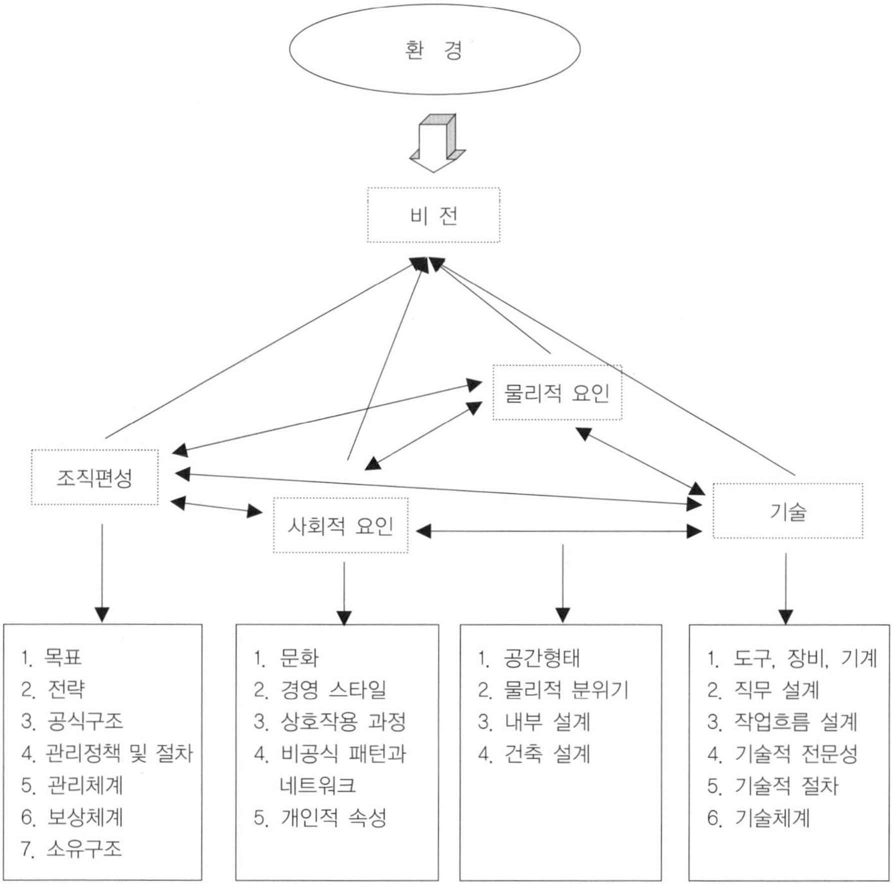

그림 5-52 Porras와 Robertson의 모형 재구성

제 10 절 조직변화주도 모형

1. DICE 모형

1) DICE 모형의 기원 및 역사

DICE 모형은 1992년부터 1994년까지 225개의 기업을 분석한 BCG(Boston Consultign Group)의 연구 프로젝트에 근거한다. 이 모델은 1,100개 이상의 기업에서 사용되어 왔으며, 사용 결과 이러한 요인들은 변화 프로젝트의 결과물을 예측하는 데 상관관계가 있음이 확인되었다.

2) DICE 모형이란 무엇인가?

자료 : 확률론. https://ko.wikipedia.org/wiki/

성공적인 변화를 가져올 수 있는 조직의 능력이 점차 경쟁우위를 결정 짓는 중요한 요소가 되고 있다. 그러나 성공적인 변화를 제공하는 것은 조직이 직면하는 가장 어려운 과제 중 하나이다. 특히 복잡하고 높은 위험부담이 있는 프로젝트의 획기적인 변화이다. 연구에 따르면, 복잡성에 따라 주요 변경 노력의 50 ~75%가 의도한 결과를 실현하지 못하고 있다. 그러면 실패의 위험을 최소화하고 성공으로의 확률로 바꿀 수 있다면 어떻게 그러한 위험을 사전에 감지할 수 있을까? 위험을 줄이고 실질적으로 긍정적인 결과를 보장하는 보다 효과적인 접근 방식을 개발할 목표로 전 세계 기업에서 수많은 주요 변경 프로그램을 연구를 통하여 DICE(Duration, Integrity, Commitment, Effort) **모형**이 개발되었다. 이러한 연구결과를 바탕으로 조직의 문제점을 해결하기 위해 조직의 운영 및 변화와 조직의 프로그램에 영향을 미치고 성공할 수 있는 데 중요한 행동들, 그리고 조직의 일정과 예산에 맞추기 위한 엄격한 프로그램 개발 및 추적, 보고 등 체계적인 변경관리 접근법을 개발하였다.

DICE 모형은 BCG의 기법으로 조직이 얼마나 성공적으로 변화를 주도적으로 실행하고 있는지, 또는 얼마나 성공적으로 실행할 것인지를 산출하는 데 사용될 수 있다(http://dice.bcg.com/index.html#intro, 2018). 조직이 특정하게 시도하는 프로젝트에 대하여 성공을 기대해도 되는지, 아니면 처음부터 실패할 프로젝트였는지를 가늠할 수 있는 데 유용한 모형이다.

조직에는 소프트한 요인(soft factors)과 하드한 요인(hard factors)이 있다. Sirkin 등(2005)에 따르면, 주로 비전, 리더십, 조직문화, 직원에 대한 동기부여, 참여적 접근 등의 소프트한 요인이 프로그램의 성공을 좌우할 수 있다고 한다. 그러나 가치가 있음에도 불구하고 항상 주목을 받지 못하는 다음과 같은 네 가지의 하드한 요인들도 조직의 운명을 좌우할 수 있다. 즉, 조직은 주도적인 변화를 고려하거나 평가할 때, 소프트한 변화의 요소를 고려하기 전에 네 가지 하드한 변화의 요인에 주의를 기울여야 한다. DICE라고 불리는 네 가지 요소에 대한 프로젝트를 평가하면 조직이 성공적으로 변화하는 데 도움을 줄 수 있다. DICE 모형은 복잡한 다중 회귀분석을 기반으로 한다. 그러나 DICE 모형은 각 요소에 대한 간단한 공식을 통해 쉽게 근사할 수 있다.

BCG는 다음의 공식을 제시하여 특허를 받았다.

첫째, DICE의 'D'는 프로젝트를 완료하는 데 걸리는 기간(Duration) 또는 프로젝트가 6개월 이상 지속될 경우 주요 학습이정표 사이의 간격을 말한다. 조직은 변화의 시간이 길어질수록 변화의 트랙에서 벗어날 확률이 높아진다. 이렇게 될 때 조직은 추진력이 상실되고, 조직의 창문이 닫히고, 지지자는 열정이 식으며, 조직의 문제가 누적되거나 증폭되어 제어할 수 없는 'king hit'[21]의 문제가 발생할 확률이 높아진다. 'D' 점수를 높이려면 프로젝트의 전체적인 서비스를 손상시키지 않고 주요 검토 일정 사이의 시간을 줄이는 것이다. 높은 점수는 프로젝트의 전체 시간 프레임의 길이에 의해 반드시 야기되는 것은 아니지만 스케줄표의 구조와 관련될 수 있다. 스케줄표가 잘 짜여 있는지, 의미 있는 검토가 허용되어 있는지, 주요 이해관계자가 프로젝트 계획 및 제공 중에 적절한 시기에 완전히 참여하도록 허용하는지, 스케줄표는 하위 활동보다는 주요 활동이나 업적을 명확하게 묘사하고 있는지를 확인하여야 한다.

둘째, DICE의 'I'는 프로젝트 팀의 성과 성실성(Integrity) 또는 무결성이다. 여기에는 팀의 전반적인 기술과 특성 및 구성방법이 포함된다. 성공적으로 주어진 시간에 맞게 변화 프로젝트를 완수할 수 있는 프로젝트팀의 능력으로 묘사될 수 있다. 변화 프로젝트는 대개 복잡하기 때문에 경영진은 다양한 활동, 자원, 압력, 외부 자극, 예측할 수 없는 장애 등을 예측할 필요가 있다. 팀이 개별적으로 또는 집단적으로 각 구성작업을 수행하고 개인과 집단의 성공이 성공적인 전체의 성공 결과에 필수적이라는 것과 같다. 'I' 점수를 높이려면 충분한 기술적 능력을 갖춘 팀을 구성하고 명확한 목표를 달성하기 위한 강력한 의지가 있어야 하며 가장 중요한 것은 유능한 팀 리더가 이끌어 내어야 한다. 팀이 정식 임명 과정을 통해 선발되었는지, 목표는 모든 팀 구성원에게 현실적이고 명확한지, 목표가 적절하게 야심적인지, 팀원들이 프로젝트에 집중할 수 있는 충분한 시간을 갖고 있는지, 팀 리더는 팀 결과물의 프로세스와 내용을 관리하는 데 충분한 시간을 할애하고 있는지를 확인해야 한다.

---

21) 강력한 녹아웃 펀치를 뜻한다. 강력한 펀치를 맞고 바닥에 쓰러지면서 머리를 한번 더 땅에 세게 부딪히면서 의식을 잃고, 신속한 응급처치가 이루어지지 않을 경우에는 수술 후에도 중태, 뇌사 또는 사망에 이른다는 뜻이다.

셋째, DICE의 'C'는 고위 경영진(C_1)과 실제로 변화를 겪고 있는 사람들(C_2)이 보여주는 변화에 대한 조직몰입(Commitment)이나 의지이다. 즉, C_1은 가장 영향력 있는 집행부의 지원(보통 최고 경영진)이며, C_2는 변화에 의해 영향받는 직원의 지지(부족)이다. 리더자가 자신감을 갖고 적극적으로 전략적인 목표를 지지하지 않는다면, 조직의 하위 계층은 그 가치나 성공 가능성을 믿을 가능성이 적어진다. 즉, 현장에 있는 사람들의 공감을 일으키기 위해서는 리더자의 헌신이 중요하다(항상 충분하지는 않지만). 하나는 다른 하나를 고무시킨다. C_1 점수를 향상시키려면 전체 프로그램과 특정 프로젝트에 대한 고위 경영진의 입증된 노력을 높이는 것이다. 고위 관리자는 종종 변화노력에 대한 자신의 진정한 헌신에 대한 조직의 인식을 과대평가한다. 프로그램 관리자와 프로젝트팀 리더는 고위 경영진의 입증된 지원의 상황적 중요성을 수립하고 적절하게 재검토해야 한다. C_2 점수를 향상시키면 직원과의 의사소통 및 이해가 향상된다. 이 목표는 여러 가지 면에서 조정된 조치를 취함으로써 가장 잘 달성된다. 'C' 점수를 높이려면 보다 효과적인 커뮤니케이션 프로그램을 수행할 수 있는 기회가 있는지, 구체적으로 양방향 및 대면 커뮤니케이션을 전개하는 프로그램이 있는지, 주요 이해관계자는 프로젝트의 계획 및 전달단계에 적극적으로 참여하고 있는지, 팀 구성원 또는 토론 파트너 중 누구인지를 확인하여야 한다.

넷째, DICE의 'E'는 구현 중에 요구되는 정상적인 작업요구 사항을 초과하는 추가적인 노력(Effort)이다. 그것은 변화 프로그램(DICE의 'I')을 이끄는 프로젝트팀과는 달리 변화를 겪은 사람들(C_2와 동일)의 노력과 관련이 있다. 즉, 주도적인 변화시도가 직원들의 정상적인 업무부담을 넘어서는 추가 업무를 얼마만큼 필요로 하는가이다. 'E' 점수를 높이려면 직원이 기존 업무의 요구사항을 지원하는 데 투입해야 하는 노력을 줄이면서 동시에 프로젝트 구현의 전환단계에 참여하여야 한다. 점증적인 구현 작업을 포함하여 전체적인 업무 과중을 쉽게 유지할 수 없는 경우 일부 비핵심 작업을 중지하거나 중지할 수 있는 기회가 있는지, 예를 들어 프로젝트 산출 중에 추가적인 자유재량 활동이나 시간제로 업무가 중단될 수 있는지 확인하여야 한다.

DICE 모형은 연속체를 이루고 있다. 즉, 한쪽의 극단에는 숙련되고 동기부여 되고 잘 조직된 팀이 이끄는 단기 프로젝트들이 있다. 그들은 최고 경영진에 의해 지원을 받는다. 그리고 변화에 민감하고 매우 적은 양의 추가적인 노력을 기울이는 부서에서 실행된다. 그러한 프로젝트들은 성공할 가능성이 매우 크다. 다른 극단에는 비전문가와 열정이 없고 조직력이 없는 팀에 의해 수행되는 장기적이고 종합적인 프로젝트가 있다. 어떤 최고 후원자 없이, 변화를 좋아하지 않고, 많은 추가 작업에 시간을 쏟아야 하는 기능에 목표를 두는 경우이다. 그러한 프로젝트는 보통 성공하지 못할 것이다.

2. DICE 모형의 공식 및 계산

DICE 모형은 간단한 질문을 통해서 각각의 요인에 1점(매우 좋음)부터 4점(매우 좋지 않음)까지 점수를 매긴다. 그 다음에 다음 공식을 활용하여 점수를 계산한다[DICE 점수 = D + (2 x I) + (2 x C_1) + C_2 + E].

DICE = D + 2I + 2C_1 + C_2 + E
C = Commitment / C_1 = of top management, C_2 = of effected employees / E = Effort

DICE 모형의 최고 점수는 7점이며 최저 점수는 28점이다. 7점과 14점 사이의 **Win Zone**(성공지역)에 있는 프로젝트는 성공가능성이 매우 높다. 14점과 17점 사이는 **Worry Zone**(우려 지역)으로 여기의 점수에 있는 프로젝트는 위험하

다. 그리고 17 포인트 이상 획득한 프로젝트는 **Woe Zone**(재난지역)에 있으며 매우 위험하다(표 5-21, 그림 5-53).

표 5-21 DICE Zone

Zone	점 수	상 태
Win Zone(성공지역)	7~14	프로젝트가 성공할 가능성 높음
Worry Zone(우려 지역)	14~17	프로젝트가 위험함
Woe Zone(재난지역)	17~	프로젝트가 매우 위험함

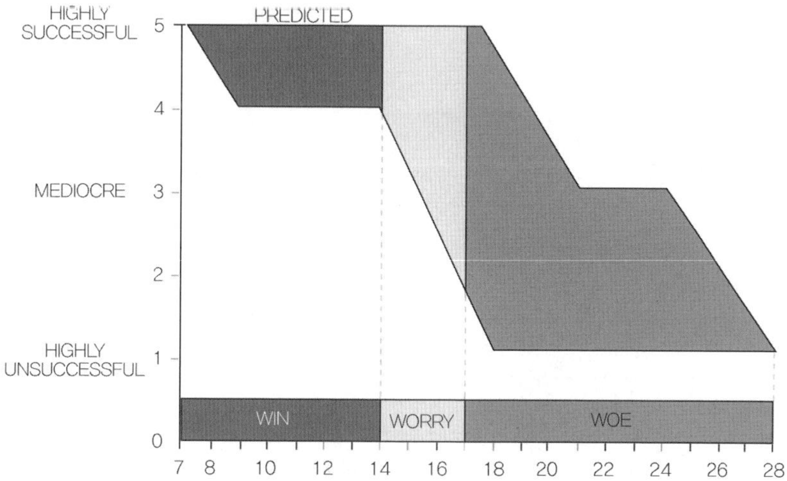

그림 5-53 DICE 차트

자료 : http://dice.bcg.com/index.html#dice-calculator

다음의 〈표 5-22〉는 요인에 따른 선택변수 및 점수를 DICE 모형 계산을 통해 살펴보았다.

표 5-22 DICE 모형 계산

요 인	선택변수 및 점수
Duration 기간 : 학습 스케줄표 간 또는 완료까지	2달 미만 = 1점 2~4달 = 2점 4~8달 = 3점 8달 이상 = 4점
Team Performance Integrity 팀 성과 무결성	매우 좋음 = 1점 좋음 = 2점 보통 = 3점 나쁨 = 4점
Commitment(Senior Management) 지지 : 고위 경영진	명확하고 강하게 요구가 지지됨 = 1점 성공을 원하는 것처럼 보임 = 2점 중립적임 = 3점 지지하지 않음 = 4점
Commitment(Local) 지지 : 직원	열렬함 = 1점 적극적임 = 2점 싫어함 = 3점 강하게 꺼려함 = 4점
Effort 노력	10% 미만 = 1점 10~20% = 2점 20~40% = 3점 40% 이상 = 4점

3. DICE 모형의 강점 및 이점

DICE 모형을 통하여 하드한 요인(hard factors)은 측정되고 커뮤니케이션되고 영향을 미칠 수 있다. 그리고 단순한 식을 통하여 대화의 장을 만들 수 있으며, 일관성 있는 제시로 프로젝트 타당성을 결정하는 표준방식으로 역할을 할 수 있다. 또한 리더자가 DICE 모형을 통하여 프로젝트를 의식적으로 평가하는 데 도움이 된다.

4. DICE 모형의 한계

DICE 모형은 주관적인 과정에서 점수를 결정할 수 있으며, 너무 단순함이 소프트한 변화의 요인들이 중요함에도 그것들을 다루지 않는 경향을 가져올 수 있다.

CHAPTER

06 사회복지연구모형 적용사례

제1절 사회복지서비스 품질관리 모형

1. EFQM Excellence 모형[1)]

사회복지기관 및 시설은 점점 더 많은 경쟁에 직면하고 있다. 또한 많은 이용자의 선택을 받아야 하고 이용자들에게 더 나은 품질과 경쟁력 있는 서비스로 답하여야 한다. 이용자들에게 더 나은 서비스를 제공하기 위해서는 서비스 품질관리를 하여야 할 것이다. 서비스 품질관리는 이용자가 일정 수준 이상의 품질이 담보된 서비스를 받을 수 있어야 하며, 이렇게 하기 위해서는 시설의 서비스 수준은 일정 수준 이상의 품질기준을 정하고 품질이 낮은 부분은 생존과 경쟁우의를 위하여 새로운 방안을 수립하여 관리하여야 한다는 것을 의미한다(이원주, 2016).

EFQM 모형의 다차원적인 품질관리 방안은 기관 및 시설을 이용하는 이용자들에게 더 높은 서비스 품질을 제공하기 위한 방안이 될 것이다. 기관이나 시설의 서비스 품질관리를 체계화할 수 있는 방안은 무엇인지 파악하고, 결과적으로 이러한 접근을 통해 기관이나 시설은 혁신을 하는 데 도움이 될 수 있을 것이며, 제시된 모형을 적용하여 평가 및 자체 프로세스를 점검하여 부족한 부분을 보완하여 이를 품질개선의 기초자료로 활용할 수 있을 것이다. 즉, EFQM 모형의 특징 및 핵심 구성요소에 대해 탐구하고 EFQM 모형의 우수성

1) 이원주(2016). 노인요양시설 서비스품질 우수성 관리방안 연구. 비판과 대안을 위한 사회복지학회, 48, 329-361 재구성.

모형 개념을 이해하고 방법론적인 문제와 관련시켜 EFQM 모형을 이해할 수 있다.

1) 서비스 품질과 사회복지서비스

서비스 품질(service quality)은 통상 사회복지서비스를 제공할 때 제일 신경을 쓰는 부분일 것이다. 조직이 경쟁체제 시장의 불확실성에 대처해 나가는 데도 중요한 요소가 서비스 품질일 것이다. 그렇다면 서비스 품질이란 무엇을 말하는가? 예를 들어, 사회복지기관 및 시설 냉장고의 모터가 소음이 심하거나 식단이 먹기에 거북하거나 비슷한 식사 제공으로 이용자의 만족이 떨어지며, 직원을 호출하여도 직원이 즉시에 나타나지 않고, 시설 내에 냄새나 악취가 심하다거나 하는 불만이 나오는 경우를 들 수 있다. 이처럼 서비스에 대한 것은 직원 입장, 이용자 입장, 보호자나 이해관계자 입장 등 시설의 서비스 품질을 보는 것은 여러 가지 측면이 있고, 서비스 품질에 관계하는 이해 당사자가 다르며, 품질이 충족시켜야 할 요건도 여러 측면으로 볼 수 있을 것이다. 즉, 서비스 품질은 서비스를 통해 무엇을 얻기를 원하는지와 어떻게 해주기를 원하는지로 다양하게 대변될 수 있다는 것이다.

서비스 품질은 구성하는 요인을 성과, 특징, 신뢰성, 표준과의 일치, 내구성, 서비스 가능성, 심미성, 인지품질의 차원(Garvin, 1988)으로, 그리고 요구조건에 적합한 것(Crosby, 1979)으로, 특정 서비스가 특정 이용자의 욕구를 만족시켜 주는 정도와 특정 서비스의 유형이 사람들에게 잠재적인 만족을 주는 정도, 특정 서비스가 제품 명세와 일치 정도, 이용자가 동일 제품이라도 경쟁제품보다 더 선호하는 정도, 그리고 신뢰도, 경쟁우의를 점할 수 있는 특성으로 다양하게 정의되고 있다(Juran, 1980). 또한 서비스 품질은 이용자들이 서비스 품질을 평가하는 기준으로 유형성, 공감성, 신뢰성, 응답성, 확신성으로 SERVQUAL 모형을 완성하였다(Prasuraman et al., 1988; 1991).

2) 사회복지기관과 서비스 품질

사회복지기관은 최상의 서비스를 제공하기 위한 관리적 관점과 이용자가 만족할만한가 라는 시설 이용 만족상의 관점, 즉 구조, 과정, 결과 관점이 모호하게 섞여 공존한다고 볼 수 있다. 이용자 및 그 보호자 및 이해관계자들은 사회복지기관에 대해 여러 가지 기대를 하게 된다. 이러한 기대를 관리자들은 파악하여야 한다. 이러한 기대치는 사회복지기관의 품질 향상에 매개역할을 하게 될 것이다. 따라서 이러한 서비스 품질에 대한 관리는 이용자의 기대치에 대한 매개요소로 볼 수 있다. 이러한 매개요소로는 물리적인 환경일 수도 있으며, 감각적인 특성인 맛과 냄새, 색상일 수도 있고, 기능적인 특성인 효율성, 효과성, 성과 등 다양하게 표현될 수 있을 것이다. 서비스 품질에 대한 다양한 시각에도 불구하고 분명한 사실은 사회복지 관련 기관들의 서비스는 모든 이용자와 이해관계자의 기대를 충족하거나 만족시킬 수 있는 수준을 달성하고 유지할 수 있어야 한다는 것이다. 즉, 사회복지기관은 기관의 우수성(excellence)을 달성하기 위해 기관의 조직문화와 관리자의 노력으로 지속 가능한 조직을 만든다는 기본 개념을 가지도록 하여야 한다. 또한 사회복지서비스 우수성 관리방안을 기관의 서비스 품질 향상을 위해 서비스 품질 및 이용자 만족도가 탁월하고 지속 가능한 조직을 만들기 위한 방법이나 계획 등 일체의 노력이 필요하다.

3) EFQM Excellence 모형의 활용

유럽품질관리재단(The European Foundation for Quality Management)[2)]은 미국의 말콤볼드리지품질대상(Malcolm Baldrige National Quality Award)[3)]에 대응

2) 일본의 데밍상과 미국의 말콤볼드리지상을 참조하여 발전시킨 모형으로 품질 향상을 통한 경쟁력 확보가 미래의 기업 생존에 필수적이라는 인식하에 유럽의 대표적인 다국적 기업 14개 업체가 모여 설립

3) 1987년에 제정된 말콤볼드리지 품질대상은 TQM을 전 산업에 보급하여 미국 기업의 국제경쟁력을 회복하고자 하는 미국 정부의 의지가 가시화된 상

하는 EFQM 모형을 제시하고 있다. EFQM 모형이 제시한 탁월한 조직모형(excellence model)은 오늘날 미국의 말콤볼드리지 모형과 함께 대표적인 품질경영 모형이라 볼 수 있다. EFQM은 1988년에 설립되어 사업을 지속적으로 개선하는 기초과정으로서 품질증진(Hides, et al., 2004)에 최선을 다하고 있으며, 유럽이 민간 및 공공 부분 조직의 경쟁력을 향상시키기 위해 총체적으로 품질을 관리(Oakland, 2003)하는 것을 목표로 하고 있다. 대표적으로 은행 및 금융, 관리 및 컨설팅, 공공관리 등 광범위하게 적용되어 사업의 우수성을 추구할 수 있는 우수 모형으로 자리 잡고 있었으며, 통합비즈니스시스템에서 입력과정으로 이루어지는 모든 관리활동을 포함하고 나타내고 있었다(Seghezzi, 2001).

EFQM 모형이 무엇인가에 대한 질문에 대한 한 가지 대답은 조직의 품질관리를 스스로 할 수 있는 구조모형이라 볼 수 있다(Udo, Niek & Jan, 2000). 또한 EFQM 모형은 복잡한 환경적인 변화에 경영자가 리더십을 발휘하여 품질을 담보할 수 있도록 하는 중요한 도구로서의 역할을 한다(Davis, Hides & Casey, 2001).

이렇게 볼 때 실제로 EFQM 모형은 여러 가지 목적과 방법으로 사용될 수 있다.

첫째, 자가 평가를 위한 도구로 사용될 수 있다(Tari, 2006).

둘째, 조직의 팀워크 개발 및 다른 조직과 벤치마킹하는 도구로 활용될 수 있다(Castka, Bamber & Sharp, 2003).

셋째, 조직개선을 위한 영역을 식별할 수 있는 가이드라인과 체계적인 성과관리를 위한 도구로 활용될 수 있다(Wongrassamee, Simmons & Gardiner, 2003).

넷째, 조직 공통의 어휘와 사고방식에 대한 기준으로서뿐만 아니라 조직운영시스템에 대한 도구로 사용될 수 있다(EFQM, 2006).

4) 우수성은 어떻게 정의할 것인가?

우수성은 어떻게 정의할 것인가? 이와 같은 질문에 대한 대답은 우수한 조직이나 시설은 모든 이해관계자의 기대를 충족하거나 만족시킬 수 있는 수준을 유지할 수 있는 조직을 말한다고 할 수 있을 것이다. 탁월한 조직이 가지는 기본 개념 및 특성(EFQM, 2015)은 〈그림 6-1〉과 같다.

첫째, 탁월한 조직은 이해관계자의 장 · 단기 욕구를 충족하기 위해 일련의 균형된 결과를 기획하고 달성한다.

둘째, 서비스 품질을 설계하는 과정에 이용자를 적극적으로 참여시켜 이용자를 위한 가치창출에 초점을 둔다.

셋째, 비전, 열정, 성실에 의한 운영이다. 이 개념은 역동적인 것으로 리더가 조직의 지속적인 성공을 위하여 모든 이해관계자들이 헌신할 수 있도록 적응하고, 반응하며 이를 획득하도록 하여야 한다.

넷째, 과정에 의한 관리로 조직의 세밀한 관리로 전략을 실천에 옮길 수 있도록 설계하는 데 초점을 둔다.

다섯째, 사람을 통한 발전으로 조직의 전략적 요구와 개인의 헌신 및 참여를 유도할 수 있도록 개인의 기대와 열정 간에 균형을 맞추는 데 초점을 둔다.

여섯째, 창의성 개발과 혁신으로 네트워크의 개발과 활용의 필요성과 창의성 및 혁신의 잠재적 원천으로 이해관계자와 관계를 형성해야 함을 의미한다.

일곱째, 파트너십 구축을 위한 신뢰관계 및 연대감 형성을 위한 지속적인 상호작용이 요구된다.

여덟째, 지속 가능한 미래를 위한 책임으로 조직의 관리와 활동에 대한 적극적인 책임성 확보와 보다 광의로 공동체에 대한 조직의 역량을 관리하는 데 초점을 둘 것을 요구한다.

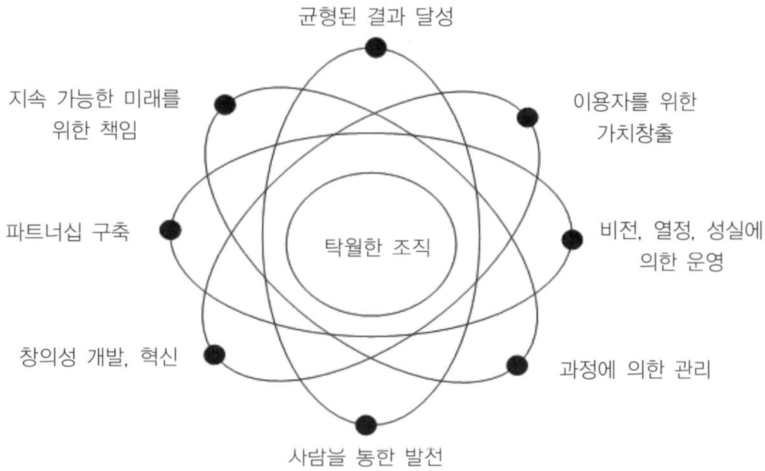

그림 6-1 탁월한 조직이 가지는 특성

출처 : 이원주(2016) 재인용.

5) EFQM Excellence 모형의 틀과 구조 및 기준

EFQM 모형의 가정은 우수한 성과(예를 들면, 이용자들, 직원, 사회, 그리고 핵심 성과)는 다섯 가지 가능성(예를 들면, 지도력, 사람, 정책, 협력 및 자원, 프로세스 등)을 통해 유발된다는 것이다. 이 가정에서 성과를 계속적으로 반복하여 조직학습과 혁신을 추구하는 조직체로서 가능하다. 즉, EFQM 모형은 유발요인(원인)과 결과요인(성과)의 두 가지 영역으로 구성하여 두 영역의 사이를 50 대 50으로 할당시켜 균형을 이루고 있었다. 이러한 포괄적인 시스템은 9개의 기준에 근거한 비규범적 프레임워크로 볼 수 있다. 9개 가운데 5개는 유발요인(enabler)이고 4개는 성과요인(results)이다. 다시 말하면, 유발요인의 기준은 조직이 무엇을 하는지 다루며, 성과요인의 기준은 조직이 무엇을 달성하고 어떻게 그것을 사용하는지를 다룬다. 결과적으로 성과요인은 유발요인에 의해 야기되며, 유발요인은 성과요인으로부터 피드백을 통해 개선된다. 화살표는 혁신과 모형의 동적 특성, 개선된 결과로 이끄는 유발요인의 향상을 돕는 것을 강조하였다.

EFQM 모형 좌측의 다섯 가지 기준(범주)은 수단(enabler)적 성격으로 조직의 다양한 활동과 연관되어 있다. 우측의 네 가지 기준은 이해관계자 관점에서 조직의 결과(results) 달성을 의미하며 결과는 개선된 실제 성과를 측정하는 것을 말한다.

EFQM 모형의 9개 기준 중 좌측 기준으로는

첫째, 지도력 기준(10%, 100점)에서 조직 리더의 역할은 사명과 비전을 제시하고 이것을 달성하도록 촉진한다.

둘째, 직원 기준(9%, 90점)에서 조직은 개인과 팀, 그리고 조직 전체의 수준에서 구성원의 지식과 풍부한 잠재능력을 관리, 개발하며 발휘하도록 하여야 한다.

셋째, 정책 기준(8%, 80점)에서 조직은 시장과 조직이 운영하는 부문을 고려하여 이해관계자에 초점을 맞춘 전략을 수립함으로써 조직의 사명과 비전을 실행하여야 한다.

넷째, 자원 기준(9%, 90점)으로 조직은 방침 및 전략과 조직 프로세스의 효과적 운영을 지원하기 위해 공급업체를 포함한 외부 파트너십과 내부 자원을 계획하고 관리하여야 한다.

다섯째, 프로세스 기준(14%, 140점)으로 조직은 고객과 이해관계자를 만족시키고 그들의 가치를 증진시키기 위하여 프로세스를 설계, 관리, 개선한다.

EFQM 모형의 9개 기준 중 우측 기준으로는

첫째, 직원만족 기준(9%, 90점)에서 조직은 인적자원과 관련된 지표를 포괄적으로 측정하고 우수한 성과를 달성하도록 구성원의 조직에 대한 인지도 조사, 포커스그룹, 면접 및 평가 등으로부터 측정할 수 있다.

둘째, 이용자 만족 기준(20%, 200점)으로 조직은 이용자와 관련된 지표를 포괄적으로 측정하며 우수한 성과를 달성하여야 하는 것으로 조직에 대한 고객의 인지도는 이용자 조사, 포커스그룹, 공급자 평가, 이용자의 칭찬, 불만 등으로부터 측정할 수 있다.

셋째, 사회공헌 기준(6%, 60점)으로 조직은 지역사회와 관련된 지표를 포괄적으로 측정하고 우수한 성과를 달성하여야 하는 것으로 조직에 대한 사회의 인지도는 여론조사, 보고서, 신문기사, 공공회의, 공공의 대표, 정부기관 등으로부터 측정할 수 있다. 조직이 사회와 관련된 성과를 모니터링, 예측, 향상시키고 조직에 대한 사회의 인지도를 예측하는 데 사용된다.

넷째, 사업성과 기준(15%, 150점)으로는 조직의 방침과 전략에 따른 계획된 주요 성과에 대한 측정지표이다.

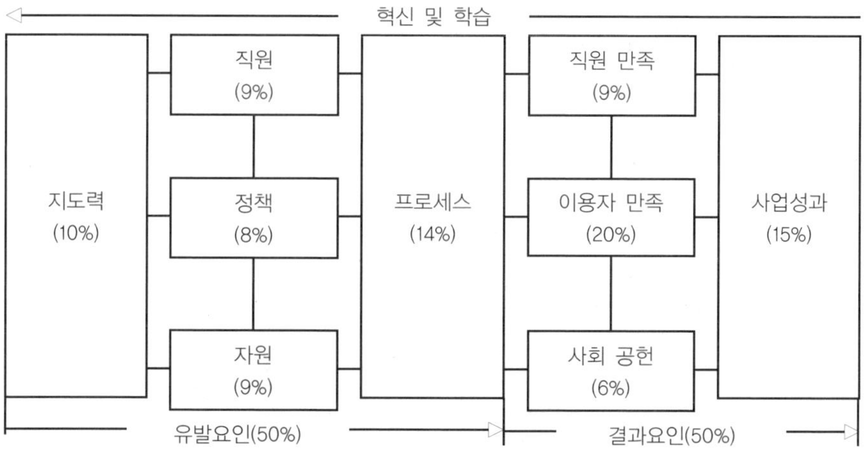

그림 6-2 EFQM 모형의 구조와 배점

출처 : 이원주(2016) 재인용.

6) RADAR 논리

EFQM 모형은 RADAR 로직을 기초로 하여 수행하게 된다.

첫째, R(Results)은 요구되는 결과인 전략의 일부분으로 달성해야 할 목표로서의 결과(적절성과 유효성, 성과)를 결정하는 것이다.

둘째, A(Approaches)는 현재와 미래에 요구되는 결과를 가져다줄 통합된 건전한 접근방법들(명확성, 통합성)을 계획하고 개발하는 것이다.

셋째, D(Deploy)는 실행을 보장할 체계적 방법으로 접근방법들(효용성, 체계성)을 전개하는 것이다.

넷째, AR(Assess & Refine)은 모니터링과 달성된 결과의 분석 및 지속적 학습활동에 기초하여 전개된 접근방법들을 평가(Assess)하고 개선(Refine)하는 것(혁신과 개선, 학습과 창의성)이다.

RADAR 로직은 조직의 성과를 올리기 위한 구조화된 접근법을 제공하는 동적인 평가 틀이자 강력한 경영도구를 제공(Udo, et al., 2000)하며, 조직의 성과 평가와 평가 후 개선할 부분을 확인하여 조직이 최고의 조직으로 가기 위한 방향을 설정하는 데 도움을 준다.

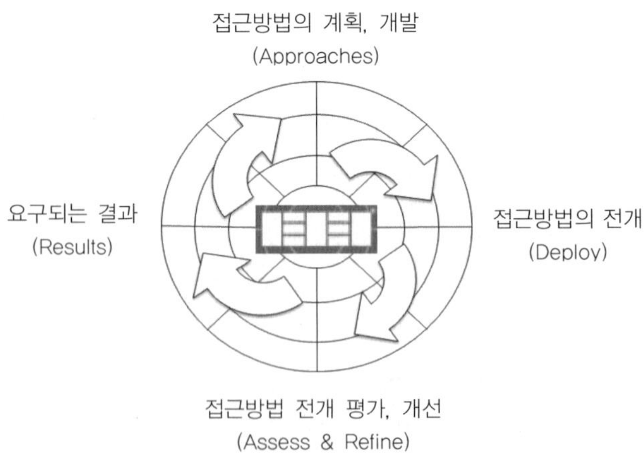

그림 6-3 RADAR 로직

출처 : http://www.efqm.org/efqm-model/radar-logic 재구성.

7) 사회복지조직과 EFQM Excellence 모형

서비스 품질은 사회복지기관에 많은 영향을 미친다고 볼 수 있다. 사회복지조직 서비스 품질의 향상은 시설의 생존능력을 증가시키며 이용자의 만족과 구성원의 사기를 높여주고 전체적으로 시설을 변화시키고 경쟁을 강화해 주는 원전이 되기 때문이다. 지금까지 공공 및 비영리 부분의 성과측정 모형은 EFQM과의 통합적 적용(민재형 · 이정섭, 2005), 비영리조직의 서비스 평가를 위한 대안(박수지, 2006)으로서, 그리고 EFQM 사례분석(최길수 · 지충남, 2007) 및 내용 설명 등이 대부분을 이루고 있다. 사회복지기관과 관련하여 EFQM 모형 적용(통합적용)은 노인요양시설 성과측정 모형 개발 연구(이원주, 2015)에 한정적으로 적용되고 있었다.

사회복지조직에서는 EFQM 모형의 다양한 차원 목표와 그 구성원의 세분화된 활동이 시설의 내부에서 상호 연관을 갖고 끊임없이 조율되고 있다는 것이다. 즉, 사회복지기관의 결과물은 대인서비스라는 수요자 측면의 결과물뿐만 아니라 개별 구성원 측면의 결과물과 지역사회 측면의 결과물로 이루어지며, 이 결과물들과 분리될 수 없는 시설운영 과정 또한 통합적으로 관리할 수 있는 방안으로 작동될 수 있다는 것이다.

EFQM 모형은 미국의 볼드리지 모형과 함께 대표적인 다차원적 성과측정 관리 모형으로 손꼽힌다. 특히 EFQM 모형은 제공자의 사회적 책임과 사회적 영향을 강조하는 경향을 보이고 있는 점이 언급되고 있다(Tabot, 2010). 따라서 사회적 책임의 성과가 강조되는 EFQM 모형을 사회복지기관들에 반영하여 자가점검 및 평가를 강화하여 조직의 건전성과 책임성을 담보할 수 있을 것으로 기대된다.

2. SCMM 모형[4)]

1) 사회복지조직 품질관리

사회복지조직의 관리자는 시설의 운영 및 현황, 서비스 질과 관련하여 관리자의 노력과 성과를 점검하여 관리자가 책임지는 역할을 수행할 수 있는 능력이 있어야 한다. 이는 이용자 삶의 질에 중요한 요인이 되며 조직관리자의 서비스의 질 관리 능력은 결국 조직에서의 품질과 관련하여 관리성과로 나타날 것이다. 조직 운영의 효율화를 담보하기 위하여 조직 운영의 품질이 무엇으로 구성되어 있으며 어떠한 요인이 척도로 나타날 것인지 점검하고 관리함이 중요하다. 그러나 조직이 제공하는 서비스의 품질을 어떻게 점검하고 관리하는 것이 좋은가에 대한 연구와 제공되는 서비스 품질 관리를 위한 척도 개발에 관한 연구는 제한적으로 이루어지고 있다.

사회복지조직은 지속 가능한 발전과 보다 이용자 중심적이 될 수 있도록 서비스 품질을 지속적으로 관리함으로써 일정 수준 이상의 안정된 서비스가 제공될 수 있도록 하는 관리자의 자가점검관리가 필요하다. 결국 사회복지조직의 서비스 품질은 서비스 자체의 특성, 이용자의 인식과 기대수준, 이해관계자들의 민주적인 참여와 협력 등을 포괄할 수 있는 있어야 할 것이다. 이에 관리자가 시설을 효과적으로 운영하는 데 필요한 능력, 즉 관리자의 역량개발 및 이용자들의 삶의 질 향상을 위해 조직의 자가점검에 필요한 자가점검관리척도(Self-Checking Management Measures : 이하 SCMM)를 제시하고 있다(이원주, 2015).

2) 사회복지서비스 품질관리와 구성 차원

사회복지조직의 운영과 관련하여 특정 이슈는 서비스 품질이라고 할 수 있다. 즉, 조직의 서비스 품질 유지가 잘 이루어지고 있는지 지속적으로 확인하

---

4) 이원주(2015). 노인요양시설 서비스 품질 향상을 위한 자가점검관리척도 개발연구 재구성.

여야 할 것이다. 특히 사회복지조직은 공공성 확보를 위해서는 조직의 서비스 품질을 유지할 수 있도록 하는 점검을 필요로 하며 이것이 바로 자가점검관리 시스템을 구현하는 것이라 할 수 있을 것이다. 이러한 시스템에는 서비스 품질을 관리하기 위해 어떠한 품질 구성 차원을 내포하고 있는지를 몇몇 연구를 통해서도 인식할 수 있다.

서비스 품질관리에 대하여 이용자 및 피보호자의 욕구수준에 적극적으로 부응해야 하는 것(김학주, 2009)으로, 서비스 품질관리를 거주자의 삶의 질과 간호의 질, 자율성의 질을 향상시키는 것(Plsek, 1993)이라 보고 있다. 또한 서비스 품질과 관련하여 시설 내부요인으로 근로자 근무환경 개선 및 근로조건 개선(서동민 외, 2012), 대상자별 전문보호의 필요성(선우덕 외, 2012), 지역사회 네트워크 필요성(정은욱 외, 2007) 등의 연구가 있다. 특히 서비스 품질 구성 차원들과 관련하여 Parasuraman 등(1991)은 SERVQUAL 모형에서 유형성, 신뢰성, 공감성, 응답성, 확신성의 5개 차원들로 나누어 각 차원에 대한 이용자의 기대와 인지된 서비스와의 차이를 각 차원에서의 서비스 품질이라 정의하고 다양한 서비스 분야에서 서비스 품질 측정을 위하여 사용되어져 왔으며 가장 많은 인용과 활용을 하고 있다. 이 모형은 유형성, 신뢰성, 공감성, 반응성, 확신성 다섯 가지의 요인을 통해 서비스 품질에 대한 전체적인 평가를 가능하게 하여 품질 개선의 출발점이 될 수 있다는 의의를 가지고 있다.

첫째, 유형성은 서비스에 대한 물리적인 표현
둘째, 신뢰성은 약속한 서비스를 정확하게 제공할 수 있는 능력
셋째, 공감성은 이용자에 대한 개별적인 서비스와 배려
넷째, 반응성은 직원이 이용자에게 빠른 서비스를 제공하려는 의지
다섯째, 확신성은 전문 서비스에서 중요한 척도로 종업원이 지식을 가지고 이용자에게 정중함 및 확신을 심어줄 수 있는 능력으로 귀결

SERVQUAL 모형을 차용하여 품질을 구성하는 여러 가지 차원을 적용한 국내·외의 연구들 약 32편을 문헌 조사한 결과, 대체적으로 5대 차원으로 응답성(대응성)이 87.5%, 신뢰성이 87.38%, 유형성이 82.25%, 공감성이 75.00%, 확신성이 3.13%의 순으로 적용하고 있는 것(이원주, 2015)으로 나타나고 있으며, 기타 다양한 요소들로 추가하여 변형시킨 연구가 있다.

사회복지조직이 최적의 서비스를 어떻게 만들어 전달하며 그 결과를 어떻게 평가하고, 어떻게 이용자의 만족을 증진할 수 있는가에 대한 행위라고 볼 수 있다. 이러한 원칙을 토대로 선진국에서는 이미 서비스 품질을 측정할 수 있는 합의된 품질 측정도구를 개발하여 이를 근거로 하여 서비스 품질에 대한 모니터링을 강화하고 강력한 법률적 제제를 취해오고 있다.

3) 사회복지서비스 품질관리와 점검

사회복지조직 서비스 품질관리는 다차원적인 부분을 관리자가 관리하여야 하는 영역으로 인식(이원주, 2015)하고 각 영역별 관리 차원을 이용자 만족도 관리, 전달성 관리, 접근성 관리, 자원 관리, 협력성 관리, 신속성 관리, 기록성 관리, 확신성 관리, 설명서 관리, 직원 만족도 관리로 10개의 차원을 제시하고 있다.

첫째, 이용자 만족도 관리는 시설관리자가 시설운영을 위해서 고려해야 할 사항으로 이용자들의 서비스 만족을 시사하고 있다. 사회복지시설의 경우는 이용자의 생활문제를 해결할 수 있는 중요한 사회복지의 한 전달체계로 볼 수 있다. 이러한 생활공간에서의 삶의 질은 시설이 제공하는 서비스 만족도 관리와 무관하지 않다. 이러한 만족도 관리는 시설에서 종사하고 있는 구성원이 얼마나 지각하고 있는지를 확인할 필요성을 역설하고 있는 것이다.

둘째, 관리자는 전달성 관리를 하여야 한다. 이것은 주기적으로 양질의 간식과 음료를 충분히 제공하고, 이러한 서비스를 위해 시설은 밤과 휴일에 거주노인을 돌볼 충분한 직원이 상주하고 있다고 생각하여야 하며, 직원과 시설장은 돌봄에 있어 상호 간 의사소통이 원활하고 직원들의 윤리행동강령 지침과 운영규정이 구비되어 있는지를 점검하여야 할 것이다.

셋째, 관리자는 접근성 관리를 하여야 한다. 시설은 지역사회 활동에 활발히 참여하고, 시설은 운영의 개방을 통한 지역사회 관계 향상을 위해 노력하고 있는지와 자원봉사 연계를 통해 이용자를 위해 다양한 서비스를 제공하고 있는지를 점검하여야 할 것이다.

넷째, 사회복지조직은 자원관리를 하여야 한다. 자원은 시설의 생존과 유지 및 성장, 발전을 위해 필수적인 요소라 할 수 있다. 이러한 자원은 인적 및 물적 자원이 모두 포함된다. 시설에서 이러한 자원이 결핍되면 이용자를 위한 서비스를 제공하는 데 재정적인 한계에 직면하게 될 것이다. 따라서 조직은 자원을 활발하게 동원하기 위해서는 후원개발을 위한 조직이나 인력을 배치하고 후원자 모집 방안 및 홍보활동이 지속적으로 이루어져야 할 것이다. 기부자의 신뢰가 기부에 대한 태도에 미치는 영향에 대한 연구에서 기관에 대한 신뢰가 기부태도에 영향을 미치고(김경호 · 김영기, 2013), 기관에 대한 신뢰는 관계몰입에 유의미한 영향을 미쳐 기부문화 확산에 기여할 수 있도록 하여야 하며, 특히 기부자에 대한 기부행위 장려목적으로 다양한 모금촉진 전략 개발의 필요성을 이야기하고 있다. 이는 특별이벤트의 개최, 전화를 통한 모금활동, 미디어와 인터넷을 통한 모금강화 등의 적극적인 홍보방안을 실천적 함의로 도출하고 있다.

다섯째, 사회복지조직은 협력성 관리를 하여야 한다. 협력은 힘을 합하여 서로 돕는다는 사전적 의미를 내포하고 있다. 따라서 협력성 관리는 혁신적인 아이디어의 개발을 위해 부분을 초월한 협력을 중요시하거나 계급이나 지위에 관계없이 누구와도 건설적이고 창조적인 대화를 할 수 있는 풍토를 조성하고 부서들 간의 정보교류를 원활하게 할 필요가 있다. 외부환경 변화가 조직 내 전문직 간 상호작용에 미치는 영향에서 사회복지기관 관리자가 외부환경 변화에 대한 민감성을 가지고 전문직 간 협력을 제고하고 나아가 조직의 성과를 증진할 수 있는 가능성을 찾고자(이상우 · 최재성, 2013) 하였다. 그 결과 최소한의 위기의식을 강조하는 집단에서 전문직 간 연계협력이 가장 높은 것으로 나타났다. 특히 전문직(의사, 사회복지사, 간호사, 요양보호사, 물리치료사, 영양사 등) 간 협력은 책임 및 의사결정, 가치와 철학에 대한 공유, 개방적이고 정직한 의사소통과 상호 신뢰 및 존중을 통한 파트너십 등이 포함된다(Stichler, 1995). 전문직은 자기만의 고유영역에서 다른 집단 간 의사소통 수준을 감소시킬 수 있고 타 집단과의 갈등이나 오해를 키워 협력을 저해할 소지가 있기 때문에 협력성 관리가 되어야 한다. 전문직 간의 협력이 잘 이루어지는 조직은 이용자 만족도에 긍정적인 영향을 미치고 전문직 구성원들의 스트레스 및 소진을 줄이는 데 긍정적인 영향(Buscemi, et al., 2012), 그리고 안전사고 예방(Reeves, et al., 2010)을 할 수 있다. 조직구성원 간 협력과 연계가 촉진된다면 조직은 유연하고 긍정적인 조직이 될 것이며 그렇지 않으면 구성원 간 갈등이 심화되어 활력을 잃을 수 있을 것이다. 결과적으로 사회복지기관 관리자는 전문직 간 상호 협력을 위해 관리하고 노력해야 할 것이다.

여섯째, 관리자는 신속성 관리를 하여야 한다. 기관은 급여를 제공하는 직원들의 직종, 직책, 사진 및 이름을 게시하여 이용자와 가족들에게 정보를 제공하고 직원의 업무범위와 책임소재를 명확히 하여 업무분장을 하여 적시에 대응할 수 있는 체계를 유지하며, 기관 내에 학대행위 등의 일이 발생하였을 때 신고 등, 조치에 대한 사항이 즉시 공시되고, 직원의 보상체계가 별도의 규정으로 마련되어 있는지를 점검하여야 할 것이다.

일곱째, 관리자는 기록성 관리를 하여야 한다. Parasuraman 등(1991)에 의하면, 조직은 기록들을 정확하게 보관하고 있어야 한다고 하였다. 따라서 시설이 실제로 서비스 계약 및 증빙서류가 정확하고 투명하게 믿음이 가도록 기록되며, 이러한 사항은 계획된 시간과 일정대로 정확히 반영되고 있는지 점검하여야 할 것이다.

여덟째, 사회복지기관 관리자는 확신성 관리를 하여야 한다. 기관의 직원들은 이용자를 위한 믿음을 주고, 안전을 최우선으로 하며, 직원들이 업무수행을 위한 적합한 지식을 갖추고 있는지를 점검하여야 할 것이다.

아홉째, 설명서 관리를 하여야 한다. 특히 Martin과 Kettner(2000)는 품질성과의 영역과 정의에서 시설, 장비, 인력 외에 프로그램은 접근하거나 요구하기가 쉽도록 인쇄물의 형태가 적절해야 하고 잘 관리되어야 한다고 언급하고 있다. 따라서 기관에는 서비스나 프로그램 서비스 질 관리를 위한 매뉴얼이 구비되어 있어야 하며, 기관에서 제공되는 서비스는 매뉴얼에 근거하여 계획된 대로 제공되는지를 점검하여야 할 것이다.

열째, 관리자는 직원 만족도 관리를 하여야 한다. 기관 직원들의 전반적인 업무만족도는 높은지, 특히 기관 직원의 급여수준은 근무여건과 비교하여 적정한지 보상체계의 적절성을 점검하여야 할 것이다. 직원만족도 관리에서 직무만족이 필요하다. 직무만족은 일반적으로 조직구성원들이 자신의 직업에 대해 긍정적인 감정을 갖고 있는 정도를 나타내는 것으로 볼 수 있다. 따라서 직원의 직무만족은 기관을 운영하는 데 효율성을 좌우하는 요인이 된다. 직원의 직무만족이 저하되면 이직과 스트레스, 사기저하 등이 유발되어 기관 서비스 품질 저하와 직결되는 요소로 볼 수 있기 때문이다. 따라서 직원 만족도 관리가 기관의 품질을 향상시키는 데 결정적인 요인으로 작용할 수 있다. 직원의 직무만족의 중요성으로 직무만족이 이직의도에 가장 강하게 영향을 미치는 변수(Lee & Kim, 2012)이고, 적절하지 않은 보수로 낮은 직무만족을 초래하여 이직의도에 영향을 미치는 요인(Tham, 2007)

으로 지적되고 있어 직원 만족도 관리가 중요하다고 할 수 있겠다.

4) SCMM(자가점검관리척도) 모형의 구조

〈표 6-1〉은 사회복지조직이 활용할 수 있는 서비스 품질 향상을 위한 관리자의 SCMM 측정변수를 가지고 구조방정식 모형을 나타낸 것이다. SCMM 모형은 10개 차원 총 29개 문항으로 본 연구에서 탐색적 요인분석으로 가정한 요인구조가 확인적 요인분석을 통해 재확인되었다.

표 6-1 SCMM 모형 요인구조

구 분	요인명	측정문항명
1	이용자 만족도 관리 (User Satisfaction Management)	서비스량 만족, 서비스 질, 욕구충족, 불만처리
2	전달성 관리 (Transmission Management)	주기적 간식, 휴일케어, 의사소통, 지침구비
3	접근성 관리 (Access management)	지역사회 참여, 시설개방, 자원봉사 연계
4	자원 관리 (Resource Management)	후원자 모집계획, 후원자 모집홍보
5	협력성 관리 (Collaborative Management)	의사결정 참여, 아이디어 수용
6	신속성 관리 (Rapidity Management)	직원정보 제공, 직원책임 소재, 학대행위 신고, 직원포상 규정
7	기록성 관리 (Record Management)	기록보관, 기록투명, 계획시간 반영
8	확신성 관리 (Assurance Management)	조직믿음, 안전과업 제시, 적합한 지원
9	설명서 관리 (Manual Management)	질 관리 매뉴얼, 매뉴얼 근거
10	직원 만족도 관리 (Employee Satisfaction Management)	급여수준, 업무만족

〈그림 6-4〉의 SCMM 구조방정식 모형은 사회복지조직을 위해 보다 품질 높은 서비스를 제공할 수 있는 유용한 틀로서 역할을 할 수 있을 것이다.

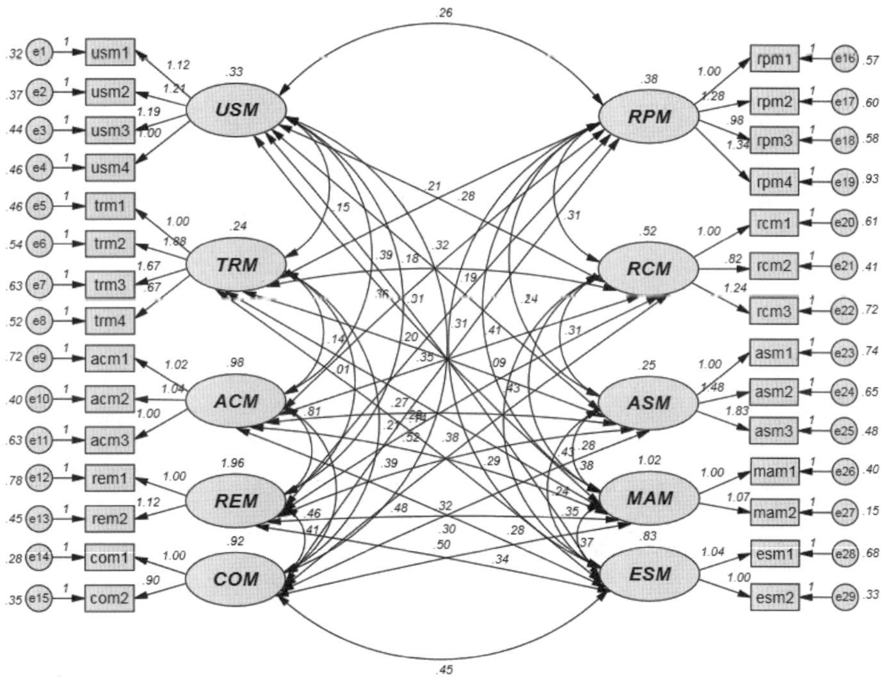

그림 6-4 SCMM 구조방정식 모형

사회복지서비스 조직은 스스로 서비스 품질을 자가점검관리 할 수 있도록 하는 관리자의 향후 조직이 이용자 중심의 서비스 품질을 유지 개발하며 주기적이고 정기적으로 서비스 품질을 자체로 점검하고 관리하는 데 도움을 줄 수 있다는 측면에서 활용가치를 높일 수 있을 것이다.

3. S-S-S 모형[5)]

1) 서비스 품질과 이용자

사회복지서비스 욕구충족을 인정받은 이용자들은 기관을 선택하여 급여제공계약에 따라 서비스를 받게 된다. 서비스 제공 전 이용자가 기관을 이용하기 위한 선택요인들은 여러 가지가 있을 수 있다. 일반적으로 이루어진 연구들은 서비스 만족이 기관이나 시설 선택에 중요한 요인으로 여겨지고 있다. 그리고 서비스 만족은 서비스 품질이 선행요인(김통원 · 윤재영, 2005)임을 밝히고 있다. 즉, 이용자 문제를 해결하기 위해서는 기관이나 시설은 단순 보호에서 벗어난 질적인 수준 향상이 필요하다는 것이다.

이러한 변화는 서비스 공급주체인 기관이나 시설 서비스 이용자를 소비자로 인식하고 그들의 서비스 만족도를 높이기 위해 적극적인 노력이 필요하게 됨을 의미한다. 이러한 노력을 통해 시설은 이용자로부터 선택되고 또 다른 선택을 받기 위해 품질 높은 서비스를 제공하게 되는 동학(dynamic)으로 작용하게 된다. 높은 서비스 품질은 잠재적인 또는 재이용 의도로 이용자에게 중요한 정보를 제공하며 서비스 품질 향상에도 기여를 할 수 있기 때문이다.

사회복지조직의 시설이나 기관은 이용자의 선택에 직면하게 된다. 이용자의 선택은 서비스 제공주체인 기관의 서비스 품질 향상을 위해 경쟁을 유도할 수 있는 중요한 행위로 볼 수 있다. 특히 사회복지기관에서 제공되는 서비스의 품질을 가늠하는 데 이용자의 의견은 중요한 역할을 하게 된다(Bartlett & Boldy, 2001)는 것이다. 이것은 사회복지기관들이 서비스 공급주체로서 이용자의 의도를 분석하고 기관운영과 서비스 품질 개선과 관련한 결과를 반영시킬 수 있는 중요한 행위가 될 수 있을 것이기 때문이다. 이용자의 행위를 유발하는 서비스 품질요인은 여러 가지가 있을 수 있지만 Cronin과 Taylor(1994)의

---

5) 이원주(2015). 노인요양시설 서비스 품질이 이용자 만족과 선택의도에 미치는 영향 재구성.

서비스 품질 측정모형인 SERVPERF가 연구에 많이 적용되고 있다. 유형성, 신뢰성, 대응성, 확신성 그리고 공감성의 다섯 가지 품질 구성요인이 사회복지서비스를 이용하는 이용자의 만족을 매개로 선택의도에 영향을 줄 것이라는 것이다. 이용자 만족의 경우는 Attkisson과 Zwick(1982)이 제시한 CSQ (Client Satisfaction Questionnaire)를 활용하고 있다. 즉, 선택의도를 측정하는데 있어서는 이용자가 일정 기간 동안 일관성을 가지고 일정한 서비스에 대해 이용하고자 하는 지속적인 선호태도인 서비스 선택의도와 추천의도로 정의하였다(이원주, 2015).

2) 서비스 품질과 사회복지서비스 제공기관

서비스 품질은 서비스의 우수성과 관련된 전반적인 판단이나 태도로 기대된 서비스와 인지된 서비스의 차이(gap)인 주관적으로 인지된 품질로 정의되고 있다(Parasurman, Zeithaml & Berry, 1988). 사회복지서비스 제공기관의 인지된 서비스 품질은 일반 서비스와 달리 일상생활에 지장이 있는 이용자를 대상으로 한다는 점에서 전문적인 서비스가 요구되고 있다. 더불어 이용자중심 운영으로 인해 이용자가 인지하고 있는 서비스 품질에 대한 만족도의 중요성이 더해지고 있다.

이용자들은 서비스 이용에 앞서 그것에 대한 기대를 하게 되며, 이용 시 제공받은 서비스에 대한 지각을 함으로써 이러한 기대와 지각의 비교를 통해 서비스 품질을 인식하게 된다(Smith & Houston, 2008). 즉, 기대와 태도라는 이중적인 측정구조의 특징을 가지고 있다. 이후 서비스 품질 측정에서 기대와 태도라는 측면보다는 태도(지각)만을 사용할 것을 주장(Bolton & Drew, 1991)하였다. 이는 사회복지서비스 제공기관에서의 서비스에 대한 인식이 양적인 부분에 치중하던 것이 질적인 부분으로 바뀌는 양상으로 나타나고 있다는 것이다. 이러한 양상은 이용자의 선택의도나 선택권의 확대를 의미한다. 결과적으로 Cronin과 Taylor(1994)는 그들의 다양한 연구를 통하여 서비스 품질이 태도에 의해 개념화되어야 한다고 주장하고 태도만으로 측정하는 SERVPERF 모형이 보다 우수한 모형으로 개발되면서 서비스 실행 후 이용자가 지각한 서비스만을 측정하게 된다. 특히 그들은 태도-기대 대신 태도만이 서비스 품질을 결정짓는다고 주장하였다. 이러한 태도는 이용자의 만족도와 직접적인 연관성이 있음을 의미한다고 볼 수 있다.

사회복지서비스 제공기관의 서비스 품질은 제공자 입장에서는 제공자의 지식과 기술제공능력이며, 이용자의 입장에서는 제공받는 서비스에 대한 이용자의 느낌이라고 볼 수 있다. 결과적으로 서비스 품질은 이용자와 제공자가 양립(Donabedian, 1980)하는 개념으로 두 가지의 개념이 모두 충족되어야 할 것이다. 특히 서비스 품질은 상호작용과 서비스 환경, 결과를 모두 고려(Brady & Cronin, 2001)하는 포괄성이 있는 점으로 미루어 볼 때 사회복지서비스 제공기관의 이용자들이 인식하는 서비스 품질은 시설의 서비스 결과뿐 아니라 일련의 품질과정과 구조도 함께 거쳐야 할 것이다. 이처럼 사회복지서비스 제공기관의 서비스 품질은 이용자가 지각하는 일련의 태도인 만족도에 영향을 미칠 수 있다. 이러한 만족은 향후 서비스 제공주체를 선택하는 데 많은 영향을 미칠 수 있다.

3) 이용자 만족

사회복지기관에서 생활하는 이용자의 삶은 기관에서 제공하는 서비스 품질과 서비스 만족을 통해 실현된다고 볼 수 있다. 서비스 만족수준을 결정하는 요인들로는 간병자의 간병상태, 이용자와의 관계, 간병으로 인한 스트레스, 간병에 대한 태도, 기관에 대한 태도 등(이인정, 1999)의 감정들과, 일종의 이용자들의 직접적인 태도로서 만성적인 병에 대한 두려움, 불안, 우울, 심리적 충격 및 다양한 정서변화인 심리적 요인과 환경적 요인에 영향을 받고 있으므로 이에 대한 서비스 품질은 개인의 만족도를 결정 짓는 중요한 요소로 볼 수 있다.

서비스 만족과 관련하여 서비스 품질인 시설공간이나 프로그램, 직원에 대한 만족(손명숙, 2006)과 주관적 만족요인으로 직원요인과 시설요인(황인욱, 2007) 만족으로, 그리고 과거, 현재, 미래에 대한 긍정적인 감정(최성재, 1986)으로 보고 있다. 특히 김 인과 심학진(2009)은 서비스 품질이 서비스 만족을 가져온다는 것을 이용자의 삶의 품질이 향상된다는 것을 함의하고 있다고 적고 있다. George(1979)는 자신이 기대했던 것과 현재의 성취를 비교하여 자신의 존재 상태를 평가하는 것으로, Gilbert, Lumpkin, Dant(1992)와 Oliver(1980), John(1992)은 이용자 만족을 정의함에 있어 서비스에 대해 이용자의 기대가 충족되는지 여부에 따라 결정되는 태도로 정의하고 있다.

4) 선택의도

일반적으로 사회복지기관 이용자들은 서비스를 받은 후 서비스 품질에 대하여 만족이나 불만족을 경험하게 되고 이에 따라 서비스를 계속 받을 것인지 아니면 중지할 것인지, 또는 주위 사람들에게 서비스에 대해 권유할 것인지 권유하지 않을 것인지 등의 다양한 서비스 후 행동인 선택의도를 나타내게 된다. 이는 서비스 품질을 경험한 후에 고객 충성도, 재이용 의도, 구전효과 등으로 나타난다고 볼 수 있다. Czepiel과 Gilmore(1987)는 이용자 충성도를 과거 경험에 기반을 둔 교환거래를 지속시키는 특정한 선택적 태도로 정의하고 있다. 그리고 재이용 의도는 이용자에게 어떠한 서비스가 제공되었을 때 그러한 서비스를 반복적으로 계속하여 선택하고 이용할 가능성으로 태도가 행동으로 옮겨질 수 있는 행위이며, 구전효과는 구전과정에서 발생하는 정보가 이용자의 입과 입을 통해 비공식적인 선택방법으로 의사전달되는 쌍방향의 커뮤니케이션이라는 특징이 있다. 특히 재이용 의도와 구전효과는 서비스를 다시 이용할 것인지에 대한 이용자의 평가를 가장 잘 나타내 주는 지표로 파악되고 있다(이영희 · 김종호, 2004). 이러한 서비스 후 행동은 서비스 품질에 대한 이용자의 최종적인 평가를 반영할 뿐만 아니라 미래의 행동에도 영향을 미친다는 점에서 중요한 정보가 된다. 이렇게 볼 때 서비스 이용자가 사회복지기관을 선택하고 이용하는 것이 긍정적인 태도 변화와 관련된 것이라고 볼 때 고객 충성도, 재이용 의도, 구전효과 등은 무엇을 하고자 하는 생각이나 계획인 선택의도로 이해될 수 있다. 따라서 선택의도는 시설 또는 서비스를 다시 이용할 것인지에 대한 이용자들의 평가를 가장 직접적으로 나타내 주는 지표로 볼 수 있다. 따라서 이용자의 선택의도는 서비스 제공주체의 서비스 품질에 따라 미래 이용자 확보에 큰 역할을 할 것이다.

선택이란 획득된 정보를 통해서 일련의 추리를 거쳐 최상의 대안을 찾는 의사결정 과정이라고 보고 있다. 만약 이용자가 시설에 실제로 거주해 보지 않았다면 이용자의 경험이나 조언에 의지할 수밖에 없다. 즉, 이용자가 선택을 위해 직감이나 경험을 이용하고, 이러한 학습된 결과가 선택의도에 영향을 미친다는 것이다. 이러한 학습의 결과로 선택의도는 충성도와 유사한 개념으로 서비스에 대하여 경험을 가지고 있고 이러한 경험을 토대로 선택의도를 보인다는 것이다. 그리고 서비스에 대한 애착이나 애정의 감정상태나 지속적인 이용자의 의도, 제공자에 대한 이용자의 몰입으로 이해될 수 있다.

5) 연구모형

경험을 통해 지각된 서비스 품질요인들인 유형성(Tangibles; TAN, 이하 구조모형에 적용), 신뢰성(Reliability; REL), 응답성(Responsiveness; RES), 공감성(Empathy; EMP), 확신성(Assurance; ASS) 요인들을 서비스 품질(service quality)이 수렴(convergence)하고, 서비스 품질은 이용자의 선택의도(select intent) 만족(satisfaction)이 매개역할을 하고, 또는 서비스 품질이 직접적으로 선택의도에 영향을 미치는지를 분석하여 〈그림 6-5〉와 같이 연구모형(이원주, 2015)을 제시하고 있다.

대부분의 요인들이 서비스 품질 구성요인들이 서비스 품질이라는 추상적 개념을 얼마나 공통적으로 설명해 주고 있는가에 대한 검토가 부족하고 구성요인들의 서비스 품질에 대한 영향력 검토가 이루어지지 않았다. 이것은 서비스 품질 구성요인들에 의해 서비스 품질 개념이 얼마만큼 설명되고 있는지를 검증하지 않았다는 것을 반증하는 것이다. 따라서 더 높은 차원의 서비스 품질 개념을 구성하여 충분히 설명되는 모형인지에 대한 분석이 필요하며 이를 통해 사회복지기관 서비스 품질 해당 구성요인들의 수렴타당도가 확보될 수 있다.

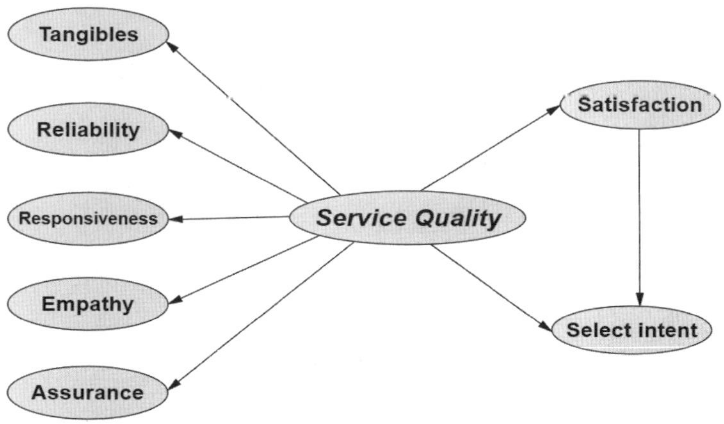

그림 6-5 S-S-S 연구 모형

출처 : 이원주(2015) 재인용.

6) 사회복지서비스 품질관리 S-S-S 모형구조

이원주(2015)는 〈그림 6-6〉과 같이 서비스 품질 ⇒ 서비스 만족 ⇒ 선택의도로 성립하는 S-S-S 모형을 구축하였다. 서비스 품질은 이용자 만족에 정(+)의 영향을 미치며, 선택의도에 정(+) 영향을 미친다. 서비스 품질은 이용자 만족을 매개로 선택의도에 정(+)의 영향을 미친다는 것이다.

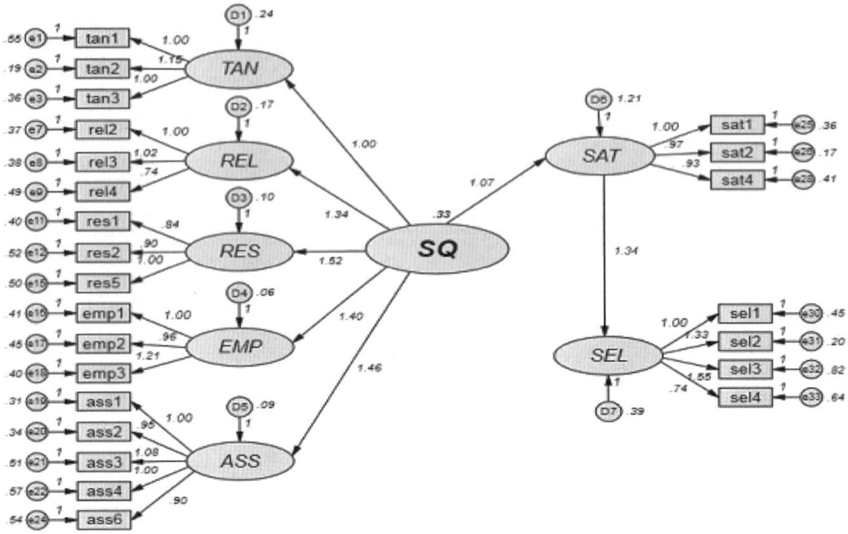

그림 6-6 S–S–S 모형

7) 논 의

사회복지기관은 서비스 품질관리를 반드시 하여야 한다. 서비스 품질관리는 이용자의 만족과 연관하여 영향력의 크기에 따라 관리될 필요가 있다. 이는 이용자 만족이라는 변수가 매개되지 않으면 선택의도에 직접적인 영향을 미치지 않음으로 해석될 수 있다. 결과적으로 서비스 품질을 직접적으로 경험하지 않은 권유나 구전 등으로 초기 입소하는 이용자의 경우는 서비스 만족을 경험하지 못하였기 때문에 잠재 이용자들에게 선택의도에 영향을 미칠 수 있다는 점에서 이용자 만족의 매개가 중요한 의미가 있다고 해석될 수 있다.

첫째, 이용자 만족을 위해서 직원들은 돌봄에 대한 충분한 업무지식과 기술, 그리고 직원들의 이용자에 대한 예의 바름과 친절함, 같이 있으면 안전함을 느낄 수 있는 공감성을 최우선으로 두고 관리하여 이용자의 선택을 받아야 할 것이다. 공감성 차원에서는 이용자들과 대화하고 공감하며 감정을 공유하며 교감할 수 있어야 할 것이다.

둘째, 이용자 만족을 위해서 시설은 이용자의 욕구에 신속하게 답하고, 서비스가 제공될 시간을 이용자에게 정확하게 알려주며, 이용자의 상태나 의사가 잘 반영하여 서비스가 제공되는 응답성 관리를 하여 이용자의 선택을 받아야 할 것이다. 응답성 차원에서는 이용자를 기꺼이 돕고 신속한 서비스를 제공하여야 할 것이다.

셋째, 이용자 만족을 위해서 직원들은 이용자들에게 관심을 가지고, 편의를 최우선적으로 고려하며, 이용자가 무엇을 원하는지를 잘 알고, 서비스는 이용자가 요구하는 시간에 제공되며, 직원들은 이용자의 심신(몸)상태를 잘 파악하고 있다는 확신성 관리를 하여 이용자의 선택을 받아야 할 것이다. 확신성 차원에서는 이용자들이 존중받고 있다는 느낌의 서비스와 개개인에 대한 체계적인 서비스와 맞춤형 서비스를 제공하도록 노력할 필요가 있다.

넷째, 이용자 만족을 위해서 기관은 이용자에게 문제가 발생할 때 이용자를 이해하기 위해 노력하고 위안을 주며, 직원은 항상 믿음이 가고, 이용자에 대한 기록 등을 잘 보관하고 믿을 수 있도록 하는 신뢰성 관리를 하여 이용자의 선택을 받아야 할 것이다. 신뢰성 차원에서는 이용자 만족의 전체에 걸친 동적인 서비스 관점과 이용자의 특정 욕구 시점에서의 정적인 서비스 특성 관리가 동시에 이루어지도록 노력하여야 할 것이다.

다섯째, 이용자 만족을 위해서 시설의 장비는 위생적으로 관리되고, 시설 내·외부는 깨끗하고 깔끔하게 관리되며, 직원들은 단정한 용모를 갖추고 있도록 유형성 관리를 하여야 할 것이다. 유형성 관리 차원은 시설과 직원의 외적 용모 품질과 이미지가 높으면 이용자들은 서비스를 다시 받고 싶은 의도가 증가하는 연구결과가 말해주듯이 품위 있는 용모, 언어구사와 행동을 할 수 있도록 그와 관련된 교육 프로그램을 지속적으로 개발해야 할 것이다.

결과적으로 사회복지기관은 실무적인 차원에서 서비스 품질 구성요인 중 서비스 품질에 가장 영향을 많이 미치는 요소에 더 치중하여 점검하고 개선하여 이용자의 선택을 받아야 할 것이다.

S-S-S 모형을 활용하여 이용자의 욕구를 구체적으로 분석하고 개선하기 위한 질 향상 전문위원회의 설치가 필요하리라 본다. 그리고 서비스 품질 차원의 상대적 중요도가 확인됨에 따라 사회복지기관이 자체적인 서비스 품질의 지속적인 향상을 위해 국가적 차원의 재정적인 지원 및 행정적 지원을 할 수 있는 지원체계가 필요할 것이다. 정부와 시설과 이용자 간에 서비스 품질을 담보할 수 있는 명문화된 규정을 시스템화하고 서비스 품질을 높이기 위한 매뉴얼을 개발하고 실태조사를 실시하여야 할 것이다.

4. 구조-과정-결과 인과사슬 모형[6)]

조직의 구조는 조직의 구성원이 활동하기 위한 환경이 구축됨으로써 기본적인 질이 부가된다. 그리고 그 질은 서비스 계획과 제공 등의 활동을 통하여 구체화되고 이 과정에서 또 다시 새로운 질을 더하게 되고, 최종적으로 이용자는 돌봄으로부터 만족과 변화와 결과의 질을 더하게 된다. 결과적으로 양질의 서비스를 제공할 수 있는 자원과 환경이 잘 갖추어지고, 이를 바탕으로 서비스 활동이 적절하게 수행되어 질 향상으로 이어지고, 이러한 서비스로 인해 변화를 가져올 수 있는 결과적인 측면과 관련되어 있다는 것이다. 이는 환경의 질이 안정화되지 못하면 서비스 수행과 결과는 기대하기 어려울 수 있다는 것을 반증한다고 볼 수 있다. 이러한 본원적 패러다임은 순차적인 흐름으로 연결되어 있고, 모든 활동의 결과로 축적된 질은 기관의 발전을 가져오고, 시설의 회계, 재무, 경영, 인적관리, 프로그램 개발 등에 골고루 피드백되기 때문이다.

---

6) 이원주(2015). 노인요양시설 돌봄의 질 패러다임 경로분석 : 구조-과정-결과 인과사슬 연구 재구성.

사회복지기관은 양질의 돌봄을 제공할 수 있는 환경이 얼마나 잘 조성되어 있으며, 서비스 실행은 어떠한 방법으로 행해지고 실제로 제공되고 있는지, 서비스 제공을 통하여 이용자는 얼마나 만족하고 변화가 있었는지 관심을 가질 필요가 있을 것이다. 이것은 사회복지기관이 양질의 서비스를 제공할 수 있는 구조적 요인과 질 향상을 위한 과정적 측면에 대한 탐색과 결과적 측면에서의 서비스 질에 영향을 미치는 평가와 관련성의 규명이 중요하다는 것이다.

Donabedian(1988)은 서비스 질 패러다임을 구조, 과정, 결과 관점의 연계성으로 보고 있다. 그는 좋은 구조는 좋은 과정을 가져오고 좋은 과정은 좋은 결과를 가져올 수 있다고 주장하고 있다. 구조, 과정, 결과의 분류는 돌봄영역의 분야에서 질 측정 및 평가에 오랫동안 사용되어져 왔다. 그러나 질 수준 평가에서 실질적인 인과성 확인은 이루어지지 않고 있다.

사회복지기관은 지속적인 질 관리를 위해서 이용자 수준의 총체적인 품질관리가 요구된다. 질 구성 인과성을 확인하는 데 사용될 구조-과정-결과의 질 인과적인 패러다임은 국외에서 널리 인식되고 활용된다. 그러나 국내에서의 실질적인 질 발전경로 패러다임으로 제안된 인과적인 틀의 질 연구는 부족하다. 따라서 이러한 돌봄의 질에 대한 경로를 분석하고 사회복지기관들의 돌봄의 질은 어디까지 와 있으며 앞으로 어떠한 경로로 관리하는 것이 바람직한가에 대한 정책적 방향성을 모색하고 논의하는 것은 시의적절하다고 볼 수 있을 것이다.

1) 사회복지기관 돌봄의 질 구조 패러다임

Donabedian(1982; 1988)은 구조, 과정, 결과의 세 가지 측면을 결합하면 돌봄의 질을 더 완벽하게 평가할 수 있다고 제안하고 있다. 그리고 〈표 6-2〉와 같이 구조, 과정, 결과를 기반으로 하는 서비스 질에 대한 연계성이 서로 매칭될 때 질에 대한 측정방법이 유용하다고 적고 있다(Donabedian, 2002). 그는 제공된 서비스의 구조를 돌봄의 환경으로, 과정을 돌봄의 방법으로, 결과(outcome)는 초래될 수 있는 반응 등의 결과(consequence)로 보고 있다(Donabedian, 1982). 특히 Jones와 Ziegenfuss(1992)는 Donabedian의 패러다임을 TQM(Total Quality Management) 관점에서 조명하였다. 결과적으로 사회복지기관들의 돌봄환경은 이용자의 건강상태 개선과 안정에 책임 있는 과정의 질을 가져올 것이고, 이로 인한 결과가 서로 인과적인 순서로 연결될 때 사회복지기관이 광범위한 총체적 질 관리를 할 수 있을 것임을 나타낸다고 본다.

표 6-2 Donabedian의 구조-과정-결과의 개념과 내용

패러다임	개 념	내 용
구조 (structure)	서비스가 제공되는 환경	• 시설의 물리적 자원(장비 등) • 인적자원(조직구성원의 전문성 그리고 인력의 구조)
과정 (process)	전문인력에 의해 수행되는 활동	• 기록(급여개시, 급여계획, 급여제공 과정) • 자원연계 및 활용, 서비스 내용, 사업실적 • 대상자와의 인간관계
결과 (outcome)	서비스를 받은 이용자의 변화	• 이용자 및 가족구성원의 만족도 • 이용자의 신체기능 상태변화(ADL 등) • 이용자 및 가족구성원 행동의 변화 등

자료 : Donabedian(1998; 2002) 재구성.

(1) 구조의 질

구조(structure)는 사전적 의미로 '**부분이나 요소가 어떤 전체를 짜 이룸**'이라는 뜻을 가지고 있다. 이렇게 볼 때 사회복지기관의 구조는 시설의 물리적인 자원(장비 등)인 시설기준이나 인적자원인 조직구성원의 전문성, 그리고 인력의 구조와 관련되어 있어 서비스가 제공되는 환경으로 개념 지을 수 있을 것이다. Birkmeyer와 Siewers(2002)에 따르면, 구조적 변수의 주요한 장점은 편의성과 연관이 있었다. 이는 돌봄이 전달되는 환경 또는 시스템을 반영하는 다양한 목록을 포함하여 사회복지기관의 실제 설비와 자원으로 묘사될 수 있다. 그리고 조직군생태이론에 따르면, 인간과 그들이 생활하는 환경적 상황과

의 상호작용에 초점을 두고 물리적 환경과 사회적 환경으로 구분하고 있다. 여기서 물리적 환경이란 건물, 교통, 통신, 지리적 환경 등 물리적 속성을 의미하며, 사회적 환경이란 공식 · 비공식적인 조직구조를 의미한다.

Donabedian(1982; 1988)에 의하면, 구조를 측정한다는 것은 돌봄서비스를 제공하기 위해 요구되는 투입요소와 자원들이다. 즉, 서비스 제공이 적절히 이루어지기 위해서 시설의 환경과 자원이 갖추어짐을 의미한다(Glaser, et al., 1983). 따라서 구조적인 접근은 인력이나 시설 및 장비가 표준에 대하여 부응하고 있는지와 관련이 있으며, 시설이 서비스 활동을 수행할 수 있는 기본적인 생활환경의 조건들로 사회복지기관의 물리적 속성이나 조직구조로 볼 수 있다. 이는 기관이 상대적으로 안정적인 특성과 물리적 및 조적적인 특성이 원활하게 작동되어야 함을 의미한다. 따라서 환경 및 안전, 기관의 운영, 관리 및 책임이 사회복지기관 질 평가영역(보건복지부 · 국민건강보험공단, 2013)으로 나타날 것이다. 결과적으로 서비스를 제공하고 돌봄행위를 할 수 있도록 하는 가시적인 시스템이라 볼 수 있다.

직원의 자격과 배치기준은 이용자 중심의 서비스를 제공할 수 있는 적정 종사자 수를 확보하고, 면허자격에 근거하여 종사자의 서비스 구조의 질 확보와 중요한 관계가 있다고 볼 수 있다. 구조의 질 확보는 모든 과정의 질로 이행되고 이러한 과정은 결국 어떤 구조 내에서 인과적으로 존재하며 구성원의 활동을 지원하거나 제약하게 된다는 것을 이해하게 될 것이다.

(2) 과정의 질

과정(process)은 사전적 의미로 '**일이 되어 가는 경로**'를 말한다. 과정은 어떠한 결과에 도달하기 위한 점진적인 변화나 단계적인 절차에 주안점을 두는 것으로 어떻게에 대한 내용을 특히 강조한다. 이는 돌봄을 구성하는 모든 행동들의 합으로 볼 수 있다. 이러한 합은 질로 나타날 것이며 이용자에게 서비스를 제공하는 제공자의 내용 및 활동이나 절차들이 과정의 질로 나타나는 것을 말한다. 또한 과정의 질은 관리자와 이용자 사이에서의 활동을 포함한다.

과정의 질은 실제 돌봄인이 제공하고 있는 돌봄 내용과 방법이 적절한가를 측정하는 것으로 제공자와 대상자 간, 이들 내부의 행위 관련 사항 및 기록들인 급여개시, 급여계획, 급여제공 과정을 평가하는 것(보건복지부 · 국민건강보험공단, 2013)과 자원연계 및 활용, 서비스 내용, 사업실적과 더불어 대상자와의 인간관계까지 포함하고 있으며 서비스 과정이 현장에서 수행되는 구체적인 내용들로 전문인력에 의해 수행되는 활동으로 볼 수 있겠다. 이는 과정에 대한 요소가 이용자와 이해관계자뿐 아니라 실무자의 행동범주를 포함하여 서비스에 대한 성과로 구성되어 있다는 것으로 해석할 수 있다. 따라서 돌봄계획서, 직원효율성 훈련, 의료기록 등 필요한 것이 갖춰진 모든 항목을 말한다. 즉, 기관 내 돌봄이 제공되는 과정으로 이해할 수 있다.

Rants 등(1999)은 기관을 이용하는 이용자 관점과 서비스를 제공하는 제공자의 관점을 모두 포괄할 수 있는 다차원적 모형에서 직원활동의 과정을 질 측정지표로 보았다. 그리고 Morgan과 Konrad(2008)은 이용자 관계기술이 돌봄의 질을 향상시킨 것으로 보고 있었다. 이용자의 요구사항들을 파악하여 이를 기반으로 서비스 계획을 세우고, 서비스 제공을 위해 돌봄인과 대상자를 연계하고 관계를 형성하여 서비스 활동이 계획한 대로 적절히 이루어지도록 질을 관리하는 것이다(예 특히 만성질환을 가진 노인들이 대부분인 노인요양시설에서의 과정적인 측면은 중요할 것이다). 과정의 질은 서비스 제공계획에 따라 표준화된 도구와 전문 관리자에 초점(ACAR, 2013)을 두어 시설 및 인력인 구조의 질이 자연스럽게 갖추어지도록 하고 있어, 조직이 지속적으로 모니터링하고 개선(Sainfort, et al., 1994)되도록 하는 원인이 되고 있다. Birkmeyer와 Siewers(2004)에 따르면, 과정은 돌봄절차에 대한 구조적 변수와 결과 사이의 명백한 연관성으로 설명할 수 있으며, 많은 과정이 이용자의 개선된 결과와 강하게 연관되어 있다고 적고 있었다. 이는 질의 구조-과정 차원이 인과적으로 연결되어 있음을 의미한다고 볼 수 있다.

(3) 결과의 질

결과(outcome)는 사전적 의미로 '**내부적 의지나 동작의 표현이 되는 외부적 의지와 동작 및 그곳에서 생기는 영향이나 변화**'를 말한다. 결과적 접근은 서비스 제공 후 개인, 집단의 잠재적 건강상태 수준 및 사회적·심리적 요소인 이용자 및 가족구성원의 만족도, 처치 및 치료결과와 신체기능의 상태변화(ADL 등), 이용자 및 가족구성원 행동의 변화까지를 포함하여 서비스를 받은 이용자와 구성원의 변화로 볼 수 있다. Donabedian(1988)은 결과를 돌봄에 따른 이용자의 건강상태에서 관찰된 변화라 하고 있다. Sidani, Doran과 Mitchell (2004)은 결과를 이용자 및 시스템 수준에서의 다른 구조 및 관리의 과정과의 관계를 이해하기 위해 측정하는 것이라 하고 있다. 따라서 결과의 질은 앞서 적용된 구조 및 과정의 이행 결과로 나타난다. 결과는 이용자의 현재 또는 미래 건강상태의 변화에 기인한다고 볼 수 있다.

Donabedian(1988)에 따르면, 시설이 이용자에게 서비스를 제공하는 궁극적인 결과는 이용자의 상황과 환경에 변화를 가져오고 이용자의 삶의 질을 높이는 것이라 하였다. 따라서 결과의 질은 서비스가 제공된 이후에 발생하며 영향을 미쳤을 것으로 생각되는 건강상태 혹은 환자가 평가한 결과인 만족도로 측정될 수 있을 것이다. 예를 들면, 등급호전이 가장 흔하게 사용되는 결과지표로 볼 수 있다(Sidani & Sechrest, 1999).

Donabedian(1982)은 결과측정을 모니터링과 질 개선의 성과측정 활동을 위한 단계로 보고 있다. 즉, 원하지 않는 결과의 발생은 수정조치를 취하기 위한 과정을 취하기 위함이다. 과정에서의 오류확인은 구조적인 특징검사로 이어져 최적의 환경과 행동과 책임에 기여할 것이다. 이는 질의 구조-과정-결과 차원이 인과적으로 연결되어 있음을 의미한다고 볼 수 있다.

2) 인과사슬 모형의 기초

좋은 구조는 좋은 과정을 가져오고 좋은 과정은 좋은 결과를 가져올 수 있다(Donabedian, 1988; 2002). 사회복지기관은 '이용자(user)에게 서비스를 제공함에 있어서 돌봄의 질 향상에 직 · 간접적으로 관련된 일련의 구조-과정-결과의 연계활동'이어야 한다. 사회복지서비스의 질과 관련된 연계활동들은 경쟁우위를 창출하는 구성요소이며 이들 구성요소들은 독립된 활동의 단순한 집합이 아니며 서로 연계성을 가진 활동들이 체계적으로 이루어진 것으로 볼 수 있다. 즉, 시설(supplier)이 행하는 모든 활동들과 그 활동들이 어떻게 이용자(user)와 서로 반응하는가를 살펴보는 시스템적 접근방법이며 시설차별화의 원천을 이해하고 시설을 전략적으로 분해하기 위한 것이다.

사회복지서비스에서 질의 측정은 다차원적인 구조를 대상으로 고려되어져야 한다. 다차원적 개념을 고려할 때 구조-과정-결과가 인과적인 경로로 구성되어 실용적으로 분류될 수 있다. 이러한 상호활동을 통하여 〈그림 6-7〉과 같이 구조-과정-결과가 인과사슬(causal chain model)이라는 경로의 전체성을 재확인한다. 만약 데이터가 구조-과정-결과의 질 인과사슬 관점으로 적절히 분석된다면 이러한 경로는 상호논리적인 인과분석이 될 것이다.

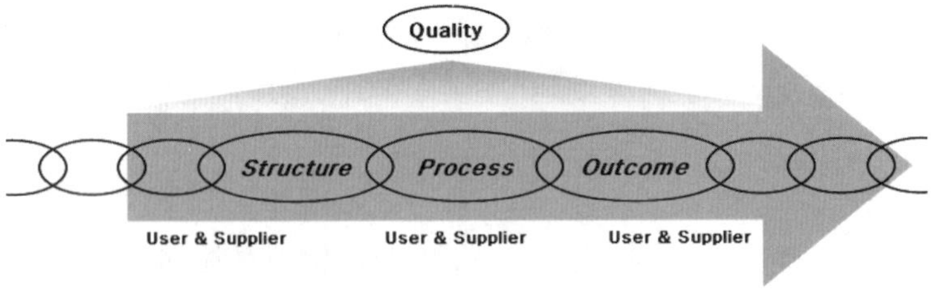

그림 6-7 인과사슬 모형의 기초

3) 인과사슬 모형 경로분석

(1) 경로분석의 개념과 기본 가정

경로분석(path analysis)은 1920년대 초 미국의 유전학자인 Sewall Wrightdo에 의해 최초로 개발(Loehlin, 1998)되었으며, 이후 행동과학 분야에 널리 사용되고 있다. 경로분석은 변수들 간의 관계성을 고려하는 경우 사용된다. 즉, 요인분석을 통한 잠재요인 연결 없이 변수 간의 공분산이나 상관관계를 이용하여 인과적인 효과를 분석하는 방법이다.

경로분석은 가정된 인과모형을 검증하기에 적합한 기술이다. 경로분석은 기본적으로 일단의 변수들 간의 선형관계(linear relationship)를 분해하고 이를 해석하는 방법이라 할 수 있으며(Everitt, 1985), 하나의 그룹으로 다루어지던 독립변수들 및 종속변수 간의 인과적 관계가 설정되고, 이렇게 설정된 인과적 가설을 검증하여 여러 변수들 간의 인과관계를 특정화하여 논리적 설명을 하는 방법이다(Bohnstedt & Knoke, 1994).

구조는 진료가 제공되는 환경적 속성(시설, 장비, 재정, 인력, 조직구조 등)을 말한다. 과정은 실제 어떤 진료가 제공되고 있는가에 대한 것으로, 의료인의 활동(진단, 권고, 치료 실행 등)을 사례로 들고 있다. 그리고 결과는 이용자의 건강결과에 미치는 효과에 대한 것이다. 경로모형을 정립하기 위해서는 인과적 기본 가정이 전제되어야 한다. 그러한 기본 가정은 다음과 같이 설명할 수 있다(Bohrnstedt & Knoke, 1994).

(2) 인과사슬 모형 프레임워크 및 검증

아래의 〈그림 6-8〉은 변수 간에 쌍방향 인과관계나 순환적 인과관계가 없는 축자모형(recursive model)을 기본으로 구성한 구조의 질(structure quality)-과정의 질(process quality)-결과의 질(outcome quality)을 인과사슬 프레임워크(framework)로 도식화한 것이다. 설정된 경로에 따르면, 종속변수인 과정의 질은 독립변수인 구조의 질에 의해 영향을 받는 변수이고, 종속변수인 결과의 질은 독립변수인 과정의 질에 의해서 영향을 받고, 또한 독립변수인 구조의 질에 의해 직접 영향을 받는 변수이다. 그리고 D1, D2, D3는 각각 구조-과정-결과의 질에 대한 잔여원인변수(residual casual variables)를 나타낸 것이며 상호 연관되어 있지 않다. 인과사슬 모형의 방법론은 사회복지시설 관리의 다양한 차원 중 Donabedian(1988)의 틀 내에서 이를 이해하고 평가하는 방법을 적절하게 적용되었다.

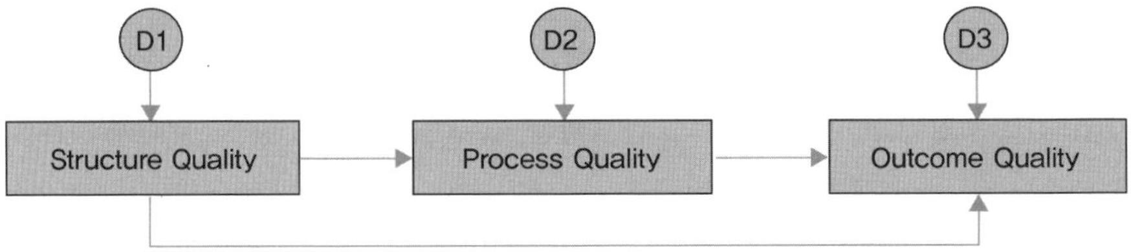

그림 6-8 인과사슬 모형 Framework와 일반수준경로 검증

인과사슬 모형은 세 가지 구성 차원 인과관계의 특성으로 7개 하위요인으로 구성되어 있다. 이러한 결론은 이론적인 검증과 데이터 조사를 통해 물리적 속성과 조직구조는 구조의 질로 이미 주어진 것이며, 과정의 질은 서비스 제공, 직원활동, 이용자 관계로 구조의 질로 영향을 받는 변수이고, 결과의 질인 이용자 만족과 이용자 변화는 과정의 질로 영향을 받는다. 결국 과정의 질은 구조의 질로부터 영향을 받아 이를 결과의 질에 전달하는 매개변수로 설정되었다. 위의 결과를 토대로 〈그림 6-9〉는 인과사슬 모형 세부수준 경로분석을 도식화한 것이다. 〈그림 6-9〉를 구체적으로 살펴보면, 실선 화살표는(→)는 경로계수와 함께 구조의 질 외생변수인 물리적 속성과 조직구조, 과정의 질 외생변수인 서비스 제공, 직원활동, 이용자 관계, 결과의 질 외생변수인 이용자 만족, 이용자 변화 그리고 각각의 내생변수인 구조의 질에서 과정의 질로, 과정의 질에서 결과의 질로 정적(+) 경로를 도식화한 것이다. 그리고 이중화살표(↔)는 내부 사이의 상관관계를 보여주고 있다. 즉, 구조의 질 외생

변수인 물리적 속성과 조직구조는 시설이 갖추어야 할 기본적인 구조(시설의 장비, 편의시설, 분위기 등)들, 과정의 질 외생변수인 서비스 제공, 직원활동, 이용자 관계는 실천적인 면에서의 기본적인 과정(서비스 약속시간, 협력, 욕구충족, 연계, 고충처리 등)들, 결과의 질 외생변수인 이용자 만족과 이용자 변화는 구조와 과정의 충족을 통해 기본적인 변화(전반적인 만족, 상태호전, 재이용 등) 등이 패러다임별로 서로 밀접한 관련을 가지고 있음을 나타내 주는 것이다.

이상의 결과를 통해 알 수 있는 바와 같이 과정의 질은 구조의 질에 의해서 결정되며, 결과의 질은 과정의 질에 의해서 결정된다. 결국 과정의 질은 원래 결과변수라기보다는 과정변수로 보여진다. 결국 과정의 질은 구조의 질과 결과의 질에서 중요한 매개변수임을 부인할 수 없다. 따라서 양질의 서비스를 위해 없어서는 안 될 차원이 무엇인지 인식하는 데 중요한 단서가 된다고 볼 수 있으며 중요한 예측인자라는 것을 주목해야 할 것이다.

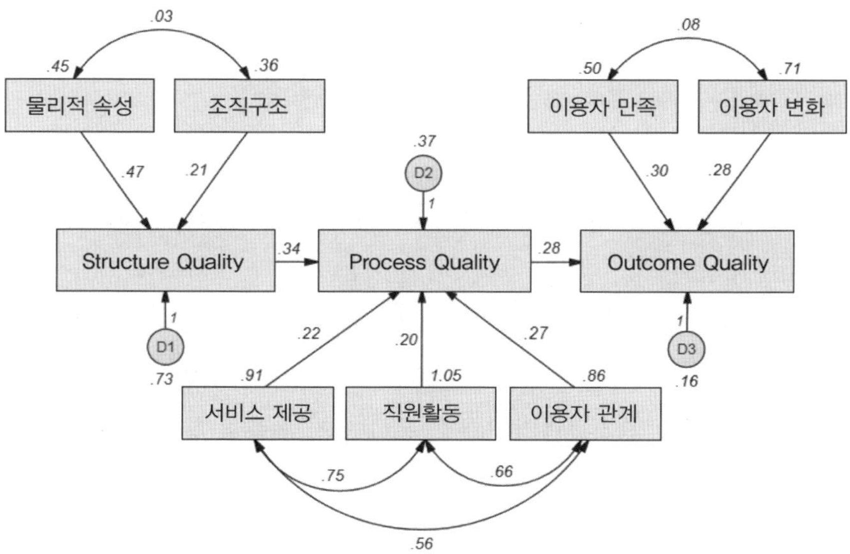

χ^2=155.130, d.f.=61(p=.000), RMR=.80, GFI=.920, IFI=.905, CFI=.904

그림 6-9 인과사슬 모형

4) 논의 및 결론

지속적인 질 개선과 종합적인 품질개선은 직원의 역량강화 및 동기부여와 이해관계자의 참여를 유도하여 관리의 한 부분으로서 질 개선 활동을 시작해야 한다는 것이다. 현재의 분석은 사회복지기관이 실질적인 결과의 질로 이행할 수 있는 인과연계에 접근함으로써 유익할 수 있다는 것을 보여주며, 더불어 사회복지기관의 관리자들은 결과의 질 향상을 추구하기 위해 구조적 특성 및 과정활동의 직접적인 지식을 가질 수 있을 것이다.

전반적인 질을 향상시킬 수 있는 방법으로 직원의 동기부여를 통한 태도의 중요성을 들 수 있다(Nyman, 1988). 직원은 전문성을 가지고 이용자에 대한 신뢰, 보호, 존중할 수 있는 환경을 구축하는 것이 질의 중요한 요인이다(Hornquist, 1981). 결국 이러한 직원의 태도와 전문성은 이용자에 대한 직접적인 서비스 계획인 돌봄과정과 결과에도 영향을 미칠 수 있기 때문이다. 이용자 관점에서는 직원의 태도와 전문성에 만족을 느끼고 관리자는 정의와 사회참여의 감각을 가지고 신뢰, 보호, 존중하는 전반적인 질의 구성요소가 환경으로 구축될 때 모든 생명의 존엄함을 인식할 수 있게 될 것이다.

〈그림 6-9〉의 인과사슬 모형은 이용자의 질 구성요소를 구축할 수 있는 중요한 틀로 간주되리라 본다. 인과사슬 모형을 통하여 사회복지관은 지속적인 품질관리, 개선에 벤치마킹할 수 있고 질 관리 기준에 대한 가이드라인을 제공할 수 있다. 즉, 구조, 과정, 결과의 질 중에서 어느 요소가 부족한지와 이에 따른 하위 구성요인들이 어디에 문제점이 있는지를 자가 점검하여 개선할 수 있으며, 그리고 타 기관과의 연계를 통하여 상호 품질 향상을 위한 정보교환이 이루어질 수 있을 것이다. 또한 효과적인 돌봄의 질을 구현하고 효과적인 모니터링 방법론을 제시할 수 있을 것이다. 이러한 구조, 과정 사이의 관계의 강도와 방향 및 이로 인한 결과는 사회복지기관의 다양한 가능성에 대한 구조, 과정, 결과(예를 들어, 결과의 질이 부족하다 등)의 우선순위와 하위 요인(예

를 들어, 이용자 만족이 부족하다 등)들의 개입 우선순위를 결정하는 데 도움을 줄 것이며, 결정된 요소와 요인들을 정확하게 인지함으로써 더 나은 우선순위 서비스 목표에 따라 의사결정을 할 수 있도록 도움을 줄 것이다. 결과적으로 사회복지기관은 이러한 서비스 환경점검을 통하여 이용자의 지속적인 재이용 및 선택을 받을 것이라는 것을 인식하여야 할 것이다.

제 2 절 사회복지조직 성과측정 모형

1. 사회복지관 성과측정 모형[7)]

1) 사회복지관 성과관리와 측정

현재의 사회복지평가가 보여주는 또 다른 중요한 문제점은 평가도구의 타당도 문제이다. 사회복지 성과평가의 주요한 목적 중에 하나가 평가를 통한 조직운영 향상임은 주지의 사실이다. 따라서 사회복지 성과 평가도구가 과연 사회복지실천현장에 도움이 되는가?라는 질문에 대한 경험적 연구들이 필요하다. 나아가 만약 도움이 된다면 어떤 방식으로 무엇에 도움이 되어야 하는지에 대한 연구가 필요하다. 이는 결국 평가측정도구의 타당도에 대한 질문이다. 여기서 타당도는 측정도구 자체의 타당도 관점에서 한 발 나아가, 측정도구를 사용한 결과가 사회복지조직의 실천현장에 도움이 되는가에 있다. 사회복지가 성장 · 발전하기 위해서 성과는 자체적으로 반드시 관리되어야 하며 성과가 조직 자체적으로 관리되기 위해서 성과는 반드시 측정되어야 한다.

2) 성과란?

비영리조직의 성과가 무엇으로 구성되어 있는가에 대한 합의된 논의는 존재하지 않지만 사회복지 관련 기관들을 포함하는 인간봉사조직에게 있어 성과는 매우 역동적이고 복잡하며 다양하다. 물론 학자에 따라 비영리조직의 성과를 구성하는 구성요인들을 매우 다양하게 보는 경우도 있으며 성과를 영리조직과 같이 매우 단순하게 서비스의 질이나 이용자 만족 등으로 바라보는 경향도 존재한다. 하지만 대체적으로 비영리조직의 성과관리를 연구하는 대부분의 학자들은 성과를 매우 다양한 영역으로 바라본다. 비영리 사회복지조직의 성과가 다양한 측면으로 구성되어 있다고 보는 것은 그만큼 성과를 측정하

---

7) 지은구 외(2014). 지역사회복지관 성과관리측정척도 타당도 연구 재구성.

는 것이 어렵다는 것을 반증하는 것이라고 할 수 있다.

성과의 성질별 측정요소를 통한 성과측정을 강조하는 Poister(2003)의 경우는 비영리조직에서 측정되어야 하는 성과영역으로서 투입, 행동, 산출, 생산성, 효율성, 서비스 품질, 효과성, 비용효과성, 이용자 만족 등 9개의 성과영역을 제시하였다. 여기서 효과성과 비용효과성은 서비스 결과를 측정하는 측정요소이다. Poister는 9개의 성과영역에서 성과관리측정도구(measure)를 설정하여 성과를 측정하는 것을 강조하였다. 또한 로직 모형을 수용하여 성과를 측정한 Martin과 Kettner(2010)는 성과를 구성하는 영역을 효과성, 효율성, 그리고 질로 구분하여 위의 세 영역을 측정하는 성과관리측정 모형을 제시하였다. 그들에 따르면, 산출은 효율성을 나타내며 효과성은 결과(outcome)을 그리고 질은 산출을 결과로 연결하는 필수물이다. 그리고 EFQM(European Foundation for Quality Management) 모형의 비영리조직으로 적용에 의해 탄생한 공공서비스 우수성 모형(Public Service Excellence Model)에 따르면, 공공조직에서 측정되어야 하는 성과영역은 정책과 협치, 전략과 계획, 지도력, 효율성, 산출, 보고, 서비스 만족, 결과 등으로 구성된다(Talbot, 1998; 1999)고 한다. 이러한 Talbot의 견해에 따르면, 공공조직에 대신하여 사회복지서비스를 제공하는 비영리조직의 성과 역시 정책과 협치, 전략과 계획, 지도력, 효율성, 산출, 보고, 서비스 만족, 결과 등으로 구성될 수 있음을 나타낸다. 또한 Kendall과 Knapp(2000)은 비영리조직의 성과측정 영역으로 크게 8개의 영역을 제시하였는데 그들이 제시한 비영리조직의 성과영역은 경제, 효율성, 효과성, 형평성, 참여, 지지, 혁신, 선택/ 다원주의 등이다.

3) 조직발전이론과 성과

성과관리 측정은 절대적으로 조직관리적 측면에서 조직발전의 일환으로 이루어져야 한다. 조직발전이란 조직이 직면하고 있는 문제를 해결하고 조직의 재생능력을 증진시키기 위한 장기적 노력을 의미한다. 조직발전은 조직 성장과 발전의 기초임으로 결국 평가는 조직이 성장하고 발전하기 위한 노력의 일환이라고 할 수 있다. 조직발전(organizational development)이론은 일반적으로 조직을 개선 또는 향상시키는 것을 목적으로 지식을 적용하였던 심리학, 사회학, 그리고 인류학의 영역에 있는 행동주의 학자들에 의해서 발전하였다고 알려져 있다(Tyson & Jackson, 1992). 행동주의학에 영향을 받은 학자들의 주요 관심은 조직과 조직 안에 있는 조직구성 단위들의 효과성을 어떻게 증진시키는가에 있었으며 이를 위해서 조직을 발전시키기 위해서 사람들은 무엇을 하여야 하는가에 있었다. 따라서 조직발전을 위해서 행정가나 관리자들이 많은 관심을 가지고 있어야 한다.

첫째, 조직과 조직구성원들을 도울 수 있는 조직 안에 있는 유효하고 충분한 정보를 만들어 내는 것이라고 할 수 있으며,

둘째, 조직이 직면하고 있는 이슈나 문제들에 대한 해결책에 도달할 수 있도록 조직 안에 있는 성원들을 지원하는 것이고,

셋째, 조직의 문제해결능력을 강화시키는 것이라고 할 수 있다(Tyson & Jackson, 1992).

4) 성과측정

성과측정이란 측정에 대한 정의를 빌린다면, 성과를 가늠하는 또는 확인하는 행동이라고 할 수 있다. 따라서 조직 성과 측정이나 프로그램 성과 측정은 조직이나 프로그램의 성과를 측정하는 행동이나 과정이라고 할 수 있다(지은구, 2012). 따라서 성과측정은 성과에 대한 정보를 획득하는 것을 목표로 하는 행동들을 의미한다(Van Dooren, et al., 2010). 성과측정은 설정된 목적을 성취하기 위한 진행(progress)의 정도를 사정하는 하나의 과정을 의미하며, 산출을 나타내는 효율성과 결과(outcome)를 나타내는 효과성 그리고 품질 측면에서 사정될 수 있음을 강조하고 있다. 그리고 실제적인 결과나 성과의 궁극적인 목적을 측정하는 과정이 성과측정이라고 이해하였다(Harbour, 2009). 성과측정

이 책임성을 증가시키고 전반적인 성과를 개선하며 결과를 성취하고 결정수립을 공지하며 관리를 강화시키기 위해 활용될 수 있는 프로그램이나 조직성과에 대한 객관적이고 연관 있는 정보를 제공하는 것이기도 하다(Poister, 2003).

성과측정은 조직 결과물이나 프로그램의 결과물(산출, 결과)과 직접적인 연관이 있음을 알 수 있으며 결과나 산출과 연관하여 목적하는 바를 성취하였는가를 측정하는 것이라고 할 수 있다. 또한 성과측정에서 가장 중요한 것은 성과가 반드시 측정될 수 있어야 하며 이를 위해서 성과와 연관이 있는 무엇인가가 가늠될 수 있어야 하고 측정될 수 있어야 한다는 것이다(지은구 외, 2014).

5) 성과측정 요인

성과측정 요인으로는 각 요인에 할당된 특성들을 고려하여 효과성(effectiveness), 효율성(efficiency), 생산성(productivity), 만족도(satisfaction), 신뢰성(reliability), 확신성(assurance), 유형성(tangibles), 편리성(comfortable), 응답성(responsiveness)으로 제시하고 있다(지은구 · 이원주 · 김민주, 2014).

6) 사회복지관 성과측정 모형

지역사회복지관에 가장 적합하게 개발된 지역사회복지관 성과관리측정척도는 지역복지관을 이용하는 이용자에게 삶의 질 향상을 위한 내부 제공자가 점검할 수 있는 최소한의 기준선 역할을 할 수 있어야 한다. 본 연구에서 개발된 척도는 많은 문항에 치중하기보다는 실질적으로 점검해 보아야 하는 문항을 포함한다. 〈그림 6-10〉과 같이 지역사회복지관 성과관리측정척도로 개발된 아홉 가지 영역의 23개 항목이 개발되었다.

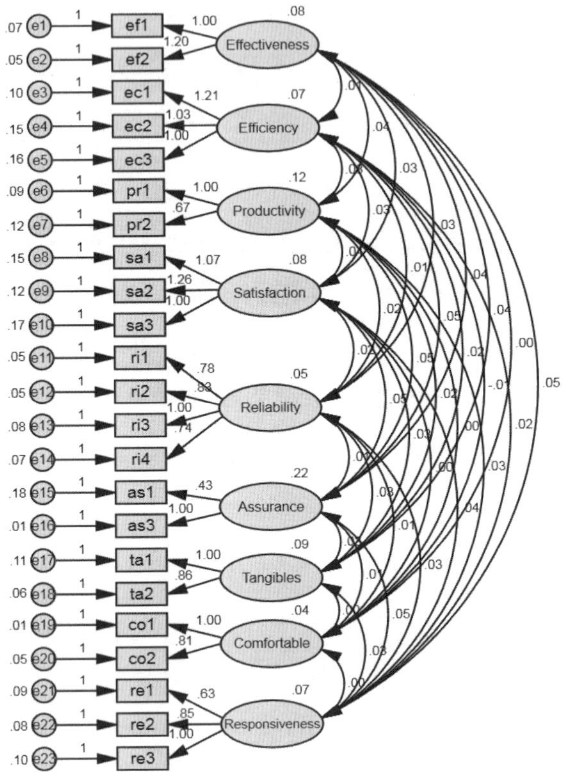

그림 6-10 사회복지관 성과측정 모형

7) 결론 및 논의

사회복지 관련 기관 및 시설들은 모형을 통하여 직원과 제공자들은 기관 프로그램의 효과성을 측정하여 프로그램 개선에 활용하고(효과성) 측정 결과를 슈퍼비전 시 활용하여야 한다. 직원과 제공자들은 계획된 서비스 목표량과 제공된 서비스 양이 항상 일치되어야 하며, 서비스 제공 시 사회적 가치보다 경제적 효과를 중요시하며, 계획된 비용 안에서만 서비스를 제공(생산)하여 효율성을 극대화하는 방향으로 관리하는 것을 척도(효율성)로 활용하여야 한다. 직원과 제공자들은 서비스 양을 측정하기 위한 형식, 방법 등에 관한 원칙을 갖추고, 서비스 양은 일정 기간을 단위로 측정되어 관리(생산성)되어야 한다. 직원과 제공자들은 만족도 조사를 위한 전담부서 및 인력을 두고, 이용자의 요구사항을 반영하기 위해 매월 정기적인 컨퍼런스를 실시해야 하며, 조사 결과는 문서화하여 지역사회에 공개(만족도)하도록 하여야 한다. 직원과 제공자들은 이용자들에게 서비스의 제공시간, 빈도, 기간 등의 서비스 정보를 서비스 전에 제공하며, 서비스 제공을 위한 서면계약의 절차를 공식화하며, 계약 시 이용자의 기본 권리에 대한 정보를 정확히 제공(신뢰성)하여야 한다. 직원과 제공자들은 친절한 직원에 대한 인센티브제도로 휴가, 연수, 금전적 보상, 인사반영 등을 한 가지 이상은 제공하고 있어야 하며, 이용자들을 대상으로 직원의 친절도를 매년 1회 이상 정기적으로 점검(확신성)하여야 한다. 직원과 제공자들은 기관의 시설을 쾌적하게 유지하고, 서비스 장비는 현대적(유형성)이 될 수 있도록 하여야 한다. 직원과 제공자들은 이용자에 대한 기록유지와 보관 및 서비스 양을 관리하기 위한 전산 프로그램을 사용(편리성)하여야 한다. 직원과 제공자들은 이용자에게 다른 기관에서 제공되는 유사 프로그램에 대한 정보를 제공하고, 서비스 제공 계획 수립 시 이용자의 참여를 적극 독려하며, 서비스의 내용과 전달방식의 변경 시 이용자의 의사를 우선 반영(응답성)하여야 한다. 각 논의별로 본 연구의 아홉 가지 요인을 각각 적용하여 측정을 시도하면 유의미한 결과가 도출되는 데 유용한 자료가 되리라고 본다.

2. 사회복지조직 PMM 모형[8)]

1) 성과측정

성과측정은 사회복지기관 및 시설들의 성과가 관리되기 위해 필요한 것이며 성과가 관리되기 위해서는 관리목표가 있고 목표달성 정도를 정확히 측정하기 위한 측정모형이 존재해야 한다. 성과측정 모형을 통한 성과관리는 기관

8) 이원주 · 지은구(2015). 노인요양시설 성과측정모형 개발 연구 재구성.

이용자에게 질 높은 서비스를 제공하기 위한 방법론적 모색이며, 지속적인 성장과 발전을 위한 실천적 방안이다. 시설의 이용자에게는 삶의 질 향상을 위한 시설의 책임 있는 응답을, 조직구성원들에게는 지식학습과 동기부여를, 외부 이해관계자들에게는 시설 제반사항들에 대한 정보제공을, 이를 토대로 관리자는 시설의 다양한 의사결정에 활용하여 성과로 나타날 것이다. 이러한 다면적인 성과관리의 필요성으로 인해 성과는 반드시 측정되어야 한다. 성과는 측정되지 않으면 성과개선을 통한 조직성장과 발전은 이루어지지 않는다. 성과측정 체계를 도입하지 않고 조직개선을 위해 성과측정 결과를 활용하는 것은 불가능하다(Perrin, 1998).

성과측정은 단순한 조직통제나 관리감독, 조직효율성 증대보다는 구성원들의 지속적인 교육과 훈련을 바탕으로 성과를 개선하는 학습조직으로서의 역할과 사회복지조직이 향후 나아가야 할 방향을 설정하고 동기를 부여하는 조직발전을 담보할 수 있는 도구가 필요함을 의미한다.

(1) 성과의 정의

사회복지 영역에서는 Performance를 수행성, 수행력, 성과 등으로 해석하지만 행정학이나 경제학에서는 성과[9]라고 해석하고 있다. 성과는 학자들마다 다양하게 정의되고 있다(표 6-3).

표 6-3 성과의 초점과 정의

초 점	학 자	정 의
결과	Berman(2006)	결과를 성취하기 위한 효율적이고 효과적인 자원 사용
	Smith(1998)	기대 또는 목표가 달성된 결과의 정도
	Harbour(2009)	실제적인 성취물이나 결과(outcome) 또는 남겨진 것을 의미

9) 혼동을 피하기 위해 Outcomes는 결과로, Performance는 성과로 지칭하였다.

과정	Stupak & Leitner(2001)	어떤 설정된 목적을 이루기 위해 진행되고 있는 과정의 정도를 사정하는 것
결과 및 과정	Armstrong & Baron(2005)	성취한 것과 성취하기 위해 적절한 행동을 하는 것(과정)
가치+과정+결과	지은구(2012)	결과와 과정과 가치가 혼재

성과가 가치 관점(value perspective), 과정 관점(process perspective), 결과 관점(product perspective)으로 측정될 수 있음을 의미하는 것으로 성과측정이 세 관점에 국한됨을 나타내 준다.

(2) 성과측정과 성과관리

성과를 측정 가능하도록 계량적이고 질적으로 나타낸 것이 성과지표이다. 성과측정은 설정된 성과지표를 통해 목표달성 정도를 평가하는 과정이라 볼 수 있다. Neely, Gregory와 Platts(1995)는 성과측정을 효율성, 효과성을 계량화하는 활동과정이며 계량도구라고 하였다. Poister(2003)는 성과측정이 책임성을 증가시키고 전반적인 성과를 개선하며 결과를 성취하고 관리를 강화시키기 위해 활용될 수 있는 프로그램이나 조직성과에 대한 객관적이고 연관 있는 정보를 제공하는 것이라고 정의하였다. Rogers(1990)는 성과측정을 직접적이고 객관적이라 하였다. 이는 성과측정이 계속적인 과정이라는 성과관리의 중요성을 부각시키는 것이다.

(3) 사회복지서비스에서의 성과

성과는 다면적인 속성을 가지고 있다. 이는 성과가 전 부분에 걸쳐 나타난다는 것을 의미하는 것이다. 성과는 단순한 결과가 아닌 사회복지기관의 목표를 설정하고 목표에 따른 미션과 이를 바탕으로 한 이용자의 만족, 조직 프로세스, 학습과 성장 능도 함께 포함되는 사회복지기관의 성장과 발전에 기여하는 모든 과정이 성과라는 것을 의미한다. 즉, 현재의 제로 상태를 플러스 상태로 향상시키고 전체적인 향상을 도모하는 메타[10]성과이며, 이는 더 큰 성과 또는 성과 이상의 성과를 말하며 눈으로 볼 수 없는 성과를 볼 수 있는 성과로 나타내는 것이 사회복지기관의 진정한 성과라 할 수 있다.

(4) 성과측정과 성과관리 그리고 평가

성과관리를 위한 성과측정은 조직혁신과 개선을 위한 결과 관점, 공공 및 사회적 가치 실현을 위한 가치 관점, 이러한 목적을 실현시키기 위한 총체적 행동, 즉 과정 관점의 세 영역에서 측정되어야 한다. 이러한 과정은 사회복지기관의 가치를 만들어 내며, 그리고 목표가 명확하고 분명하며 실행전략들이 구체적으로 나타날 때 향상된 결과를 얻을 수 있으며 성과가 관리될 수 있을 것이다.

성과가 관리되기 위해서는 측정되어져야 한다. Harbour(2009)는 측정이 통상적으로 무엇인가의 크기, 정도, 양 등을 확인 또는 조사하기 위해 개입하는 행동이라 하였다. 성과측정이란 결국 무엇인가를 가늠하여 보고 그리고 확인하는 행위를 의미한다. 따라서 성과가 관리되기 위해서는 반드시 성과가 측정되어야 한다. 성과관리는 과거와 현재의 계획된 목적을 성취할 수 있는 성과측정을 위한 가장 기본적인 활동이라고 할 수 있다. 성과관리는 현재 평가 문제점을 극복하고 가치와 과정과 결과의 모든 요소가 고려되어 내부 전문운영진이 정성적인 관리를 할 수 있도록 하고, 결과 위주의 평가의 단점과 상대평가를 보완하여 서비스의 질을 높일 수 있다는 것이 차이점으로 볼 수 있다.

10) 메타는 '넘어서는 것'을 뜻한다. 흔히 '발상의 전환'을 강조하곤 하는데 이를 위해서는 나의 생각을 지배하는 틀 밖으로 빠져나와 그 틀 안에 있었던 생각에 대해 다시 생각하는 것으로 요약될 수 있다.

2) 성과측정 모형의 유형들

성과측정 모형의 유형과 활용은 〈표 6-4〉와 같다.

표 6-4 성과측정 연구자와 유형 및 활용

연구자	유 형	활 용
Parasuraman, Zeithaml & Berry(1988)	SERVQUAL 모형	외국과 국내의 비영리조직이나 사회복지조직 등에서 서비스 품질 모형으로 자주 활용
Cronin & Taylor(1992)	SERVPERF 모형	SERVPERF 모형은 SERVQUAL 모형의 한계를 지적하면서 제시된 기법으로 외국과 국내의 비영리조직이나 사회복지조직 등에서 서비스 품질 모형으로 자주 활용
Charnes, Cooper & Rhodes(1978)	DEA 모형	상대적 효율성 개념을 도입하여 비영리조직의 효율성을 측정하기 위하여 개발한 것으로 조직의 효율성 평가 및 개선과정에 사용
Kaplan & Norton(1992)	BSC 모형	전략 맵을 이용하여 조직의 통상적인 업무처리가 조직목표 달성에 어떻게 연관되어 있는지 파악
Martilla & James(1977)	IPA 모형	조직관리 측면에서 무엇을 먼저 개선해야 하는지를 간략하게 알려줌
Poister(2003)	Poister 모형	공공, 비영리조직의 성과를 측정하기 위하여 성과측정 영역을 인과관계 중심으로 분석
Kendall & Knapp(2000)	Kendall & Knapp 모형	자발적 조직, 비영리조직, 제3부분의 성과측정 영역과 측정지표를 제시
Martin & Kettner(1996)	Martin & Kettner 모형	사회복지 프로그램에서 성과측정을 효율성, 서비스 품질, 효과성을 사정
Talbot(2010)	Talbot) 모형	비영리조직의 성과 모형으로 공공부분의 특성을 강조하기 위해 다중성과 모형을 제시
지은구(2012)	지은구 모형	투입, 행동, 산출, 결과지표로 LOGIC 모형인 단계별 성과영역에 요인별 인과관계를 설정하여 성질별 성과측정 영역으로 구성
EFQM(2012)	EFQM 모형	유럽형 모형으로 성과측정 영역을 9개 영역을 설정하여 구성

성과측정 영역은 〈표 6-5〉와 같다.

표 6-5 성과측정 모형과 성과측정 영역

성과측정 모형	성과측정 영역
SERVQUAL 모형	유형성, 신뢰성, 대응성, 보증성, 공감성
SERVPERF 모형	유형성, 신뢰성, 대응성, 보증성, 공감성
DEA 모형	기술적 효율성, 분배적 효율성, 비용효율성
BSC 모형	학습·성장 관점, 내부업무 프로세스 관점, 고객 관점, 재무 관점
IPA 모형	유지영역, 유지강화 영역, 개선고려 영역, 중점개선 영역
Poister 모형	품질, 산출, 생산성, 효율성, 효과성, 비용효과성, 만족
LOGIC 모형	투입, 활동, 산출, 결과
Martin & Kettner 모형	효율성, 서비스 품질, 효과성
Kendall & Knapp 모형	경제성, 형평성, 효과성, 참여, 선택/ 다원주의, 옹호, 효율성, 혁신
Talbot 모형	가치, 목적, 합법성, 협치, 전략, 리더십, 구조, 파트너십, 자원, 사람, 과정, 고객서비스, 혁신위험 관리, 서비스 결과, 사회적 영향력
지은구 모형	생산성, 효율성, 효과성, 비용효과성, 형평성, 품질, 만족성, 투입지표, 행동지표, 산출지표, 결과지표
EFQM 모형	리더십, 인력관리, 정책 및 전략, 자원, 품질시스템 및 프로세스, 종업원의 만족도, 고객 만족도, 사회공헌, 경영성과

자료 : 이원주 · 지은구(2015) 재인용.

3) 사회복지조직 PMM 모형

사회복지조직 PMM(Performance Measurement Model) 모형이 〈그림 6-11〉과 같이 구축되었다.

첫째, 성과측정은 공공가치 및 사회적 가치를 실현하여야 한다는 믿음과 당위성으로 가치 관점(13)을,

둘째, 성과측정은 조직혁신이나 개선을 통해 향상된 결과를 얻을 수 있도록 노력하는 총체적 행동으로서 과정 관점(41)을,

셋째, 이를 통한 향상된 결과인 결과 관점(46)을 구축하였다.

관점별 하위영역으로 가치 관점은 가치관리(1), 비전관리(3), 신뢰관리(9)를, 과정 관점은 자원관리(2), 이용자 관리(24), 인적관리(10), 협력관리(5)를, 그리고 결과 관점으로는 서비스 질 관리(43), 결과관리(12)로 상위영역 세 관점과 9개의 하위영역으로 가중치를 적용하여 성과측정 모형(이하 PMM 모형)을 최종 구축하였다.

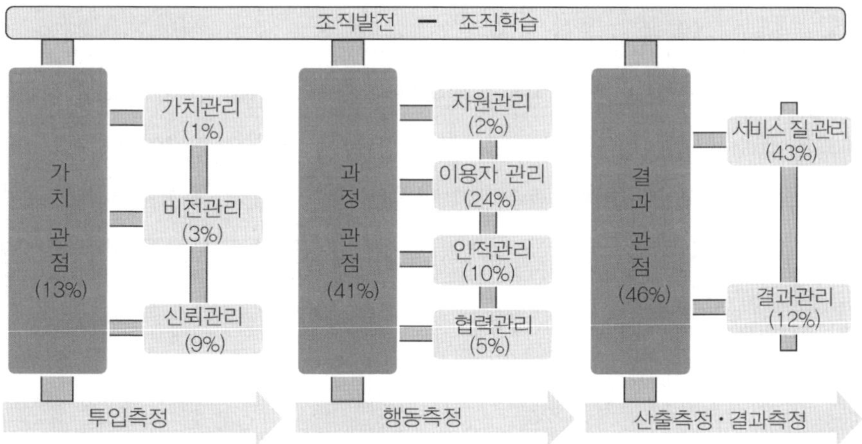

그림 6-11 PMM 모형

4) 논의 및 결론

PMM 모형의 실천적 정책적으로 관리자와 전 직원 그리고 지역사회 측면에서 살펴보면 다음과 같다.

관리자 측면에서 보면,

첫째, 관리자들은 성과측정 과정을 통해서 조직의 비전과 가치가 실현되고 있는지, 그리고 신뢰 및 협력을 통한 서비스 질 관리 및 이용자 관리가 이루어지고 있는지를 확인해야 한다.

둘째, 성과측정 모형의 합리적인 피드백 체계를 통해 다면적인 성과가 측정됨으로써 관리자들은 시설의 복합적인 성과를 측정하여 이를 조직관리와 결합시켜야 한다.

전 직원들의 측면에서 보면,

기존 사회복지기관 평가의 문제점인 관리적 측면의 회의나 전달사항 등 단순한 자료의 확인과 점검의 수준을 벗어나 조직적 측면에서 전 직원이 성과측정 과정에 모두 참여할 수 있어 조직성과 전반에 대한 심층적인 학습이 이루어질 것이며 조직 전체에는 계속적인 변화를 촉진시킬 것이고 이러한 학습의 결과는 조직구성원들이 원하는 성과를 달성할 수 있도록 동기를 부여하는 역할을 하여야 한다.

지역사회 측면에 보면,

성과측정을 통하여 확보된 각종 사회복지기관에 대한 정보가 공개되어 시설 운영의 투명성과 지역주민들에 대한 책임성이 강화되어야 한다. 성과측정 모형을 통해 정부 주도의 평가가 갖는 한계를 극복하고 시설이 자체적으로 관리 및 운영을 개선할 수 있는 모니터링 기준으로 삼아 시설은 성과상태를 분석하여 국가에서 실시하는 평가 대신 개별 시설에서 자체평가보고서를 제출함으로써 정부는 질 성과 보증과 성과 향상의 관점에 입각하여 모범적인 사례를 도출하고 모범사례를 추천할 수 있는 메커니즘으로 성과의 내용과 성과의 질 개선을 도모할 수 있도록 하여 평가에 들어가는 국가적 측면에서의 예산 및 인력 그리고 시간의 낭비를 줄일 수 있을 것이다. 결국 정부는 이용자들의 삶의 질 향상을 위해 시설이 스스로 개선방안을 찾기 위한 평가시스템을 자체적으로 구축하고, 이용자들의 잔존능력 강화 및 성공적인 시설운영 및 역할을 재정립할 수 있도록 표준화된 도구를 개발해 주고, 성과개선을 지속적으로 지원할 수 있는 재정적 · 행정적 지원을 할 수 있는 정책적인 노력을 해야 한다는 것이다.

참 / 고 / 문 / 헌

강상구(2005). **성공하는 삼성의 변화관리**. 서울 : 어드북스.

강정석 · 유종선 · 김상욱 · 윤경준(2003). 공공부문 조직진단의 개선방안. **한국행정연구원**, 1-203.

공병호(2007). **공병호의 변화경영**. 서울 : 21세기북스.

김경호 · 김영기(2013). 노인요양시설에 대한 기부자의 신뢰가 기부에 대한 태도에 미치는 영향 : 관계몰입의 매개효과. **노인복지연구**, 62, 7-34.

김동렬(2017). **구조론교과서**. 서울 : 구조론연구소.

김성혁 · 최승만 · 권상미(2009). 호텔 레스토랑의 물리적 환경지각이 감정반응, 고객만족, 재구매 의도 및 추천의도에 미치는 영향. **관광연구**, 23(4), 81-99.

김정수(2018). **글로벌 시대의 국제 프로젝트 관리지식**. http://www.neowon.co.kr

김통원 · 윤재영(2005). **사회복지 서비스 품질관리**. 서울 : 신정.

김학주(2009). 사회서비스 품질관리체계의 해외 동향 및 개혁방안. **사회복지정책**, 36(2), 237-261.

노나카 이쿠니로 · 곤노 노보루(1998). **노나카의 지식경영**. 서울 : 21세기북스.

램 차란 · 스테픈 드로터 · 제임스 노엘 저, 한근태 역(2001). **리더십 파이프라인**. 서울 : 미래의창.

민재형 · 이정섭(2005). 공공기관의 성과측정 모형. 한국경영과학회 춘계공동학술대회, 990-996.

봉현철(2000). 기업교육에서의 액션러닝 : 개념, 사례, 그리고 한국 기업의 과제. 한국인적자원개발학회 2000년도 추계학술발표회 발표논문집.

서동민 · 김 욱 · 문성현 · 이용재 · 임정기(2012). 장기요양 종사인력 중장기 수급전망 및 대책. 서울 : 국민건강보험공단.

선우덕 · 이윤경 · 김진수 · 유근춘 · 석재은 · 강임옥 · 양찬미 · 이은진(2012). 제1차 장기요양기본계획 수립 방안 연구(2011~2012). 서울 : 보건복지부 · 한국보건사회연구원.

손명숙(2006). 노인복지시설 운영실태 및 서비스 만족도 분석 : 대구광역시 주거복지 및 의료복지시설을 중심으로. 경희대학교 대학원 박사학위논문.

송경모(2016). **피터 드러커로 본 경영의 착각과 함정들**. 서울 : 을유문화사.

알프레드 노드 화이트헤드(2015). *The function of reason.* 김용옥 역. 이성의 기능. 서울 : 통나무.

유영만(2003). 실천학습(Action Learning). 지식경영연구, 4(2), 55-77.

이상우 · 최재성(2013). 외부환경 변화가 조직 내 전문직 간 상호작용에 미치는 영향. 한국사회복지행정학, 15(4), 225-251.

이상호(2009). 경영혁신과 변화관리, 20-21. http://ko.wikipedia.org/wiki/변화관리

이영희 · 김종호(2004) 지각된 의료서비스 품질이 환자만족 및 후속행동에 미치는 영향. 마케팅관리연구, 9(1), 1-28.

이원주(2014). 노인요양시설 성과측정모형 개발 연구. 계명대학교 대학원 박사학위논문.

_____(2015). 노인요양시설 돌봄의 질 패러다임 경로분석 : 구조-과정-결과 인과사슬. 한국사회복지정책학회, 42(2), 271-291.

_____(2015). 노인요양시설 서비스 품질이 이용자 만족과 선택의도에 미치는 영향. 비판사회정책, 47, 80-108.

_____(2015). 노인요양시설 서비스 품질 향상을 위한 자가점검관리척도 개발 연구. 한국노년학, 35(1), 1-17.

_____(2016). 노인요양시설 서비스 품질 우수성 관리방안 연구. 비판과 대안을 위한 사회복지학회, 48, 329-361.

이원주 · 지은구(2015). 노인요양시설 성과측정모형 개발 연구. 노인복지연구, 69, 238-268.

이유재 · 김우철(1998). 물리적 환경이 서비스 품질 평가에 미치는 영향에 관한 연구 : 이업종간 비교. 마케팅 연구, 13(1), 61-86.

이인정(1999). 노년기 전기와 후기의 차이에 관한 연구 : 건강, 삶의 만족에 대한 심리사회적 요인들의 영향을 중심으로. 한국노년학, 19(3), 35-50.

이정은(2005). 사람은 왜 인정받고 싶어 하나. 서울 : (주)살림출판사.

이형룡 · 왕 상 · 김태구(2002). 호텔 양식당 서비스의 물리적 환경에 의해 지각된 서비스 품질이 고객만족에 미치는 영향. 관광연구, 17(2), 177-197.

임도빈 · 윤의영(2002). 조직진단의 체계와 과정. 한국행정학회 조직학연구회 편. 정부조직진단, 61-76.

정은욱 · 정승원 · 서영준 · 최대봉(2007). 노인요양시설 서비스 제공 수준의 관련요인 분석. 한국병원경영학회지, 12(4).

지방혁신인력개발원(2006). Action Learning. Facilitator 양성과정. copyright by LOGODI all rights reserved.

지은구(2012). **비영리조직 성과관리.** 서울 : 나눔의집.

지은구 · 이원주 · 김민주(2014). 지역사회복지관 성과관리측정척도 타당도 연구. **한국사회복지행정학,** 16(1), 147-177.

최길수 · 지충남(2007). 지방정부 정책품질관리 평가체계 구축에 관한 연구, 주요 국가 품질대상의 시사점. **지방행정연구,** 21(1), 153-182.

최성재(1986). 노인의 생활만족도 척도 개발에 대한 연구. **한국문화연구원논총,** 42, 233-258.

최영환 · 최화열 · 김성훈(2012). 외식서비스의 서비스 품질과 서비스스케이프가 고객가치, 행위의도에 미치는 영향 : 대학가 이탈리안 레스토랑을 중심으로. **호텔관광연구,** 14(1), 228-242.

한국문학평론가협회(2006). **문학비평용어사전.** 서울 : 새미.

허만형(2007). **사회복지행정론.** 서울 : 법문사.

황인욱(2007). 노인복지시설 생활노인의 거주만족도 수준 및 영향요인. 대전대학교 대학원 박사학위논문.

Armstrong, M., & Baron, A.(2005). *Managing Performance : Performance Management in Action.* London : CIPD Publishing.

Attkisson, C. C., & Zwick, R.(1982). The client satisfaction questionnaire : Psychometric properties and correlations with service utilization and psychotherapy outcome. *Evaluation and Program Planning, 5*(3), 233-237.

Baker, J.(1998). Examining the informational value of store environments. *Servicescapes : The Concept of Place in Contemporary Markets*, *3*(4), 55-79.

Barker, H.(1998). *Newspapers, Politics, and Public Opinion in Late Eighteenth-century England.* Oxford University Press.

Bartlett, H., & Boldy, D.(2001). Approaches to Improving Quality in Nursing and Residential Homes : Recent developments in Australia and their Relevance to the UK. *Quality in Ageing, 2*(3), 2-14.

Berman, E, M.(2006). *Performance and Productivity in Public and Nonprofit Organization.* New York : M. E. Sharpe.

Berscheid, E. S., & Regan, P. C.(2016). *The Psychology of Interpersonal Relationships.* Psychology Press.

Bitner, M. J.(1992). Servicescapes : The impact of physical surroundings on customers and employees. *the Journal of Marketing*, 57-71.

Bohmstedt, G. W., & Knoke, D.(1994). *Statistics for Social Data Analysis*(3rd ed.). Itasca, IL : F. E. Peacock.

Bolton, R. N., & Drew, J. H.(1991). A Multistage Model of Customer' Assessments of Service Quality and Value. *Journal of Customer Research, 17*, 375-384.

Booms, B. H., & Bitner, M. J.(1982). Marketing services by managing the environment. *Cornell Hotel and Restaurant Administration Quarterly*, *23*(1), 35-40.

Boyatzis, R., & McKee, A.(2005). *Resonant Leadership : Renewing Yourself and Connecting with Others through Mindfulness, Hope and Compassion*. Harvard Business Press.

Brady, M. K., & Cronin Jr, J. J.(2001). Some new thoughts on conceptualizing perceived service quality : A hierarchical approach. *Journal of Marketing, 65,* 34-49.

Burke, K.(1997). Responding to participants' learning styles during staff development. *The Clearing House : A Journal of Educational Strategies, Issues and Ideas, 70*(6), 299-301.

Buscemi, J., Steglitz, J., & Spring, B.(2012). The impact of team science collaborations in health care : a synopsis and comment on interprofessional collaboration : effects of practice-based interventions on professional practice and health outcomes. *Translational Behavioral Medicine, 2*(4), 378-379.

Castka, P., Bamber, C. J., & Sharp, J. M.(2003). Measuring teamwork culture : the use of a modified EFQM model. *Journal of Management Development, 22*(2), 149-170.

Charan, R., Drotter, S., & Noel, J.(2010). *The Leadership Pipeline : How to Build the Leadership Powered Company* (Vol. 391). John Wiley &Sons.

Charnes, A., Cooper, W. W., & Rhodes, E.(1978). Measuring the efficiency of decision making units. *European Journal of Operational Research, 2*(6), 429-444.

Chawla, A., & Kevin Kelloway, E.(2004). Predicting openness and commitment to change. *Leadership & Organization Development Journal*, *25*(6), 485-498.

Collins, J. C.(2001). *Good to Great : Why Some Companies Make the Leap and Others Don't*. Random House.

_______(2007). Level 5 leadership. *The Jossey-Bass Reader on Educational Leadership, 2*, 27-50.

Collison, C., & Parcell, G.(2001). *Learning to Fly : Practical Lessons from One of the World's Leading Knowledge Companies*. Capstone Ltd.

Cronin, J. J., & Taylor, S. A.(1992). Measuring service quality : A reexamination and extension. *Journal of Marketing, 56*, 55-68.

_______(1994). SERVPERF versus SERVQUAL : Reconciling Performance-based and Perceptions-minus-Expectations Measurement of Service Quality. *Journal of Marketing, 58*(1), 125-131.

Crosby, P. B.(1979). *Quality is Free : The Art of Making Quality Certain*. New York : New American Library.

Czepiel, J. A., & Gilmore, R.(1987). Exploring the concept of loyalty in service. In J. A. Czepiel, J. A., C. A. Congram, J. Shanahan(Eds.), *Service Marketing Challenge : Integrating for Competitive Advantage*. Chicago : AMA, 91-94.

Davis, J., Hides, M. T., & Casey. S.(2001). Leadership in higher education. *The TQM Magazine, 12*(7.8), 1025-1030.

Dawson, P. M.(1994). *Organizational Change : A Processdual Approach*. Paul Chapman Publishing.

De Bono, E.(2017). *Six Thinking Hats*. Penguin UK.

Deutsch, K. W.(1952). On communication models in the social sciences. *Public Opinion Quarterly, 16*(3), 356-380.

Donabedian(1980). *Explorations in Quality Assessment and Monitoring, The Definition of Quality and Approaches to its Assessment.* Ann Arbor : Health Administration Press.

_______(1982). *Explorations in Quality Assessment and Monitoring : Vol. 2. The Criteria and Standards of Quality.* Ann Arbor, MI : Health Administration Press.

_______(2002). *An Introduction to Quality Assurance in Health Care*. Oxford University Press.

Easterby-Smith, M.(1997). Disciplines of organizational learning : contributions and critiques. *Human Relations*, *50*(9), 1085-1113.

Edvinsson, L.(2002). *Corporate Longitude : Navigating the Knowledge Economy*. BookHouse Pub.

EFQM(2006). European Foundation for Quality Management(EFQM) Business Excellence Model. http://www.efqm.org

______(2012). The EFQM excellence model : European foundation for quality management(Brussels). Retrieved from http://www.efqm.org

Everitt, B.(1985). Non-recursive causal models. *Personality and Individual Differences, 6*(6).

Fayol, H.(2016). *General and Industrial Management*. Ravenio Books.

Fiske, S. T., & Taylor, S. E.(1991). *Social Cognition*(2nd ed.). NY : McGraw-Hill, 16-15.

French, W. L., Bell, C., & Zawacki, R. A.(2005). *Organization Development and Transformation : Managing Effective Change*. Macmillan/ McGraw-Hill School.

Garvin, D. A.(1988). *Managing Quality*. The Free Press.

George, L. K.(1979). The Happiness Syndrome : Methodological and Substantive Issues in the Study of Social Psychological Well-being in Adulthoood. *The Gerontologiest*, *19*(2), 210-216.

Gilbert, D. T.(1998). Ordinary personology. *The Handbook of Social Psychology*, *2*, 89-150.

Gilbert, F. W., Lumpkin, J. R., & Dant, R. P.(1992). Adaption and Customer Expectations of Health Care Options. *Journal of Health Care Marketing, 12*(3), 46-55.

Goleman, D.(2000). Leadership that gets results. *Harvard Business Review, 78*(2), 78-90.

Goleman, D., Boyatzis, R. E., & McKee, A.(2013). *Primal Leadership : Unleashing the Power of Emotional Intelligence*. Harvard Business Press.

Govindarajan, V., & Trimble, C.(2006). 10 Rules for Strategic Innovators : From Ideas to Execution. *VIKALPA*, *31*(1), 157.

Great Britain. Office of Government Commerce(2007). *Managing Successful Programmes*. The Stationery Office.

Harbour, J. L.(2009). *The Basics of Performance Measurement.* New York : CRC Press.

Harrison, M. I.(2004). *Diagnosing Organizations : Methods, Models, and Processes* (Vol. 8). Sage Publications.

Hassenfeld, Y.(1983). *Human Service Organization.* Englewood Cliffs, NJ : Prentice-Hall.

Heider, F.(1958). *The Psychology of Interpersonal Relations.* New York : Wiley Heider The Psychology of Interpersonal Relations.

Herman, S. N.(1984). TRW Systems Group. In French, W. L., & Bell, C. J.(Eds.), *Organization Development : Behavioral Science Interventions for Organization Improvement, 3,* 16.

Hides, M. T., Davis, J., & Jackson, S.(2004). Implementation of EFQM Excellence Model Selt assessment in the UK higher education sector-lessons learned form other sectors. *The TQM Magazine*, 194-201.

Hörnquist, J. O.(1981). The concept of quality of life. *Scandinavian Journal of Social Medicine, 10*(2), 57-61.

Inglis, S.(1994). Making the Most of Action Learning. Gower, Old Post Road, Brookfield, VT 05036-9704.

Jennings, M.(2006). *The Seven Signs of Ethical Collapse : How to spot moral Meltdowns in Companies. Before it's too late*. Macmillan.

John, J.(1992). Research in brief : Patient Satisfaction : The Impact of Past Experience. *Journal of Health Care Marketing, 12*(3), 56-64.

John P. Kotter, James Collins, Jerry I. Porras. Harvard Business School Press. 현대경제연구원 역(2004). 변화관리. 서울 : 21세기북스.

Jones, D. J., & Ziegenfuss Jr, J. T.(1992). The administrative and clinical rationale for the total organization approach to continuous quality improvement. *American Journal of Medical Quality : the Official Journal of the American College of Medical Quality, 8*(2), 112-115.

Jones, E. E., & Davis, K. E.(1965). From acts to dispositions the attribution process In person perception 1. In *Advances in Experimental Social Psychology*(Vol. 2, pp. 219-266). Academic Press.

Juran, J. M.(1980). *Quality Control Handbook.* New York : McGrow-Hill.

Kaplan, R. S., & Norton, D. P.(1996). *The Balanced Scorecard : Translating Strategy into Action.* Boston : Harvard Business School Press.

___________________________(2007). Balanced Scorecard. In *Das Summa Summarum des Management*(pp. 137-148). Gablar.

Katz, D., & Kahn, R. L.(1966). *The Psychology of Organizations.* New York : HR Folks International.

Kelley, H. H.(1967). Attribution theory in social psychology. In *Nebraska Symposium on Motivation*. University of Nebraska Press.

Kendall, J., & Knapp, M.(2000). Measuring the performance of voluntary organization. *Public Management, 2*(1), 105-132.

Kotter, J. P., & Cohen, D.(2002). The heart of change. *If you read nothing else on change, read these best-selling articles*, 60.

KOTTER, J. S.(1979). Choosing a strategy for change. *Harvard Business Review, March-April,* 106-114.

Leavitt, H. J.(1965). Applied Organizational Change in Industry, Structural, Technological and Humanistic Approaches. *Handbook of Organizations, 264.*

Lee, J. S., & Kim, Y. S.(2012). The effects of Service Orientation on Turnover Intention of Employees in Nursing Care Institution-Mediated by Job Satisfaction and Service Commitment. *Journal of Welfare for Aged, 58*, 189-208.

Lewin, K.(1951). Rosolving Social Cnfricts Field theory in social science. American Psychological Association.

Loehlin, J. C.(1998). *Latent Variable Models : An Introduction to Factor, Path, and Structural Analysis.* Lawrence Erlbaum Associates Publishers.

Margerison, C. J., & McCann, D.(1990). *Team Management : Practical New Approaches*. Mercury Books.

Margerison, C.(1992). Magerison and McCann discuss the Team Management Wheel. *Industrial and Commercial Training, 24*(1), 29-32.

Marquardt, M. J.(1996). *Building the Learning Organization : A Systems Approach to Quantum Improvement and Global Success*. McGraw-Hill Companies.

______________(2000). Action learning and leadership. *The Learning Organization, 7*(5), 233-241.

Martilla, J. A., & James, J. C.(1977). Importance performance analysis. *Journal of Marketing, 41*(1), 77-79.

Martin, L. L., & Kettner, P. M.(1996). *Measuring the Performance of Human Service Programs.* California : SAGE Publications.

McGill, I., & Beatty, L.(1995). *Action Learning in Practice. : A Guide for Professional, Management and Educational Development*. New York, Kogan page.

Miringoff, M. L.(1980). *Management in Human Service Organizations*. Macmillan.

Neely, A. D., Adams, C., & Kennerley, M.(2002). *The Performance Prism : The Scorecard for Measuring and Managing Business Success*. London : Financial Times/ Prentice Hall.

Neely, A., & Adams, C.(2000). *Perspectives on Performance : The Performance Prism.* London : Gee Publishing.

Neely, A., Gregory, M., & Platts, K.(1995). Performance measurement system design. *International Journal of Operations Management Cambridge, 14*(4), 81-114.

Nelson, R. R., & Sidney, G.(1982). Winter. 1982. *An Evolutionary Theory of Economic Change*, 929-964.

Nonaka, I.(2008). *The Knowledge-Creating Company*. Harvard Business Review Press.

Nyman, J. A.(1988). Improving the quality of nursing home outcomes : Are adequacy-or incentive-oriented policies more effective?. *Medical Care, 26*(12), 1158-1171.

Oakland J. S.(2003). *TQM : Text with Cases*. Butterworth-Heinemann.

Oliver, R. L.(1980). A Cognitive Model of the Antecedents and Consequences of Satisfaction Decisions. *Journal of Marketing Research, 17*, 460-469.

Parasuraman, A., Berry, L. L., & Zeithaml, A. V.(1991). Refinement and reassessment of the SERVQUAL scale. *Journal of Retailing, 67*, 420-450.

Parasuraman, A., Zeithamal, V. A., & Berry, L. L.(1988). Refinement and reassessment of SERVQUAL scale. *Journal of Retailing, 67*(4), 420-450.

________________________(1991). SERVQUAL : A Multiple-Item Scale for Measuring Consumer Perceptions of Service quality. *Journal of Retailing, 64*(1), 12-40.

Parker, R., & Bradley, L.(2000). Organizational Culture in the Public Sector : evidence from six organizations. *International Journal of Public Sector*

Management, 132(2).

Perrin, B.(1998). Effective use and misuse of performance measurement. *American Journal of Evaluation, 19*(3), 367-379.

Pettigrew, A. M.(1979). On studying organizational cultures. *Administrative Science Quarterly*, *24*(4), 570-581.

Plsek, P. E.(1993). Tutorial : Management and planning tools of TQM. *Quality Management Health Care, 1*(3), 59-72.

PMI(2004). *A Guide to the Project Management Body of Knowledge*(3rd ed.). Newtown Square, PA : Project Management Institute.

Poister, T. H.(2003). *Measuring Performance in Public and Nonprofit Organizations.* San Francisco : Jossey-Bass.

Polanyi, M.(1966). The logic of tacit inference. *Philosophy*, *41*(155), 1-18.

Porras, J. I., & Robertson, P. J.(1992). Organization development : Theory, practice, and research. In M. D. Dunnette & L. M. Hough(Eds.), *Handbook of Industrial and Organizational Psychology*(2nd ed.)(pp. 3, 719-822). Palo Alto, CA : Consulting Psychologists Press.

Porter, M. E.(1985). *Competitive Advantage : Creating and Sustaining Superior Performance*(pp. 43, 214). New York : FreePress.

Project Management Institute(1987). *Project Management Body of Knowledge* (PMBOK). Project Management Institute.

Quinn, R. E.(1988). *Beyond Rational Management : Mastering the Paradoxes and Competing Demands of High Performance*. Jossey-Bass.

Quinn, R. E., & Rohrbaugh, J.(1981). A competing values approach to organizational effectiveness. *Public Productivity Review*, 122-140.

__________________________(1983). A spatial model of effectiveness criteria : Towards a competing values approach to organizational analysis. *Management Science*, *29*(3), 363-377.

Quinn, R. E., Rohrbaugh, J., & McGrath, M. R.(1985). Automated Decision Conferencing-How It Works. *Personnel*, *62*(11), 49-55.

Quinn, Robert E., & Kimberly, John R.(1984). Paradox, planning and perseverance : Guidelines for managerial practice. In Kimberly, J. R., & Quinn, R. E.(Eds.), *Managing Organizational Transitions.*

Rasiel, E. M., & Friga, P. N.(2001). The McKinsey Mind : Understanding and Implementing the Problem Solving Tools and Management Techniques of the World's Top Consulting Firm.

Reeves, S., Lewin, S., Espin, S., & Zwarenstein, M.(2010). *Interprofessional Teamwork for Health and Social Care.* Blackwell Pub. Oxford, United Kingdom.

Revans, R. W.(1982). *The Origins and Growth of Action Learning*. Studentlitteratur.

Robertson, P. J., Roberts, D. R., & Porras, J. I.(1993). Dynamics of planned organizational change : Assessing empirical support for a theoretical model. *Academy of Management Journal*, *36*(3), 619-634.

Rogers, S.(1990). *Performance Management in Local Government.* London : Longman.

Seghezzi, H. D.(2001). Business excellence : What is to be done?. *Total Quality Management, 12*(7), 861-866.

Simons, R.(1994). *Levers of Control : How Managers use Innovative Control Systems to Drive Strategic Renewal.* Harvard Business Press.

Sirkin, H. L., Keenan, P., & Jackson, A.(2005). The hard side of change management. *Harvard Business Review*, *83*(10), 108.

Smith, E. V., & Houston, J. E.(2008). Relationship of Candidate Communication and Organization Skills to Oral Certification Examination Scores. *Evaluation & Health Professions, 31*(4), 404-418.

Smith, W. F.(1998). *Urban Development : The Process and the Problem.* Berkeley : University of California Press.

Stewart, T., & Ruckdeschel, C.(1998). Intellectual capital : The new wealth of organizations. *Performance Improvement*, *37*(7), 56-59.

Stichler, J. F.(1995). Professional interdependence : The art of collaboration. *Advanced Practice Nursing Quarterly, 1*, 53-161.

Stupak, R., & Leitner, P.(2001). *Handbook of Public Quality Management.* New York : Marcel Dekker.

Talbot, C.(1998). *Public Performance-Towards a Public Service Excellence Model.* Llantilio Crossenny, UK : Public Futures.

________(1999) Public performance-Towards a new model?. *Public Policy and Administration, 14*(3), 16-34.

_________(2010). *Theories of Performance : Organizational and Service Improvement in the Public Domain.* Oxford : Oxford University Press.

Tannenbaum, R., & Schmidt, W. H.(1973). *How to Choose a Leadership Pattern*(pp. 3-12). Boston, MA : Harvard Business Review.

Tarí, J. J.(2006). An EFQM model self-assessment exercise at a Spanish university. *Journal of Educational Administration, 44*(2), 170-188.

Tham, P.(2007). Why are They Living? Factors Affecting Intention to Live among Social Workers in Child Welfare. *British Journal of Social Work, 37*(7), 1225-1246.

Thompson, E. P.(1967). Time, work-discipline, and industrial capitalism. *Past & Present, 38*, 56-97.

Tyson, S., & Jackson, T.(1992). *The Essence of Organizational Behavior.* New York : Prentice-Hall.

Udo, N., Niek, K., & Jan, W.(2000). The EFQM excellence model : European and Dutch experiences with the EFQM approach in health care. *International Journal for Quality Health Care, 12*(3), 191-201.

Van Dooren, W., Bouckaert, G., & Halligan, J.(2010). *Performance Management in the Public Sector.* NY : Routledge.

Weiner, B.(1972). Attribution theory, achievement motivation, and the educational process. *Review of Educational Research*, *42*(2), 203-215.

Weisbord, M. R.(1976). Organizational diagnosis : Six places to look for trouble with or without a theory. *Group & Organization Studies*, *1*(4), 430-447.

Wongrassamee, S., Simmons, J. E. L., & Gardiner, P. D.(2003). Performance measurement tools : the Balanced Scorecard and the EFQM Excellence Model. *Measuring Business Excellence, 7*(1), 14-29.

[참고 웹페이지]

네이버 지식백과(2018. 1. 28. 검색). 팀빌딩(teambuilding)

매일경제 지식프로젝트팀 지식혁명보고서.

문모닝 공무방(2018. 3. 15. 검색). http://moonmorning-study.tistory.com

시사 한겨레(2017. 9. 5. 검색). 업무과중 '에너지방전' 기력소진.

아시아경제(2017. 6. 17. 검색). 노인학대경험자 2만 3000명당 보호시설 1개 설치.
위키백과(2018. 1. 31. 검색). 귀인이론.
재난 및 위기관리 리더십 콘텐츠 개발연구(2016). http://www/prism.go.kr

AXELOS(2018. 2. 21. 검색). What is PRINCE2?.
Bernard Weiner Attribution Theory(2018. 1. 31. 검색)
http://careernote.co.kr/2195
http://dice.bcg.com/index.html#dice-calculator(2018. 11. 6. 검색)
http://dice.bcg.com/index.html#intro(2018. 11. 6. 검색)
http://sisahan.com/3828
http://terms.naver.com/entry.nhn?docId=1532244&cid=40942&categoryId=31910
http://ko.wikipedia.org.wiki/확률론
https://sosciety.weebly.com/background/_(2018. 11. 13. 검색)
https://www.axelos.com/best-practice-solutions/prince2/what-is-prince2
https://www.nonstopteaching.com/2017/07/bernard-weiner-attribution-theory.html
www.asiae.co.kr

찾 / 아 / 보 / 기

저/자/약/력

■ 이원주(사회복지학박사)

대구공업대학교 사회복지경영계열 교수
더불어사회복지경영연구소 소장

〈주요 저서〉

사회복지관 성과관리 척도집(공저, 2019, 학지사)
사회복지관 자기주도성 성과관리모형(공저, 2018, 학지사)
사회복지현장실습(공저, 2017, 공동체)
최신지역사회복지론(2016, 공동체).
최신사회문제론(공저, 2015, 학지사).
노인요양시설과 성과측정(공저, 2015, 학지사).

〈주요 논문〉

이원주 외(2013). 한국형 고령친화도시 점검척도 개발연구. 사회과학연구, 29(3), 459-489.
이원주 외(2013). 지역사회복지관 서비스 품질관리척도 개발연구. 한국사회복지정책학회, 40(3), 347-374.
이원주 외(2013). 달서구 노인친화도시조성계획. 대구광역시 달서구 연구보고서, 1-347.
이원주 외(2013). 돌봄 여성노동자의 감정노동수행정도와 직무지속의사와의 관계에서 있어 대인관계의 매개효과. 한국사회정책학회, 20(3), 141-170.
이원주 외(2014). 지역사회복지관 성과관리측정척도 타당도 연구. 한국사회복지행정학, 16(1), 147-177.
이원주 외(2015). 노인요양시설 성과측정모형 개발 연구. 노인복지연구, 69, 239-268.
이원주(2015). 노인요양시설 서비스품질 향상을 위한 자가점검관리척도 개발연구. 한국노년학회, 35(1), 1-17.
이원주(2015). 노인요양시설 서비스품질이 이용자 만족과 선택의도에 미치는 영향. 비판사회정책, 47, 80-108.
이원주(2015). 노인요양시설 돌봄이 질 패러다임 경로분석 : 구조-과정-결과 인과사슬. 사회복지정책, 42(2), 271-291.
이원주(2015). 노인요양시설 서비스품질 우수성 관리방안 연구 : EFQM 모형 접근. 비판사회정책학회, 48, 329-361.
이원주(2015). 노인장기요양서비스 질 관리 개혁동향 및 정책 비교연구-일본, 독일, 영국을 중심으로. 한국사회과학연구, 34(1), 107-156.
이원주 외(2015). 노인복지관 표준성과관리 매뉴얼 개발. 보건복지부 · 한국노인종합복지관협회, 1-216.
이원주(2016). 한국문화유산탐방을 통한 세대통합과 심리적 치유효과 연구. GKL사회공헌재단 · 한국노인종합복지관협회 연구보고서, 81-99.
이원주 외(2016). 수화통역센터 성과평가지표개발 연구. 경북행복재단 정책연구보고서, 1-66.
이원주 외(2016). 노인복지관 성과측정도구 개발 연구. 보건복지부 · 한국노인종합복지관협회 연구보고서, 1-297.
이원주 외(2016). 노인복지관 성과측정도구 척도집. 보건복지부 · 한국노인종합복지관협회 연구보고서, 1-290.
이원주 외(2017). 중증장애인자립지원센터 운영 실태조사 및 발전방안 연구. 경북행복재단 정책연구보고서, 1-75.
이원주 외(2018). 한국문화유산탐방의 심리적 치유효과 연구 -한국문화유산탐방 참가 1 · 3세대를 중심으로-. 한국노인복지학회, 73(2), 217-247.
이원주 외(2018). 고령군 지역사회보장계획수립. 고령군청 연구보고서.

저/자/약/력

■ **이영미(사회복지학석사)**
이영미 심리상담센터 대표
Yushin Traading Co. 대표
더불어사회복지경영연구소 교육국 매니저
심리전문스토리텔러
색채코디네이터(색채심리타로 전문가)
관계놀이전문가
레크리에이션전문지도사

〈핵심강좌 분야〉
심리상담, 가족치료, 동화구연, 색채타로, 인성변화, 리더십, 흡연음주예방, 시간관리 등

사회복지조직과 논문집필자를 위한

사회복지모형구조연구

|공저자| 이원주 · 이영미

|1판 1쇄| 발행 2019년 5월 2일

|발행인| 김 동 훈
|발행처| **공 동 체**

|주소| 경기도 고양시 일산동구 호수로 358-39, 동문타워 I 905호(백석동)
|전화| 031) 920-8305(대표)
|팩스| 031) 920-8308
|e-mail| compub@naver.com
|출판등록| 2005년 10월 6일
|등록번호| 제396-2005-36호

|ISBN| 979-11-6105-467-4
정가 17,000원